普通高等职业教育“教学做”一体化规划教材

21世纪高职高专规划教材

市场营销系列

客户关系管理

第二版

主　编/左春雨　丁建石

中国人民大学出版社

·北京·

图书在版编目（CIP）数据

客户关系管理/左春雨，丁建石主编. --2版. --北京：中国人民大学出版社，2021.1
21世纪高职高专规划教材. 市场营销系列
ISBN 978-7-300-28891-8

Ⅰ.①客… Ⅱ.①左…②丁… Ⅲ.①企业管理-供销管理-高等职业教育-教材 Ⅳ.①F274

中国版本图书馆CIP数据核字（2021）第001193号

普通高等职业教育“教学做”一体化规划教材
21世纪高职高专规划教材·市场营销系列
客户关系管理（第二版）
主　编　左春雨　丁建石
Kehu Guanxi Guanli

出版发行	中国人民大学出版社			
社　　址	北京中关村大街31号		**邮政编码**	100080
电　　话	010－62511242（总编室）			010－62511770（质管部）
	010－82501766（邮购部）			010－62514148（门市部）
	010－62515195（发行公司）			010－62515275（盗版举报）
网　　址	http://www.crup.com.cn			
经　　销	新华书店			
印　　刷	中煤（北京）印务有限公司		**版　　次**	2015年12月第1版
规　　格	185 mm×260 mm　16开本			2021年1月第2版
印　　张	14.25		**印　　次**	2023年1月第3次印刷
字　　数	326 000		**定　　价**	38.00元

前　言

面对当前瞬息万变的市场环境，企业之间的竞争日趋白热化，在企业间诸多的竞争要素中，客户的竞争直接关系着企业的命运。只有充分意识到客户的重要性，并能良好地发展和保持与客户之间的关系，才能做到把握住市场的脉搏，使企业处于竞争的优势地位。

在市场充分而有效的调节下，现代企业纷纷构建“以客户为中心”的经营理念，借助先进的客户关系管理，以营销环节的资讯化、科学化，拉动企业管理体制的进步，提高客户满意度和企业盈利能力，扩展市场和业务渠道，帮助企业在激烈的竞争中立足和发展。加强客户关系管理，提高企业的核心竞争能力，已经是摆在企业面前的重要课题。

客户关系管理（Customer Relation Management，CRM）是一个获取、保持和增加可获利客户的过程，通过将人力资源、业务流程与专业技术进行有效的整合，让企业可以最大限度地提高客户满意度及忠诚度，挽回失去的客户，保留现有的客户，不断发展新的客户，发掘并牢牢地把握住能给企业带来最大价值的客户群。客户关系管理作为一种新型的现代管理模式，体现了“以客户为中心”的经营理念。本书主要介绍客户关系管理的产生及内涵，论述客户关系管理在企业经营中如何把客户满意上升到客户忠诚。

本书根据学生的思维方式和当前客户关系管理的最新理论及实践编写而成，具有以下特点：

1. 内容编排符合学习习惯，章节联系松紧有序。本书从管理角度阐述客户关系管理的内涵，介绍了相关的知识体系，并将落脚点放在软件支撑上，具有较强的逻辑性。

2. 技术先进。本书所涉及的管理理念和客户关系管理软件都是当今理论界和企业界比较流行的观点和方法。

3. 实用性强。本书介绍的客户关系管理系统是目前公认的一种模式，对软件系统的介绍具体、细致，学生根据教材分步操作即可完成学习任务。

本书由天津职业大学左春雨、丁建石主编，中国人民大学出版社罗海林参与修订并撰写项目十二、项目十三。在编写过程中，金蝶软件公司天津分公司给予了大力的帮助，在此表示感谢，同时对本书所参考的专著、教材、论文的作者表示深深的谢意。我们在对客户关系管理的理解和认识上有许多不足，书中有不当之处，敬请批评指正。

编者

目　录

项目一
市场及客户分析

引例

中国营销两大驱动力

■ 文/世界实战营销大师　弥尔顿·科特勒

中国经济现在面临的一个最大挑战是如何让国内经济的增长速度能够及时对冲出口利润。现在看，中国国内经济增长的驱动力一直都是来自中小型企业。中国中小型企业懂得如何开展业务，如何让消费者购买自己的产品，以及如何让企业实现增长。而大型企业通常是以出口为导向的，因此，它们不能解决与中国国内经济增长速度有关的问题。

对于中国而言，最大的一个问题是如何调动这些中小型企业的商业积极性，如何对中小型企业地位的重要性表示足够的重视和认可。这一点非常重要，因为正是这些企业驱动了中国国内经济的增长。而中国国内经济增长的另一个驱动因素，则是用于消费的资金。现在的问题是，中国国内经济不能仅仅依靠收入性消费带来增长力。由于收入的增长速度不够快，不能够创造一种及时性的消费力，从而不能及时地和出口利润进行对冲。因此，要实现及时性的消费必须有消费信贷予以辅助。

这种消费信贷工具必须受到政府调控，但是政府首先要引导人们对它产生恰当的认识。换句话说，政府必须告诉人们，消费是一件光荣的事情——就像邓小平之前的说法，富裕起来是一件光荣的事情。现在应该让人们有这样的意识：消费是一件风光的事情。

不要仅仅依靠收入去消费，还要使用信用卡，从而创造消费者的债务驱动力消费。当然，其中还必须依靠政府调控，这样才不会产生过犹不及的效果。但不管怎么说，政府必须对它施加推动力。

因此，以上所说的正是中国国内经济面临的两大挑战，尤其对于中小型企业而言，要记住并抓住两点：

其一，消费是一件光荣的事情；其二，要创造更多的消费者信贷交易。这是及时驱动中国国内经济增长力的唯一途径。

学习重点

通过本章学习，了解市场与客户的关系、市场营销与客户的关系，掌握市场构成的三要素、市场营销的含义、客户观念。

市场营销包括很多方面，其中就包括了客户管理，而且准确地来说，客户管理是营销里面非常重要的环节。很简单，你做营销就是为了客户，如果没客户，你的营销就不算成功，所以客户管理是非常重要的。

1.1 市场与客户的关系

1.1.1 市场的定义

市场起源于古时人类对于固定时段或地点进行交易的场所的称呼。狭义的市场是指买卖双方进行商品交换的场所，如集市、菜市、超市。广义的市场是指某种商品的现实购买者和潜在购买者的总和，即为了买卖某些商品而与其他厂商和个人相联系的一群厂商和个人。当人们提出“中国是个很大的市场”这一说法时，并不是指地理区域的大小，而是说明中国的市场需求量很大，包括现实的需求和潜在的需求。

1.1.2 构成市场的三个基本条件

1. 可供交换的商品

这里的商品既包括有形的物质产品，也包括无形的服务，以及各种商品化了的资源要素，如资金、技术、信息、土地、劳动力等。市场的基本活动是商品交换，所发生的经济联系也是以商品的购买或售卖为内容的。因此，具备一定量的可供交换的商品，是市场存在的物质基础，也是市场的基本构成要素。倘若没有可供交换的商品，市场也就不存在了。

2. 提供商品的卖方

商品不能自己到市场中去与其他商品交换，而必须由它的所有者——出卖商品的当事人，即卖方，带到市场上去进行交换。在市场中，商品所有者把他们的意志——自身的经济利益和经济需要，通过具体的商品交换反映出来。因此卖方或商品所有者就成为向市场提供一定量商品的代表者，并作为市场供求中的供应方成为基本的市场构成要素。

3. 人格化——买方

卖方向市场提供一定量的商品后，还须寻找到既有需求又具备支付能力的购买者，否则，商品交换仍无法完成，市场也就不复存在。因此，以买方为代表的市场需求是决定商品交换能否实现的基本要素。

商品、供给、需求作为宏观市场构成的一般或基本要素，通过其代表者——买方和卖方的相互联系，现实地推动着市场的总体运动。

1.1.3 市场构成三要素

从微观角度考察，企业作为某种或某类商品的生产者或经营者，总是具体地面对该商品有购买需求的买方市场。深入了解企业所面临的现实的市场状况，从中选择目标市场并确定进入目标市场的市场营销策略，以及进一步寻求潜在市场，是企业开展市场营销活动的前提。因此，就企业而言，更具有直接意义的是微观市场的研究。宏观市场只是企业组织市场营销活动的市场环境。微观市场的构成包括人口、购买力、购买欲望三方面要素，市场的这三个要素是相互制约、缺一不可的，它们共同构成企业的微观市场，而市场营销学研究的正是这种微观市场的消费需求。市场的构成要素可以用一个等式来描述：市场=人口×购买力×购买欲望。

1. 人口

这是构成市场的最基本要素，消费者人口的多少，决定着市场的规模和容量的大小，而人口的构成及其变化则影响着市场需求的构成和变化。因此，人口是市场三要素中最基本的要素。需求是人的本能，对物质生活资料及精神产品的需求是人类维持生命的基本条件。因此，哪里有人，哪里就有需求，就会形成市场。人口的多少决定着市场容量的大小，人口的状况影响着市场需求的内容和结构。构成市场的人口因素包括总人口数、性别和年龄结构、家庭户数和家庭人口数、民族与宗教信仰、职业和文化程度、地理分布等多种具体因素。

2. 购买力

购买力是指消费者支付货币以购买商品或服务的能力，是构成现实市场的物质基础。在一定时期内，消费者的可支配收入水平决定了购买力水平的高低。购买力是市场三要素中最物质的要素。人们的消费需求是通过利用手中的货币购买商品实现的。因此，在人口状况既定的条件下，购买力就成为决定市场容量的重要因素之一。市场的大小，直接取决于购买力的高低。一般情况下，购买力受到人均国民收入、个人收入、社会集团购买力、平均消费水平、消费结构等因素的影响。

3. 购买欲望

购买欲望是指消费者购买商品或服务的动机、愿望和要求，是由消费者心理需求和生理需求引发的。产生购买欲望是消费者将潜在购买力转化为现实购买力的必要条件。

倘若仅具备了一定的人口和购买力，而消费者缺乏强烈的购买欲望或动机，商品买卖仍然不能发生，市场也不会存在。因此，购买欲望也是市场不可缺少的构成因素。例如，某市汽车市场=60 万人口×20%的人有购买力×50%的人有购买欲望。

1.1.4 市场的分类

1. 根据市场出现的先后顺序划分市场

根据市场出现的先后顺序，市场可以分为现实市场、潜在市场和未来市场。现实市场是指对企业经营的某种商品有需要、有支付能力、有购买欲望的现时顾客。潜在市场是指有可能转化为现实市场的市场。未来市场是指暂时尚未形成或只处于萌芽状态，但在一定条件下可能发展成为现实市场的市场。

2. 从顾客性质角度划分市场

根据顾客的性质，市场可以分为消费者市场和组织市场。消费者市场（又称为消费品市场）是指为了个人或家庭消费需要而购买或租用商品或服务的市场。组织市场是指购买者由各类组织所组成的市场。组织市场又可分为生产者市场、中间商市场和政府市场。

3. 从经济学角度划分市场

从经济学角度，市场可以分为纯粹垄断市场、寡头垄断市场、垄断性竞争市场和竞争性市场。纯粹垄断市场是一种不存在竞争或基本不存在竞争的市场，在这种市场上，一个行业只有一家企业进行产品的生产和经营，没有或基本没有其他的替代者。寡头垄断市场是由少数几家大企业控制的市场。垄断性竞争市场是最常见的一种企业市场模式，是指在一行业中有许多企业生产和销售同一种产品，且每个企业的产量只占总产量的一小部分，有少量较大的企业占有一定份额的市场。竞争性市场是指一个行业中有非常多的独立生产者，每个企业都很小，它们都以相同的方式向市场提供同类的、标准化的产品。

1.2 市场营销与客户的关系

1.2.1 市场营销的定义

所谓市场营销（Marketing），就是识别并满足人类和社会的需要。市场营销是在创造、沟通、传播和交换产品中，为顾客、客户、合作伙伴以及整个社会带来经济价值的活动、过程和体系，是营销人员针对市场开展经营活动、销售行为的过程。对市场营销最简洁的定义，就是“满足别人并获得利润”。通俗地讲，市场营销就是商品或服务从生产者手中移交到消费者手中的一种过程，是企业或其他组织以满足消费者需要为中心进行的一系列营销活动，市场营销学是系统地研究市场营销活动规律性的一门科学。当 eBay 公司意识到人们在当地买不到最想要的物品时，就发明了网上竞拍业务；当宜家公司（IKEA）意识到人们想购买价格低廉、质量高的家具时，就创造了可拆卸与组装的家具。所有这些都证明市场营销可以把社会需要和个人需要转变为商机。

1.2.2 市场营销的含义

第一，市场营销分为宏观和微观两个层次。宏观市场营销是反映社会的经济活动，其目的是满足社会需要，实现社会目标。微观市场营销是一种企业的经济活动过程，它是根据目标顾客的要求，生产适销对路的产品，从生产者流转到目标顾客，其目的在于满足目标顾客的需要，实现企业的目标。

第二，市场营销活动的核心是交换。其范围不仅限于商品交换的流通过程，而且包括生产前和生产后的活动。产品的市场营销活动往往比产品的流通过程要长。现代社会的交易范围很广泛，已突破了时间和空间的壁垒，形成了普遍联系的市场体系。

第三，市场营销与推销、销售的含义不同。市场营销包括市场研究、产品开发、定价、促销、服务等一系列经营活动；而推销、销售仅是企业营销活动的一个环节或部分，是市场营销的职能之一，不是最重要的职能。

有管理者认为市场营销就是“推销产品的艺术”。然而，当人们了解到推销并非市场营销中最重要的部分时，他们可能会大吃一惊。实际上，推销只是市场营销冰山的一角而已。著名管理理论家彼得·德鲁克（Peter Drucker）曾经指出：推销往往是有需要的。然而，市场营销的目的却是使推销成为多余。市场营销的目的就在于深刻地认识和了解顾客，使产品和服务完全适合特定顾客的需要，从而实现产品的自我销售。因此，理想的市场营销应该可以自动生成想要购买特定产品或服务的顾客，而剩下的工作就是如何使顾客可以购买到这些产品或者服务。

当任天堂公司（Nintendo）设计出Wii游戏机产品时，当佳能公司（Canon）推出了ELPH数码照相机时，当丰田公司（Toyota）推出了混合动力车——普锐斯（Prius）时，当苹果公司推出了Apple iPhone X时，这些制造商的订单随之滚滚而来。之所以如此，是因为它们都是在进行了大量的市场营销基础上才成功地设计出这些适销对路的产品的。

1.2.3　市场营销与客户的关系

1. 市场营销的第一目的是创造、获取和维持顾客

早期市场营销的研究主要局限于商品的流通领域，商品一旦到达消费者手中即进入消费领域的范畴，不属于市场营销学的研究对象。显然，这是一种早期的、过时的市场营销概念。新时代的市场营销不仅涵盖商品流通这一领域，还包括前期的市场调研和商品售后、客户管理等多方面。因此，有人这样说，市场营销是创造和满足顾客的艺术。

2. 客户观念是市场营销观念演变与发展六大观念中的重要内容

随着现代营销战略由产品导向转变为客户导向，客户需求及满意度逐渐成为营销战略成功的关键所在。各个行业都试图通过卓有成效的方式，及时准确地了解和满足客户需求，进而实现企业目标。实践证明，不同子市场的客户存在着不同的需求，甚至同属一个子市场的客户的个别需求也会经常变化。为了适应不断变化的市场需求，企业的营销战略必须及时调整。在此营销背景下，越来越多的企业开始由奉行市场营销观念转变为客户观念。

所谓客户观念，是指企业注重收集每一个客户以往的交易信息、人口统计信息、心理活动信息、媒体习惯信息以及分销偏好信息等，根据由此确认的不同客户的价值，分别为每个客户提供各自不同的产品或服务，传播不同的信息，提高客户忠诚度，增加每一个客户的购买量，从而确保企业利润的增长。与市场营销观念是满足一个子市场的需求不同，客户观念强调的是满足每一个客户的特殊需求。

需要注意的是，客户观念并不是适用于所有企业。一对一营销需要以工厂定制化、运营电脑化、沟通网络化为前提条件，因此，贯彻客户观念要求企业在信息收集、数据库建设、电脑软件和硬件购置等方面进行大量投资，而这并不是每一个企业都能够做到的。有些企业即使舍得花钱，也难免会出现投资大于回报由此带来的收益减少的局面。客户观念最适用于那些善于收集单个客户信息的企业，这些企业所营销的产品能够借助客户数据库的运用实现交叉销售，或产品需要周期性地重购或升级，或产品价值很高。客户观念往往会给这类企业带来异乎寻常的效益。

本章小结

市场是指某种商品的现实购买者和潜在购买者的总和。市场营销是在创造、沟通、传播和交换产品中，为顾客、客户、合作伙伴以及整个社会带来经济价值的活动、过程和体

系。客户关系管理的最终目标是吸引新客户、保留老客户以及将已有客户转为忠实客户，从而确保企业利润的增长。

案例

营销创新三大方向

■文/欧派集团营销总裁　姚吉庆

营销的目的是满足消费需求，因此，我们必须了解未来十年内，尤其三到五年内的消费者特点是什么。未来十年，现在的“80后”将是中国的“主流”，他们将是中国最主力的消费人群。“80后”通常是独生子女，他们生长的环境与“60后”“70后”是完全不同的。“80后”有独特的思考方式和价值观，有自己的见解，他们独立自我，崇尚个性，乐于追求有独特风格和符合自己个性的产品。随着信息技术的进步，“80后”获取信息的渠道越来越多，这让他们的生活更加“碎片化”、注意力更加分散，也使得他们对传统媒体的依赖进一步降低，与此同时，他们更加注重产品体验。

一个成功的品牌，不仅要最大限度满足消费者的个性化需求，通过情感让目标消费人群认同品牌的价值观，与品牌拉近距离，而且要用以小搏大的整合方式与目标消费者沟通、互动。苹果公司之所以能在短短数年内超越谷歌、微软成为全世界最有价值的公司，在于它不仅在情感上引起了无数人的共鸣，更重要的是，苹果公司将全球的设计资源、开发资源、制造资源、内容资源整合在一起，让苹果公司的产品成为时尚、潮流、领先的标志，给了用户超乎想象的个性化完美体验。

欧派能实现中国橱柜第一品牌到中国整体厨房第一品牌的跨越，有三个关键因素：跨界营销、个性化体验营销、情感营销。我认为，这正是未来营销创新的三个方向。

跨界营销的目标是让品牌和产品以最小的投入，让目标消费人群迅速接触和互动，达成销售。任何一个企业在市场里单打独斗都很难成长为一个巨人，只有让产业链的各方共赢，才能实现飞跃式的发展。“冠军联盟”就是一个很好的印证，欧派牵头将不同行业的品牌组成一个家居联盟，并建立了五大平台——一体化的家居产品供应平台、联合推广平台、地产项目个性化定制规模化生产平台、统一的安装服务平台和完整的质量联保平台。结盟的企业通过“冠军联盟”以最小的投入，与消费者进行快速、有效、广泛的沟通。

个性化体验营销是欧派快速成长的第二个关键因素。苹果公司用标准化的方法实现了高度个性化的产品体验，实现了一机一世界。而欧派是通过规模化生产、个性化定制，实现了一户一世界。在这一点上，欧派与苹果公司有相似之处。未来，个性化体验营销一定是一个大趋势。

欧派获得成功的第三个关键因素是情感营销。一个成功的品牌必须让品牌理念成为目标人群的主流价值观。最近我看到了帕萨特的一则广告语，非常不错：“没有人能预测未来，但有人能决定未来。”奔驰卖的是后面的座位，追求乘坐者的舒适；宝马卖的是“前面的座位”，讲求驾驶者的快感；而帕萨特卖的就是感觉，更看重创造未来与梦想之悦。为什么欧派的广告语“有家有爱有欧派”深入人心，是因为它本身就是一种主流价值观。不管是在成功路上的人，还是已经成功的人，都需要有家有爱。越是成功的人，越能理解和认同这样的价值观。一旦品牌的价值观成为目标消费人群的价值观，品牌就会有粉丝。

创新改变未来，把握了营销创新的方向，也就把握了未来。

思考题

1. 什么是市场？
2. 构成市场的三个基本条件是什么？
3. 市场有哪些构成要素？
4. 市场可以分为哪些类型？
5. 市场营销的含义有哪些？

教学方法建议

一、项目教学法

“项目教学法”是制订、指导有实际意义的项目与计划，组织学生自主设计项目实施计划，进行自主学习、践行、操作，以培养学习能力、方法能力、社会能力与提高素质为目标的教学模式。

二、项目教学法的基本环节

1. 分析教学内容，确定项目任务：

（1）所选项目应紧扣人才培养方案和教学目标。

（2）项目的难易程度应适宜。

（3）项目应具有一定的实用价值。

2. 项目教学准备期。

（1）教师的准备：首先应对项目任务进行分析和研究，查阅大量的资料，收集相关的知识及案例，了解所选企业相关情形和背景状况；其次制订好项目工作计划和项目活动评价表等指导性的资料；最后要向学生作简要的实施动员，向学生说明项目的意义与作用，激发学生完成项目的兴趣。

（2）学生的准备：项目教学法是以学生为主体的开放式教学方式，学生必须认真对待，提前阅读相关教材，准备一定的相关知识，注意预习相关课程，获取相关企业资料，为进入企业做好前期准备工作。

（3）项目实施阶段：第一步就是对所教班级的学生进行分组，建立合作学习小组，也就是项目开发小组。第二步是按计划完成项目。

（4）项目成果的提交与评价：总评应体现公平、公正、公开的原则，应采取学生自评、互评和教师总评的方式。评价还应结合不同项目的特点，从“知识与技能”“过程与方法”“情感态度和价值观”三个方面展开，将项目评价和学生个人评价有机结合。

本章教学过程操作

一、确定项目

市场构成的要素及影响者。

二、制订计划

全班学生分组（每组 6～8 人）。每组同学根据课本中所学到的市场定义和构成要素，通过分析与菜市场、农贸市场的差异，找出市场营销学中市场的含义及与我们通常所说的菜市场的差别。

1. 实施计划。
2. 教师给出学习资源。
3. 学生自己看书，看资源，也可以查阅手机（查阅百度容易得出同一个答案）给出市场的定义和构成要素。
4. 学生学习市场大小的计算。学生相互讨论市场营销学中的市场与一般人们所说的菜市场的本质差别（一个是人，另一个是区域）。
5. 教师到各组巡回聆听，但不要说话。

三、检查评估

各组派代表将本组的答案进行交流讲解。

项目二 消费者购买行为分析

引例

圣诞礼物

去年圣诞节，我给自己的一位很要好的同学（女性）买圣诞礼物。在我脑海里，我认为这位同学对一些简简单单的东西，或者是一些价格较高但是没有新意的礼物不甚喜欢，更不会博得她一笑，甚至会给她留下一种老套、骗子、没有素养的坏印象。

前者简单的礼物是指一些像“毛毛熊”“暖手宝”“苹果”之类，后者指一些“首饰”“套装巧克力”之流。最重要的是要送出自己的新意，这些东西是能够暖人心的，不是要她挂出来做样子用的。首先，就此礼物，我向我们班级大部分女孩子询问，什么样的礼物能让她们看一眼就被深深地吸引住，同时能够明白作为一个朋友的良苦用心，得到建设性意见若干条。例如，大家一致认为：只要对的，不要贵的。其次，我在学校附近所有的礼品店寻找，不让任何一家哪怕是一个小小的格子铺成为漏网之鱼，同时询问服务人员何种礼物今年销量最好。这能有效地提升自己对美的理解，同时把握最新的时尚动态。例如，看到何种颜色是现今最流行的，并结合她自身气质归纳出自己礼物的颜色。再次，我在学生经常上的网站征求网友的意见，如校内网、贴吧、论坛等。网友也给出了很多好的意见，如 DIY（自己动手做的）。至此，我心里基本对自己的礼物有了一个大致的构想。最后，我邀自己班级一位很不错的女同学（该同学眼光独特、心细眼明）再一次把学校周围的礼品店逛了一圈。这次，我每到一店，就拿出店中一些不错的礼物询问如何，并听取她的意见。

同时，我又给和她玩得不错的一位朋友打电话，询问何种礼物最好。她也给出了建议：要有新意和心意，要实用。至此，我得出自己的礼物要是一份很独特的、天下无双的，那么，只有 DIY 符合要求。

下一步就是制作何种东西。得益于和我一块出去挑礼物的同学的一句话说：“我高中时候，有人送我这么一件东西——一个开心果壳，上面写了我的名字。”我也萌发了这个念头，为何不做一个这样的礼物呢？

确定了目标，我买了一个包装盒，颜色为大方的黑色，同时上面搭配有很恰当的图案。

在包装盒里面，我用自己PS过（乳白色纸上全是她喜欢的迷你熊）的一张卡分成小方格（结合开心果的大小，共计81个，数字也吉利，嘿），又在学校附近买了一包开心果，在开心果上手刻了一首自己写的诗（水平不高，谨表心意）。

我将包装盒分了两层，上面一层放了一个很大的棒棒糖（《功夫》电影挺热），同时零散地放了几个开心果。制作期间，我也请了同寝同学帮忙，其间也做了简单的修改。同时，礼物的颜色、细节，我都根据自己对她的了解和她的气质制作完成（如她喜欢的小动物等）。至此，第一件礼物完成。

同时，由于是圣诞节，苹果还是要买的。正好当时他们班级有同学卖苹果，并很有新意地在装苹果的包装盒里放了小礼物（运气好的话可以中奖）。我就买了一个，因为和他们都认识，特别强调要中奖。第二件礼物完成。

我们班级有卖孔明灯的，挺不错，我也买了一盏孔明灯。自己私下里还提前拆开看了一下孔明灯的结构，学会了如何使用（之前并没有接触过）。第三件礼物完成。

圣诞节前一天晚上，我一并送出这三件礼物。其中孔明灯是和她一块在操场带着我们年轻的梦想放飞的。放过孔明灯，我还问了一句好看吗？她听了兴奋地说：嗯，嗯。我随后也跟了一句更加年轻气盛的话：那我以后每年给你点一盏。对于第一件和第二件礼物她的反应，我问了和她玩得很要好的朋友，她说："她很高兴，你那礼物我也吃了几个。"哈哈，我认为她们吃的一定是我在上层零放的一颗。

资料来源：http://blog.sina.com.cn/s/blog_63aa57130100k2u8.html，有删改。

学习重点

通过本章学习，重点掌握购买角色、客户购买行为过程、消费者的购买行为类型。

消费者购买行为也称消费者行为，是消费者围绕购买生活资料所发生的一切与消费相关的个人行为，包括从需求动机的形成到购买行为的发生直至购后感受总结这一购买或消费过程中所展示的心理活动、生理活动及其他实质活动。消费者购买行为一般表现为五个阶段：确认需要，消费者经过内在的生理活动或外界的某种刺激确定某种需要；搜集资料，消费者通过相关群众影响，大众媒介物宣传以及个人经验等渠道获取商品有关信息；评估选择，对所获信息进行分析、权衡，做出初步选择；购买决定，消费者最终表示出的购买意图；购后消费效果评价，包括购后满意程度和对是否重购的态度。

2.1 了解消费者的购买行为

20世纪60年代末，霍华德与谢思在《购买行为理论》一书中提出霍华德—谢思模式。该书把影响消费者购买行为的因素归纳为四类：刺激或投入因素（输入变量）、外在因素、内在因素（内在过程）、反映或产出因素。书中指出，投入因素和外在因素是购买的刺激物，它通过唤起和形成动机，提供各种选择方案信息，影响购买者的心理活动（内在因素）。消费者受刺激物和以往购买经验的影响，开始接受信息并产生各种动机，对可选择产品产生一系列反应，形成一系列购买决策的中介因素，如选择评价标准、意向等，在动机、购买方案和中介因素的相互作用下，便产生某种倾向和态度。这种倾向或者态度又与其他因素，如购买行为的限制因素结合后，产生购买结果。购买结果形成的感受信息也会反馈给消费者，影响消费者的心理和下一次的购买行为。

2.1.1 购买决策

消费者购买决策是指消费者谨慎地评价某一产品、品牌或服务的属性并进行选择、购买能满足某一特定需要的产品的过程，即购买目的的确立、手段的选择和动机的取舍过程。

广义的消费者购买决策是指消费者为了满足某种需求，在一定的购买动机的支配下，在可供选择的两个或者两个以上的购买方案中，经过分析、评价、选择并且实施最佳的购买方案以及购后评价的活动过程。它是一个系统的决策活动过程，包括需求的确定、购买动机的形成、购买方案的抉择和实施、购后评价等环节。

购买决策在消费者的购买行为中占有非常重要的作用。对于企业和商家来说，分析、研究消费者的购买决策为企业正确地确定产品、价格、分销、促销等策略提供依据，为商业营销策划服务提供营销决策依据，可使营销决策人员对影响消费者购买决策的因素分析有一个清晰的、有深度的把握，从而在制定营销规划的时候更有针对性。有针对性则有益于提高营销决策的效率，从而使营销工作更加具有竞争力，使营销效益最大化。对于消费者来说，决策的内容不仅决定着购买行为的发生方式，而且决策的质量决定着购买行为的效用大小。正确的决策可以使消费者以较少的费用和时间买到物美价廉的商品，最大限度地满足消费者的需要。

购买决策落实

经调研发现，人们在购买数码相机的时候，在同质商品中，往往是“外观设计”将决定其最终会购买哪一款，而不是价格。也就是说，消费者对“外观设计”比较敏感，很在意外观的美感和舒适感，甚至有些“极端”的情况，如“我就是看着A款相机比B款相机顺眼，所以我买A”。

那么，发现此信息后，商家就会有针对性地将消费者按一定标准（如品位）划分为不同的消费群体，然后相应地做有针对性的“外观设计”，如时尚型、稳重型、卡通型等，使“型号组合”覆盖所有消费群体。这样，消费者在购买时就能“对号入座”，轻松地购买符合自己品位的机型。这将明显地增强消费者购买决策的导向，有力促成购买行为。

2.1.2 购买角色

消费者购买角色就是指消费者在消费过程中的各种角色。角色是指与某一特殊位置有关联的行为模式，代表着一套有关行为的社会标准。一个人的角色反映了他在社会系统中的地位，以及相应的权利和义务、权力和责任。消费者购买角色可以分为五种：倡导者、决策者、影响者、购买者和使用者。

(1) 倡导者，即首先提出购买某个产品或服务的人。本人有消费需要或消费意愿，或者认为他人有消费的必要，或者认为其他人进行了某种消费之后可以产生所希望的消费效果，他要倡导别人进行这种形式的消费，这个人即属于消费的倡导者。

(2) 决策者，即对购买决策的某个方面做出决定的人，有权单独或在消费中拥有与其他成员共同做出决策的人。

(3) 影响者，即其观点或建议对决策有影响的人，是以各种形式影响消费过程的一类人，包括家庭成员、邻居与同事、购物场所的售货员、广告中的模特、消费者所崇拜的名人明星等，甚至素昧平生、萍水相逢的过路人等。

(4) 购买者，即实际去购买的且最终做出购买决定的人。

(5) 使用者，即消费或使用产品或服务的人，有时称为“最终消费者”“终端消费者”“消费体验者”。

小贴士

买电脑

比如家用电脑的选择。爷爷决定今年孙子过生日时送给他一台家用电脑，儿媳听了很高兴，就在单位分享，同事于是帮着推荐某品牌型号，儿媳最终决定去购买。儿子负责选择、付款，最后由孙子使用。在这个过程中，爷爷是倡导者，儿媳是决策者，同事是影响者，爸爸是购买者，孙子是使用者。

营销人员要明确购买角色这五种类型，因为消费者有可能是倡导者，有可能是决策者，也有可能是影响者、购买者或使用者，不管是哪一类角色都对消费者最终做出购买决策及对产品设计、广告词或价格的确定等有影响。因此，了解主要的参与者和他们的角色，并针对其角色地位与特性，采取有针对性的营销策略，会有助于市场营销人员妥当地安排市场营销计划，能较好地实现营销目标。只有了解购买决策过程中的参与者的作用及特点，公司才能够制订出有效的生产计划和营销计划。

2.1.3 购买过程

每一个消费者在购买某一商品时，都会有一个决策过程，只是因所购产品类型、购买者类型的不同而使购买决策过程有所区别。西方营销学者对消费者购买决策的一般过程做了深入研究，并提出若干模式，而采用较多的是五阶段模式，即需求确认、信息搜寻、方案评价、购买决策、购买后的行为。

1. 需求确认

消费者认识到自己有某种需求时，是其决策过程的开始。即需求确认是消费者购买决策过程的起点。当消费者在现实生活中感觉到或意识到实际与其企求之间有一定差距并产生了要解决这一问题的要求时，购买的决策便开始了。消费者的这种需求的产生，既可能是由内在的生理活动、人体内机能的感受所引发的，如因饥饿而引发购买食品、因口渴而引发购买饮料等；又可以是由外部条件刺激引起的，如看见电视中的西服广告而打算自己买一套、路过水果店看到新鲜的水果而决定购买等。当然，有时候消费者的某种需求可能是内、外原因同时作用的结果。因此，营销者首先应确认客户产生需求的原因，根据不同的诱因采取相应的措施，刺激客户产生需求，且应注意不失时机地采取适当措施，唤起和强化消费者的需求。缺货、不满意、新需要、相关产品的需要、新产品上市、营销等因素可诱导需求的产生，此时的营销策略是诱发刺激迎合满足消费者的需求。

小贴士

电脑需求的激发

许多客户不愿意购买个人电脑的主要原因是不清楚家里拥有一台电脑有多大用处，对此，成功的销售人员可以提醒客户，电脑是如何有助于开发孩子的智力，使其在学校表现得更优异，从而刺激客户对电脑的需求。

2. 信息搜寻

信息搜寻是营销活动中最重要的时期。

(1) 信息来源。客户被引发的需求并不是马上就能满足，客户需要从不同的信息中找到满足其需求的最佳方案。客户的信息来源可以分为：个人来源、商业来源、公共来源、经验来源。

1) 个人来源。从家庭、亲友、邻居、同事等个人交往中获得信息。

2) 商业来源。这是消费者获取信息的主要来源，其中包括广告、推销人员的介绍、商品包装、产品说明书、经销商、展览会等提供的信息。这一信息源是企业可以控制的。

3) 公共来源。消费者从电视、广播、报刊等大众媒体所获得的信息。

4) 经验来源。消费者从自己亲自接触、使用商品的过程中得到的信息。

上述四种信息来源中，商业来源最为重要。从消费者角度看，消费者最初的产品信息主要是商业来源。商业信息不仅具有通知的作用，还具有针对性、可靠性，而且对企业来说，商业信息是可以控制的。消费者可以通过商业信息的渠道了解该企业的产品，进而购买该企业的产品。但最有效的信息来源是个人来源。个人来源和经验来源起到验证的作用，商业来源一般起到告知的作用，个人来源还起着认定或评价的作用。

(2) 受众选择“3S”论。消费者选择信息的过程同样遵循受众选择“3S”论，即消费者在接触媒介和接收信息时有很大的选择性，这个选择过程表现为三种现象——选择性注意（Selective Attention）、选择性理解（Selective Understanding）、选择性记忆（Selective Memory），简称“3S”。

1) 选择性注意。选择性注意是指在外界诸多刺激中仅仅注意到某些刺激或刺激的某些方面，而忽略了其他刺激。人们不可能对所有的信息作出反应，只能有选择地加以注意。知觉的选择性保证了人们能够把注意力集中到重要的刺激或刺激的重要方面，排除次要的刺激干扰，更有效地感知和适应外界环境。

2) 选择性理解。选择性理解是一种倾向，它将信息加以扭曲，使之合乎自己的意思，并以符合我们预想的方式理解信息。这一行为往往是出于潜意识的，它可能用以加强而非改变受传者的已有意见。即使刺激引起了人们的注意也不一定能达到预期的目标。这是因为人们在面对客观事物时，有一种把外界输入的信息与头脑中早已存在的模式相结合的倾向。这种按人们已有的想法来解释信息的倾向，就是选择性理解，也是指不同的人对同一信息作出不同的意义解释和理解。影响受传者的选择性理解的因素包括需要、态度和情绪三个方面。

小贴士

品牌偏好

某一商品在消费者心目中已树起信誉，形成品牌偏好，即使一段时间该品牌的质量下降了，消费者也不愿意相信；而另一新的品牌即使实际质量已优于前者，消费者也不会轻易认可，总以为原先的那个名牌货更好些。总之，人们倾向于用自己已有的观念解释信息，而非同自己的偏见做斗争。

3）选择性记忆。选择性记忆是指人们只记忆对自己有利的信息，或只记自己愿意记忆的信息，而其余的信息却被忘却，这种记忆上的取舍被称为选择性记忆。选择性记忆也是指受众总是根据自己的需求，在已被注意和理解的信息中挑选出对自己有用、有利、有价值的信息储存在大脑中。

小贴士

农夫山泉的记忆点创造法

在市场激烈的竞争中，每个企业都力图使自己的产品以及企业的整体形象广为人知，并能深入人心，为此想尽法子、用尽手段。但对消费者而言，面对如此众多的企业和产品，要让他们记住其中的某一个并非易事，更别说印象深刻。

1999年，农夫山泉的广告开始出现在各类电视台，而且来势汹汹，市场也随之出现了越来越热烈的反应，再通过跟进的一系列营销大手笔，农夫山泉一举成为中国饮用水行业的后起之秀，到2000年便顺理成章地进入了三甲之列，实现了强势崛起。历来中国的饮用水市场上就是竞争激烈、强手如云，农夫山泉能有如此卓越表现，堪称中国商业史上的经典。而这个经典的成就首先起源于“农夫山泉有点甜”这整个经典中的经典，这句蕴含深意、韵味优美的广告语，一经出现就打动了每一位媒体的受众，令人们牢牢记住了农夫山泉。为何会有如此非同凡响的效果？原因正在于它极好地创造了一个记忆点，正是这个记忆点征服了大量的媒体受众，并使他们成了农夫山泉潜在的消费者。

记忆点创造法的核心内容是：创造能让消费者记忆深刻的点，有了这个点才有了你的产品在消费者心中的位置。农夫山泉之所以会有如此非同凡响的效果，原因正在于它极好地创造了一个记忆点，能够快速引起消费者的选择性记忆。

全部的品牌	知晓的品牌	考虑的品牌	备选的品牌	购买的品牌
A	A	A	ABC	?
B	B	……	不选的品牌	
C	C	J	D……	
D	D	不考虑的品牌		
E	……	K……		
F	不知晓的品牌			
……	Z……			

3. 方案评价

当消费者从不同的渠道获取到有关信息后，便对可供选择的品牌进行分析和比较，并对各种品牌的产品作出评价，最后决定购买。解决客户需求的方案不是单一的，客户对所有方案会有一个综合的评价，评价指标一般涉及产品属性、品牌满意度、总效用等。这一阶段的策略重点是了解客户期望从产品或服务中获得特定的利益，抓住其所关注的重点，强调产品或服务所具备的相关功能，从而打动客户。此时的营销策略是要帮助消费者解除各种购买顾虑。

小贴士

选择度假地

假定你要去旅游，选择已局限在四个度假地：A、B、C、D。假定你主要对四种属性感兴趣：购物、历史景点、饮食和价格。这样你就可以就不同度假地的每种属性进行评价，确定出品牌属性集。

例如，对A度假地，按10分制的话，购物为10，历史景点为8，饮食为6，价格为4（略贵）。同理，可确定出其他度假地的品牌信念集，如表2-1所示。

表2-1 消费者关于度假地的品牌信念

度假地	属性				期望值
	购物	历史景点	饮食	价格	
A	10	8	6	4	8.0
B	8	9	8	3	7.8
C	6	8	10	5	7.3
D	4	3	7	8	4.7
权重	40%	30%	20%	10%	选：A

4. 购买决策

消费者对商品信息进行比较和评选后，已形成购买意愿，评价行为会使消费者对可供选择的品牌形成某种偏好，从而形成购买意图，进而购买所偏好的品牌。此时的营销策略是要注意售后服务。但是，在购买意图和决定购买之间，还要受到三个因素的影响。如图2-1所示。

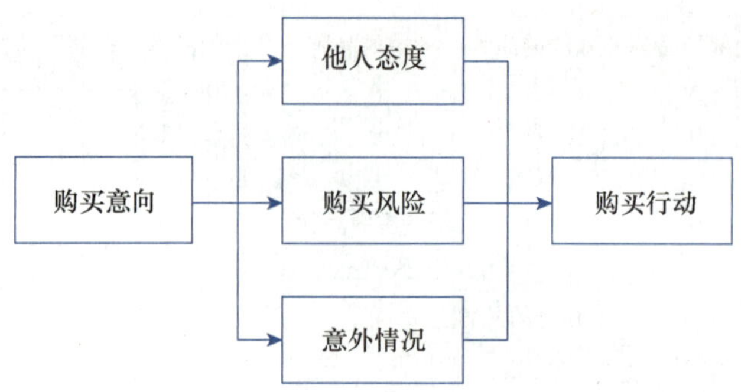

图 2-1 影响购买决策的三个因素

(1) 他人态度。消费者的购买意图，会因他人的态度而增强或减弱。他人态度对消费意图影响力的强度，取决于他人态度的强弱及他与消费者的关系。一般来说，反对态度愈强烈，或持反对态度者与购买者关系愈密切，修改购买意图的可能性就愈大。例如，丈夫想买一大屏幕的彩色电视机，而妻子坚决反对，丈夫就极有可能改变或放弃购买意图。

(2) 意外情况。消费者购买意向的形成总是与预期收入、预期价格和期望从产品中得到的好处等因素密切相关。但是当他欲采取购买行动时，如果发生了意外的情况，如失业、意外急需、涨价等，则很可能改变购买意图。

(3) 购买风险。消费者修正、推迟或者回避做出某一购买决定，往往是受到了可觉察风险的影响。可觉察风险的大小随着冒该风险所支付的货币数量、不确定属性的比例以及消费者的自信程度而变化。市场营销人员必须了解引起消费者有风险感的那些因素，进而采取措施来减少消费者的可觉察风险。

5. 购买后的行为

客户做出购买决策后会对产品或服务的实际表现同期望水平进行比较，体会产品满足自身需求的程度，产品在被购买之后，就进入了买后阶段，买后客户的评价会影响以后的购买行为，如图 2-2 所示。此时的营销策略是要进行售后跟踪，发现问题并及时解决、补救。消费者购买商品后，通过自己的使用和他人的评价，会对自己购买的商品产生某种程度的满意或不满意。为了避免客户购买后产生不满或弥补客户的不满，企业应采取有效措施尽量减少客户不满意的程度。如提供有效的售后服务，定期回访客户，了解其对产品或服务的意见，并提供相应的解决方案。消费者购买后行为要么满意，要么不满意，或是谈不上满意与不满意的处置产品。

(1) 购买后满意、重复购买与品牌忠诚。消费者在购买产品后如果满意，就会出现重复购买、向别人诉说自己的购物经历或介绍产品等情况，并逐渐产生对品牌的信赖与认同，最终会成为品牌忠诚的顾客，实现关系营销的要义。这是任何商家都愿意看到的结果。

(2) 购买后失调。购买后失调是因为顾客认为产品的绩效与期望之间有差距，而发生认知失调之后，顾客会调整其对产品绩效的感受，减少此差距，以消除心理上失调的状态。绩效与期望之间的差距、差距对于个人的重要性、差距能够修正的程度及购买费用等是主要影响不协调的因素。价格通常会影响不协调的程度，因为高的价格往往会提高人们的期望值。顾客购买后失调大都是因为不满意引起。只有打通处理消费者不满意的方式，营销人员才能从容应对。消费者在购买后如果出现不满意，或采取行动，或不采取行动。

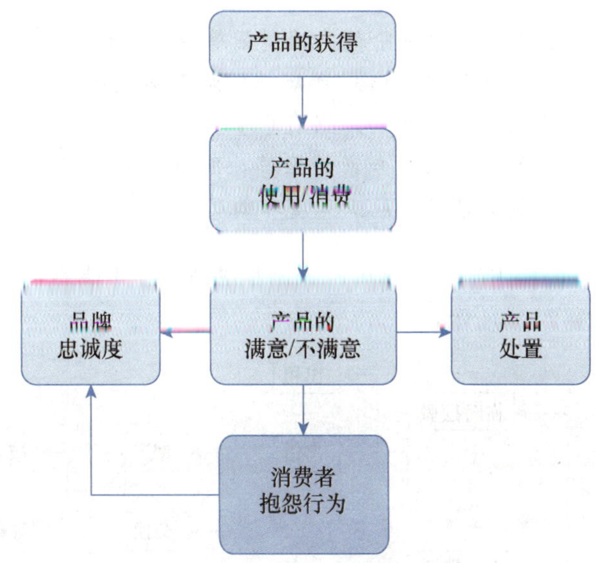

图 2－2　消费者产品购买后的行为

若采取行动，则可以采取公开行动或私下行动，如图 2－3 所示：

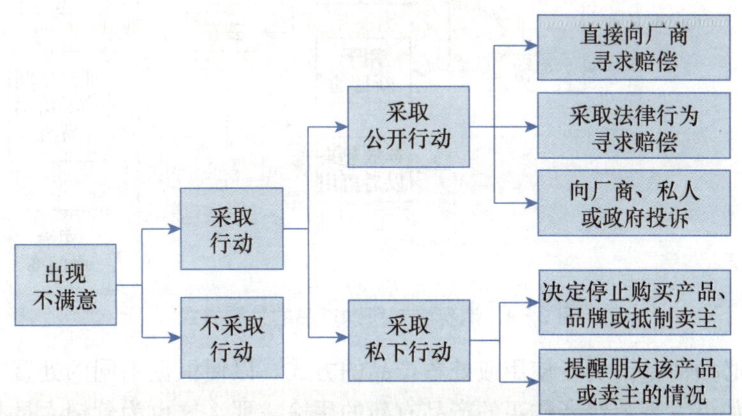

图 2－3　消费者处理不满意所采取的方式

小贴士

如何忽略减少失调感

一些女性的美容保养品，其中的内含物或成分之标示，一般消费大众都不了解其所代表的意义，有些消费者甚至不会去关心这些产品到底由什么成分组成，而且由于这类产品的诉求（如活化细胞、让皮肤“晶莹剔透”等）通常不容易被客观地衡量出来，所以消费者亦很难明确地去区分哪一种产品的质量绩效较佳。因此，在这种情况下，消费者于第一阶段和第二阶段都采用周围路径来处理信息。根据前面的论述可知，此时顾客满意度的主要决定因素为期望，所以厂商应该设法创造消费者的产品期望，以提升满意度和购买意愿。而由于消费者在第一阶段采用周围路径，因此周围线索（如来源国形象）会成为消费者形成期望的评估基准。由此可知，厂商在制定营销策略时，需审慎地考虑来源国形象可能给产品带来的冲击影响。只有尽量提供消费者有利的周围线索，如较佳的来源国形象、知名的产品代言人、专家的推荐、别出心裁的广告等，才能有效地创造出较高的产品期望，进而提升消费者的满意度和购买意愿。

（3）购买后处置。消费者购买产品后，无论是满意还是不满意，都会对所购买的产品进行使用或处置，如图 2－4 所示：

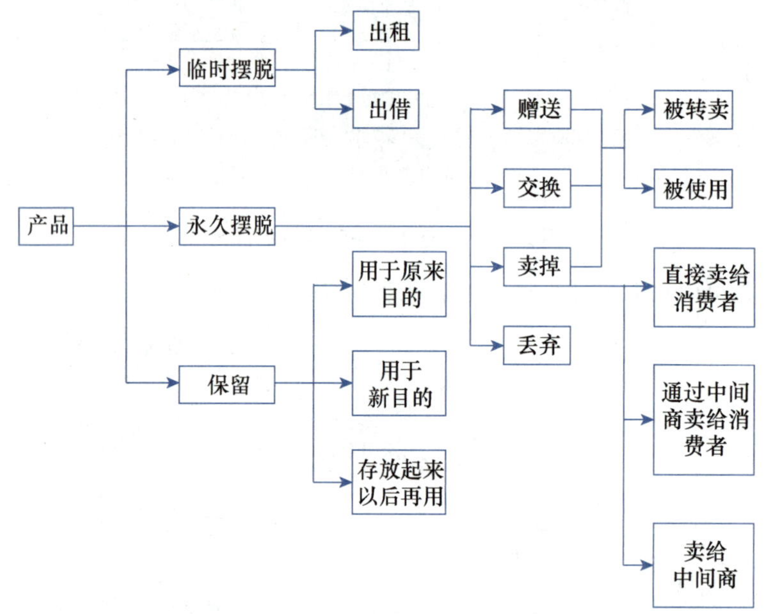

图 2－4 消费者对所购产品的处置方式

营销人员必须清楚消费者使用或处置产品的方式，以便根据不同的处置方式设计相应的营销策略。如果发现消费者购买的产品有新的用途，那么这也为营销人员打开了新的思路，并帮助营销人员发现了新的市场机会，倘若能及时解决营销过程中的问题，便可以完善产品定位。

2.2 消费者的购买行为类型

消费者因为要满足的需要不同，所以发生的购买和使用商品的行为活动也会不同，从而消费者的购买行为类型也会不同。由于受到不同因素的影响，我们可以从不同的角度将消费者划分成不同的类型。

2.2.1 根据消费者进行决策时的特点进行分类

1. 经济型消费者

这种类型的消费者对商品的价格比较敏感，讲求经济实惠、物美价廉。这些人往往做一些理智的决策，从经济上进行理智的考虑。这样的消费者将不得不去了解所有可供选择的产品，确切地罗列出所有这些选择的优点和缺点，并找到一个最好的选择。然而，消费者往往不能掌握充分的信息，或足够精确的信息，甚至没有产生一个完美决策的足够的动机。经济型消费者只能是相对而言，因为真正的经济型消费者并不存在，比如人们常常受到其生活技能、习惯等的限制，受到其生活价值和目标的限制，受到其知识水平的限制等。

2. 被动型消费者

这种消费者与经济型消费者正好相反，在消费方面易受自我兴趣和市场促销的影响。他们被认为是冲动或非理性的消费者，容易在广告宣传和各种诱导因素的影响下产生被动的购买行为。如在冲动下，消费者情感变化快，受外界影响大，选择能力就较弱。面对这种类型的消费者，营销人员应采取相应的营销方法。

3. 认知型消费者

这类消费者就像问题解决者，他们积极地寻找并接受所需要的产品或服务，并不断地丰富他们的生活。认知型消费者总是关注品牌信息和购物地点的信息，就像一个信息加工的系统。信息加工可能导致他们注意一些优先的信息，采取优先信息策略，他们也可能通过专家、可信赖的朋友、领先者等获得优先的信息。与经济型消费者对比而言，经济型消费者试图寻找所有可供选择的信息，试图作出最优的选择；相反，认知型消费者仅仅去寻找关于选择的足够的信息，作出一个令人满意的选择。这样，消费者可能会通过走捷径的方式以使得决策过程简化。认知型消费者处于经济型消费者和被动型消费者之间，他们一方面没有足够的信息以作出一个完美的决策，另一方面他们又努力去寻找信息以作出令人满意的决策。

4. 情绪型消费者

事实上，我们每一个人做任何事情都与我们的情感和情绪有关，如兴趣、恐惧、喜爱、希望等因素。当涉及一个特定的购买行为时，这些情绪将会起到一定的作用，有时，我们去购买一种东西，也许并不特别的需要，在购买之前也没有进行特别的比较和仔细的思考，而仅仅是由于一种冲动或情绪使然。情绪型消费者在购买一种东西的时候，往往基于情绪做出决策，他们在购买之前并不把主要的精力放在收集有关产品的信息，而把主要的精力放在当前的心情和情感上。这并不意味着情绪型消费者的购买行为不是理智的决定，相反，情绪上满意的购买也许恰恰是最好的购买决策。他们常常购买一种东西是由于感觉较好，也常常会受到情感倾向的广告的影响。

与情绪相似，消费者的心境对购买决策也会产生重要的影响，心境是一种“情感状态”或“心理状态”。但不同的是，情绪往往针对特定的事物或环境，而心境仅仅是一种没有任何针对性的状态。一般来说，消费者在积极的心境下比在消极的心境下可以回想起更多的有关产品的信息。

2.2.2　根据消费者的卷入程度进行分类

霍华德（Howard）在1974年根据消费者的卷入程度把购买行为分为例行反应行为、有限度解决问题行为和广泛解决问题行为三类。

1. 例行反应行为

例行反应行为是最简单的购买行为，即购买价格低且经常买的产品。由于购买者已经熟知产品的性质、各种主要品牌，并且对于各品牌之间已有非常明显的偏好，故他们只需做很少的决策。例行反应行为常常发生在廉价或常购的商品中。消费者了解产品的等级，知道他们所需要的品牌，也很清楚如何选择他们所喜爱的品牌。消费者并不经常购买同一家公司的产品，因为各种品牌的产品似乎没有太大的差别，而且他们的选择可能受商店有无现货或销售特制品等影响。总之，在例行购买行为中，消费者只是把购买看作是一件程序化必须完成的工作，因此在行动时，不喜欢花太多的时间去思考或搜寻。

买牙膏

对于有些物品来说，消费者倾向于购买自己使用过的品牌，如果该品牌买不到，则买跟该品牌比较接近的品牌。例如，当家中的牙膏用完时，你可能会不加思考地决定购买高露洁牙膏，若买不到时，则买中华牙膏或其他比较熟悉的牙膏。

2. 有限度解决问题行为

有限度解决问题行为的消费者对产品很熟悉，并深知所需要的质量，但对购买的品牌不太熟悉，在没有选购前，需询问很多人，要从各种广告中了解该产品和其品牌。对此类消费者，企业要知道这类消费者是想收集更多的信息来降低购买风险，因此应该设计一套沟通方案，以便增进消费者对品牌的认识和信心。

有限度解决问题行为的广告策略

购买者对各种产品品牌没有什么概念，但却很清楚自己所需要的产品的性能和用途。在这种情况下，他们的购买行为往往就是有限度解决问题。

有限度解决问题的购买者知道自己的需要，但不知道何种品牌能满足自己的需要，因而在购买之前会采取审慎的态度，或询问他人，或寻找广告阅读，以增加对各种品牌的了解。例如想买一套适合自己家庭的家具，他们可能知道许多家具店，但不知道这些家具店各有哪些款式。因此在作出购买决定之前，他们会先对这些家具店进行了解。

有限度解决问题的购买者所要购买的商品，性能、结构通常比较复杂，而且是现代生活所必需的。消费者的购买过程一般是先弄清楚自己的需要，然后寻找资料了解商品，等到自己对各种各样的品牌都有了比较清楚的了解之后，才做出品牌选择的决定。

所以针对这种购买行为，广告商应着重让消费者了解你的产品，并对产品的质量、性能等问题做出较为明确的许诺。在广告媒体选择上，应高度重视印刷媒体，如报纸、杂志、广告传单、包装说明书等。

3. 广泛解决问题行为

广泛解决问题行为的消费者对高价位、竞争激烈的产品面临的购买决策则较为复杂，消费者通常不知道有哪些品牌可买或不知道用什么因素来评估这些品牌。一般会“货比三家”，从中收集信息，并比较各种品牌优劣后再决定。对此类消费者，企业必须明确消费者如何收集和评估情报，并帮助消费者了解主要的购买标准，并说服消费者相信产品在各种属性方面与竞争品牌相比都是有优势的。

小贴士

广泛解决问题行为的广告策略

广泛解决问题行为中，购买者对品牌产品的属性不了解，不知道产品如何使用，自己所需要的品牌应该具备什么特点、性能，用途也不清楚。举一个例子来说，拥有私家车的热潮刚刚在中国家庭兴起时，许多购车者刚开始对小汽车一无所知，他们不仅不知道自己需要什么性能、特点的小汽车，而且也不知道各种品牌型号的小汽车有何差别。对于这些消费者来说，他们的购买行为就属于广泛解决问题。由于广泛解决问题类型的购买者对于自己的需要以及品牌的特点都不清楚，所以他们需要更多的信息，需要更长的时间来做决策。

鉴于广泛解决问题的特点，在品牌的广告宣传内容上，要着重介绍产品在现代生活中的作用，激发消费者的新需要，告诉消费者如何使用产品，让他们不对新产品产生畏惧感；在媒体上，要特别重视运用产品宣传小册，以提供丰富全面的资料。

2.2.3 根据消费者的卷入程度及品牌之间的差异进行分类

根据消费者的卷入程度及品牌之间的差异程度进行划分的消费者购买行为类型被称之为阿萨尔购买行为类型，其主要分为复杂的购买行为、减少失调的购买行为、寻求多样化的购买行为、习惯性的购买行为。

1. 复杂的购买行为

消费者参与购买的程度较高，并且了解品牌间的显著差异。如果产品很昂贵，购买不频繁，购买有风险并且有很高的自我表现作用时，消费者一般参与程度较高。或当消费者初次选购价格昂贵、购买次数较少的、冒风险的和高度自我表现的商品时，则高度介入购买。由于对这些产品的性能缺乏了解，为慎重起见，他们往往需要广泛地收集有关信息，并经过认真地学习，产生对这一产品的信念，形成对品牌的态度，并慎重地作出购买决策。

对这种类型的购买行为，企业应设法帮助消费者了解与该产品有关的知识，并设法让他们知道和确信本产品在比较重要的性能方面的特征及优势，使他们树立对本产品的信任感。这期间，企业要特别注意针对购买决定者做介绍本产品特性的多种形式的广告。

小贴士

复杂的购买行为的营销策略

企业必须了解消费者进行信息收集并加以评价的行为，据此制定出各种策略来帮助消费者了解产品的各种属性、属性的重要程度以及公司品牌在比较重要的属性方面的名望。而且，企业必须突出品牌的这些特征，利用主要印刷媒体和详细的广告文稿来描述，并发动商店售货员和购买者的朋友以影响购买者对品牌的最终选择。

2. 减少失调的购买行为

消费者有时参与购买的程度较高，但看不出各品牌间的差异，对所购产品往往会产生失调感。但由于品牌的差异不明显，消费者的购买就会非常迅速，他们主要关心的可能是合适的价格和购买的便利程度。因为消费者购买一些品牌差异不大的商品时，虽然他们对购买行为持谨慎的态度，但他们的注意力更多的是集中在品牌价格是否优惠，购买时间、地点是否便利，而不是花很多精力去收集不同品牌间的信息并进行比较，而且从产生购买动机到决定购买之间的时间较短。因而这种购买行为容易产生购后的不协调感。为了改变这样的心理，追求心理的平衡，消费者往往会广泛地收集各种对已购产品的有利信息，以证明自己购买决定的正确性。

小贴士

减少失调的购买行为的营销策略

企业应通过调整价格和售货网点的选择，并向消费者提供有利的信息，帮助消费者消除不平衡心理，坚定其对所购产品的信心。例如，购买地毯。因为地毯比较贵而且又能表现自我，但购买者一般认为一定价格范围内的各种品牌的地毯都差不多，所以购买后有不平衡的感觉，于是寻求信息，力图证明自己的决策是正确的，以消除不平衡。对此，市场营销沟通的目标应该是提供有助于购买者对自己所选品牌寻求平衡的信念与评价。

3. 寻求多样化的购买行为

此类购买行为的消费者参与程度低，而且品牌间的差异很大，消费者经常会改变品牌的选择。如果一个消费者购买的商品品牌间差异大，可供选择的品牌很多时，那么他们并不会花太多的时间选择品牌，而且也不会专注于某一产品，而是经常变换品种。比如购买饼干，他们上次买的是巧克力夹心，而这次可能想购买奶油夹心。这种更换并非是对上次购买饼干的不满意，而只是想换换口味。

小贴士

寻求多样化的购买行为的营销策略

面对寻求多样化购买行为，当企业处于市场优势地位时，应注意以充足的货源占据货架的有利位置，并通过提醒性的广告促成消费者建立习惯性购买行为；而当企业处于非市场优势地位时，则应以降低产品价格、免费试用、介绍新产品的独特优势等方式，鼓励消费者进行多种品种的选择和新产品的试用。

市场领导品牌和二流品牌所采取的市场营销策略是不同的。市场领导品牌可通过占领货架、避免脱销及提示性的频繁广告来鼓励习惯性的购买行为。而对市场领导品牌进行挑战的品牌则应通过低价、优惠、赠券、免费样品及强调使用新产品的广告活动来寻求多样化的购买行为。

4. 习惯性的购买行为

许多产品的购买情况是消费者参与购买的程度不高，同时产品间的差异也不大。消费者有时购买某一商品，并不是因为特别偏爱某一品牌，而是出于习惯。比如醋，这是一种价格低廉、品牌间差异不大的商品，消费者购买它时，大多不会关心品牌，而是靠多次购买和多次使用而形成的习惯去选定某一品牌。

小贴士

习惯性的购买行为的营销策略

企业应特别注意要给消费者留下深刻印象，企业的广告要强调本产品的主要特点，要以鲜明的视觉标志、巧妙的形象构思赢得消费者对该企业产品的青睐。为此，企业的广告要加强重复性、反复性，以加深消费者对产品的熟悉程度，并运用价格和促销来刺激试销；广告时注意：广告词强调的重点要少，视觉符号和形象非常重要，要便于记忆、简短且不断重复，电视广告比印刷广告效果好；要设法将参与程度低的产品转变为参与程度高的产品。此外，企业可将产品和某些相关问题联系起来，比如高露洁牙膏和防止蛀牙、海飞丝洗发水和去头屑、咖啡和清晨驱除睡意等；或者也可为产品增加重要的功能，比如在普通饮料中加入维生素，像红牛饮料。

本章小结

客户在消费过程中会受到多个购买角色的影响，在经历整个购买行为后，会做出最终的购买决策。了解消费者购买行为过程，有助于企业根据消费者购买特征来制定营销策略，规划企业经营活动，为市场提供消费者满意的商品或服务，更好地开展市场营销活动。从不同角度了解消费者的类型，有助于有针对性地开展营销服务及进行客户关系管理。

案例

保鲜盒的别样营销

对首尔一个普通家庭主妇林女士来说，家庭的每个角落都少不了乐扣乐扣（lock-lock）

保鲜盒的存在。她的冰箱中充满了形状各异的乐扣乐扣，大到12升容量的泡菜坛，小到0.1升的调料盒。此外，无论是卧室、客厅，还是洗手间，都有大小不一的乐扣乐扣用作整理箱。连女儿拎来拎去的化妆盒、外出野餐的篮子，也离不开乐扣乐扣。

作为乐扣乐扣生产商，韩国海纳开碧（HANACOBI）公司会长金俊一对此感到欣慰。据2004年2月韩国一家家用消费品调查公司的数据，99%的韩国主妇都知道乐扣乐扣，90%的家庭都用它，74%的受访者回答“今后有意购买同类产品”。2003年，乐扣乐扣销售额达1亿美元，用户遍及50多个国家和地区。“公司计划到2008年，乐扣乐扣能成为世界第一厨房用具品牌。”金俊一说。

与传统的保鲜容器相比，乐扣乐扣除了100%完全密封性外，食物储藏时间为同类密封容器的五倍以上，而且利用多种大小的保鲜盒能节省厨房和冰箱40%以上的空间；另外，盒盖中四面锁定装置已通过韩国生活环境试验研究院300万次的测试，也就是说，即使人们每天使用10次，其寿命也能维持821年。

从1999年开始，乐扣乐扣只用了3年时间便成为韩国第一品牌。分析其中的原因时，金俊一认为电视购物起了至关重要的作用。“家庭主妇是我们的主要购买群体，她们停留在电视前的时间最长”，他说，“我们的商品必须依靠人的反复讲解，让消费者来理解其中的细节差异。”

不过，金俊一认为电视购物在整个营销体系中扮演的是“先遣队”的角色。海纳开碧通过电视购物销售的产品最高不会超过30%。“乐扣乐扣通常采取的战略是选择高质量的电视购物频道进行前期宣传，同时采用多店铺战略，进军大卖场、百货商店、厨房用具商店，以增加销售量。”

除了电视购物以外，海纳开碧还努力与其他公司合作，通过协作营销的方式推动消费者对自己产品的认知。比如，在LG生产的“泡菜冰箱”中内置乐扣乐扣泡菜容器；与咖啡生产商合作，用乐扣乐扣作为其包装盒；等等。

另外，考虑到韩国家庭主妇的口口相传是推动产品销售的重要渠道，海纳开碧还组建了一支由家庭主妇组成的15 000人的志愿者队伍。这些志愿者都是乐扣乐扣的忠实用户，她们经常在超市、海纳开碧店面或者自己家里向别人展示如何充分利用乐扣乐扣的便利。

“但我们并没有推销乐扣乐扣的义务”，一位志愿者接受《财经时报》采访时说，“成为志愿者一方面因为乐扣乐扣实在好用，另一方面海纳开碧经常组织我们从事社会公益事业，而这是一个人不能完成的。此外如果表现突出，海纳开碧还给我们一些意外之喜，比如资助我们到国外观看足球世界杯。”

思考题

1. 什么是购买决策？
2. 消费者购买角色可以分为哪五种？
3. 消费者购买过程五阶段模式包括哪几步？

4. 受众选择“3S”论是指什么？
5. 购买决策受哪三个因素的影响？
6. 消费者购买后的行为主要是指哪几个方面？
7. 根据消费者进行决策时的特点进行分类的消费者购买行为类型有哪些？
8. 根据消费者的卷入程度进行分类的消费者购买行为类型有哪些？
9. 根据消费者的卷入程度及品牌之间的差异进行分类的消费者购买行为类型有哪些？

教学方法建议

一、案例教学法

案例教学法是一种运用典型案例将真实生活引入学习之中，模仿真实生活中的职业情境，创作“剧情说明书”用来做详细的检查、分析和理解，帮助学习者像从业人员那样思考和行动的教学方法。

二、案例教学法的基本环节

1. 课前准备。课前教师必须舍得下功夫，做好充分扎实的课前准备，灵活地运用教学技巧来组织引导好案例教学。

2. 明确教学目标。教学目标可分解，既要清楚通过案例解决管理领域内什么层次上的什么问题，又要明确体现出学员解决问题时所显现的能力水平；既要考虑学生的学习能力、态度的改变，又要考虑学生的条件和状况。

3. 选择好教学案例。案例是实施案例教学的前提条件之一。因此，在明确教学目标的基础上，要选择适度、适用的教学案例。所选的案例既要与教学目标相吻合，又要是教师自己能把握得了的、学生易于接受和认同的案例。

4. 营造良好的学习环境。在课堂上采取经验共享的方式，营造一个氛围，让知道者告诉不知道者，让不同经验得到交流，使学生通过学习能充分分享来源丰富的各种信息，尊重和发挥学生的个性，使学生真正感到他们是课堂的主体、学习的主人。

本章教学过程操作

一、介绍案例

教师将准备好的2个有关消费者购买物品的案例（案例要有多个不同角色参与者，参考教材中的案例），通过运用投影仪投影案例示意图，向学生全面介绍案例。

二、分组分析案例

将全班学生分组（每组6～8人），每个组都对上述2个案例进行分析，要求每组推荐一名代表做好记录，代表小组陈述分析意见。问题为：

1. 案例中每个人的角色（结合教材的定义）。
2. 每个人在购买过程中承担的责任。
3. 提出销售人员如何减少搅局现象发生的措施。

三、观察与启发

各组分析案例时，教师到各小组巡视，观察讨论情况，不发表任何意见。

四、陈述意见

1. 学生对教师提出的3个问题进行阐述。
2. 教师指导学生认真吸取别人的经验成果，丰富和提升自己。
3. 限时发言，不批评别人的观点。

五、知识整理

教师指导学生把案例中所涉及的专业知识要点展示出来。

六、评价总结

教师对各小组观点中存在的问题进行评价总结，要重视学生分析的思维过程、表述层次和结构、语言的运用等方面的问题。

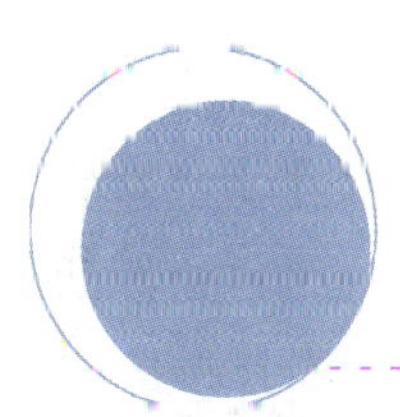

项目三
客户关系管理的产生与发展

引例

霍普光通信：用客户关系管理赚大钱

2002 年前后，由于我国光通信市场正在向买方市场转变，霍普光通信有限公司感受到了前所未有的压力。通过客户关系管理的销售自动化，他们打响了信息化第一炮。销售人员不配合，他们就从心理、制度上分而治之，使销售自动化得以成功实施，企业的整体签单率提高 10%。"我们誓将客户关系管理进行到底!"霍普光通信有限公司总经理徐毅青坚定且自信地说。作为一家资产超过 4 000 万元、年销售收入接近 1 亿元企业的老总，徐毅青何出此言呢？原因在于，霍普光通信在实施客户关系管理的过程中，既尝到了甜头，又遇到了阻力。

市场逼着上客户关系管理系统

霍普光通信是徐毅青在 1994 年和朋友从 50 万元起家一起创建的，以光分路器、光隔离器等为主导产品，主要从事光无源器件、光通信模块及设备、光纤系统设备的销售及项目集成实施等。由于我国光通信行业的快速发展和国外厂商的进入，市场从卖方市场向买方市场转变，竞争日益激烈。特别是 2001—2002 年，由于全球经济环境的不景气和电信投资的减少，霍普光通信感受到了前所未有的市场压力。他们 2000 年的营业状况比较好，2001 年由于市场环境严峻，遇到了一些困难。参与霍普光通信客户关系管理项目实施的联成互动上海分公司的万勇对霍普光通信的经营情况有所了解。由此，徐毅青决定加强企业的信息化建设，希望借助信息化来提升企业的核心竞争力，应对目前低迷的市场环境，并谋求更大的发展。

刚开始考虑上管理信息系统的时候，徐毅青曾经为究竟是上企业资源计划（ERP）还是客户关系管理系统而思考再三。经过分析比较，他认为，企业实施企业资源计划的资金投入大、实施周期长，因而风险也大；而客户关系管理系统与企业资源计划相比较，资金投入少、实施周期短，相对而言风险要小得多。更为关键的是，在市场紧缩的情况下，霍普光通信更为迫切需要的是掌握客户资源，把握市场机会。因此，霍普光通信决定先上客户关系管理系统。徐毅青希望“通过客户关系管理的实施，实现统一客户资源管理、销售行动监控、量化绩效管理及必要的工作协同”。经过市场调研，霍普光通信采用了联成互动公司的 MyCRM for SFA 软件。

化解实施阻力

霍普光通信按常规分三个阶段实施了客户关系管理项目：在完成公司领导层和销售人员的培训后，第一个月完成了基础设施和软件的安装；第二个月试运行，解决在实际中碰到的问题，进行系统优化；第三阶段启动各种功能，设置报表，系统正式运行。尽管系统不是很复杂，对人员也进行了培训，但是在霍普光通信的客户关系管理项目进行到实施阶段时，却遇到了较大阻力，其中最为突出的是销售人员不积极配合。这完全出乎企业管理层的意料。“‘我的工作太忙了，没有时间录入数据’‘你们的软件界面不好，操作太复杂’”，万勇说，“这是销售人员经常对我们抱怨的两句话。”经过分析，霍普光通信的管理层认为，表面上看是销售人员不肯录入数据，或录入的数据不全面、不准确，导致客户关系管理系统不能发挥应有的作用。而分析其内在的原因，主要是销售人员和管理层的思想不一致，担心将所掌握的客户资源企业化后，个人在公司的作用地位受到影响，同时也不想让公司对自己的行动进行监控，因此心理上的排斥是客户关系管理项目实施陷入困境的主要原因。实际上，很多客户关系管理项目在实施过程中都会遇到这方面的问题。经过研究，霍普光通信决定从两方面入手来推动客户关系管理的实施。一是由联成互动方面将原有的客户关系管理软件进行界面和流程的改进；二是制定客户关系管理系统使用的奖惩制度，消除销售人员的顾虑。如将销售过程分为四个阶段：意向、售前跟踪、商务谈判、签单。如果销售人员在销售过程中没有及时录入相应的客户信息和工作信息，将会受到扣款等处罚；反之，如果销售人员在销售过程中及时录入了相应的客户信息和工作信息，公司则会奖励其一定数量的销售机会。时间越及时、信息越全面，奖励的就越多。

给客户关系管理算笔账

那么，这些措施的效果如何呢？万勇算了一笔账。一般情况下，霍普光通信的销售人员每个月会有 20～30 个销售机会，而在这些销售机会中，销售人员很难客观地准确判断一个客户真正的商业价值。通过使用客户关系管理系统，销售人员对客户价值的把握更加准确，业务开展有的放矢，从而使其签单率提高了 10%，这是从个人方面计算。而从霍普光通信整个企业的角度计算，由于其每个客户的签单金额平均在 50 万元左右，如果企业的整体签单率提高 10%，那么，以霍普光通信已投入的数十万元的信息化投资计算，其信息化的投资回报率是相当可观的。这还仅是显性的经济效益，从长远来看，应用客户关系管理系统对其企业的管理能力、营销能力的提升，则是难以计算的。霍普光通信的管理层正是看到了企业应用客户关系管理的巨大收益，才会“誓将客户关系管理进行到底”。

从霍普光通信的案例中可以看出，企业在实施客户关系管理的过程中，既尝到了甜头，又遇到了阻力，但最终还是成功了，取得了比较好的效益。现代企业在激烈的市场竞争环境下，已越来越意识到与客户之间建立和保持坚固的纽带关系对企业的长期发展的重要性。企业通过客户关系管理，保留一个老客户仅是开发一个新客户成本的1/5，而提高5%的客户保留率其利润可能提升80%，这80%的利润金矿成为全球企业实施客户关系管理的巨大动力。

学习重点

通过本章学习，重点掌握客户关系管理产生的原因，实施客户关系管理能给企业带来哪些竞争优势；了解为什么客户关系这样一个古老的话题到如今才被广泛重视。

中国的改革开放和国际化，使我们对市场、对营销、对服务等都不再陌生。对商业、对资本、对管理从无知到有知，从漠视到重视，是我们多年来所取得的最重要的进步之一。

市场竞争的加剧，使得各个企业都在努力寻找自己的核心竞争能力，以取得竞争的优势，使企业不断发展壮大。但是，信息技术的广泛使用，并且信息的获取越来越便捷，使得许多行业的产品在价格、质量和服务上的差异越来越小，给“如何在竞争中领先对手”这一老话题又赋予了新内容，这就是如何做好客户关系管理（CRM）工作。计算机网络和通信网络技术的高速发展，尤其是使用费用的大幅度降低，使CRM成为世界各国研究的新热点和各企业竞争制胜的手段。

时至今日，我们从来没有与世界脉搏的跳动如此接近，我们的企业和国家从来没有如此深切地感受到全球化的竞争以及世界文化的多样性。2001年12月11日，《中国加入世贸组织议定书》生效，中国正式加入世界贸易组织（WTO），成为其第143个成员。这一刻，我们感受到了世界对我们的承认，也感受到了生存的压力。2004年12月11日也已经过去，意味着许多产品（例如受关税保护最多的汽车）取消配额限制，且关税水平不断降低，对于我们的企业界来讲，竞争将变得更加激烈。

信息技术，特别是互联网，使得我们与全球各个国家、各个民族、每个人之间的距离大大缩短了，也促使我们更加开放。

“To be or not to be”，是一个永恒的话题。在这样的时代，我们的企业如何生存和发展？有很多术语和领域，都是为了达到这个目标。它们都有自己的支持者，强调自己的重点和各自的优势。客户关系管理就是其中的一个。

3.1 客户关系管理的起源

现在，市场正发生着很多的变化，就消费者市场而言，这些变化包括人口老龄化，农村城镇化，晚婚、离婚增加，家庭变小，越来越多的具有个性化需求的小消费群体，消费者生活方式多样化，等等。

3.1.1 我们所处的环境

与以往相比，经济大环境正在发生着巨大的转变，在当今时代，供求关系发生了根本变化，短缺经济不再是经济的主体。全球经济一体化，竞争不分国界，信息技术迅速发展，企业生存数字化，客户、竞争与变化成为时代特征，见图 3-1。

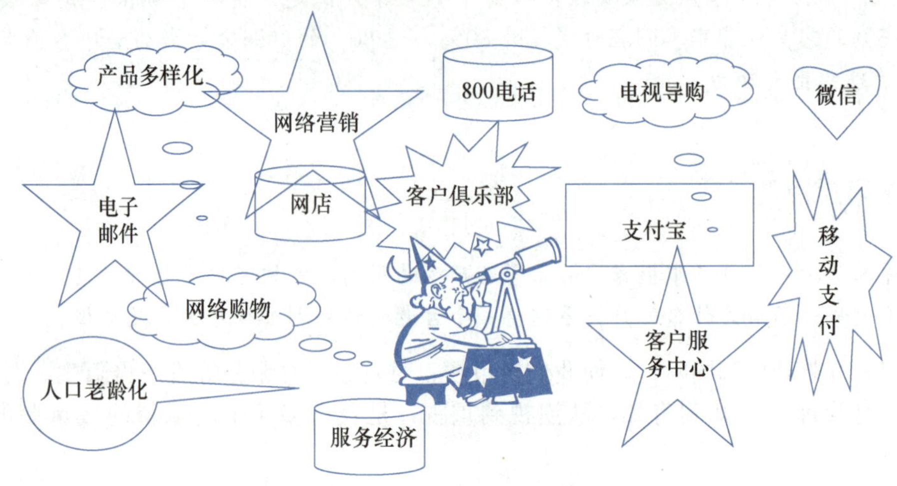

图 3-1 我们所处的环境

总体来讲，当今时代有四大特点：

(1) 有形资产价值向无形资产价值的转移。企业扩张活动越来越频繁，与旧经济时代相比，更加注重对无形资产的利用和控制，同时也更加关注无形资产所带来的价值。

(2) 企业竞争力的转变。价值从提供产品的企业，转移到不仅提供产品同时提供低价格、高度个性化产品的企业，或者能够提供问题解决方案的企业。

(3) 信息技术成为经济活动的载体。过去的经济是建立在制造业基础之上的，以标准化、规模化、模式化、讲求效率和层次化为特点。而当今和未来的经济，则是建立在信息技术基础之上，追求的是差异化、个性化、网络化和速度。

(4) 大规模的广告传播已不适合。同时，广告代理将渐渐转变为传播代理；营销人员的职能发生着转变，营销人员不仅仅是传递产品信息，更需要的是利用新的营销方式为客户提供全方位的服务；网上商店的商品价格更为公开，竞争更为激烈，传统的店面经销遇到了强劲的挑战。

3.1.2 客户关系管理的背景

客户关系管理的理论基础来源于西方的市场营销理论，在美国最早产生并得以迅速发展。市场营销作为一门独立的管理学科存在已有将近百年的历史，它的理论和方法极大地推动了西方国家工商业的发展，深刻地影响着企业的经营观念以及人们的生活方式。信息技术的快速发展，为市场营销管理理念的普及和应用奠定了基础，并开辟了更广阔的空间。

在工业经济时代，企业是通过提高工效并最大限度地降低成本，同时建立质量管理体系以控制产品质量，从而取得市场竞争优势的。可以说，工业经济时代是以“产品”生产为导向的卖方市场经济时代，也可称作产品经济时代。产品生产的标准化及企业生产的规模大小决定其市场竞争地位，企业管理最重要的指标就是成本控制和利润最大化。

生产力的不断发展，逐步改变了社会生产能力不足和商品短缺的状况，并导致了社会生产能力过剩。商品的极大丰富并出现过剩，使客户选择空间及选择余地显著增大，与此同时，客户的需要开始呈现出个性化的特征。为了提高客户满意度，企业必须完整掌握客户信息，准确把握客户需求，快速响应个性化需要，提供便捷的购买渠道、良好的售后服务与经常性的客户关怀等。企业尝试着去衡量每一个客户可能带来的盈利能力，并委派专门的客户代表负责管理客户。在这种情况下，企业将为客户送去他们需要的产品，而不是让客户自己去寻找他们需要的产品。在这种时代背景下，客户关系管理理论不断地被提升，并逐渐得到完善。

客户关系管理被企业重视的另一个重要因素应当归功于近年来资本市场的发展。一个新成立的企业尤其是服务类企业，在没有取得利润前，会计师事务所及投资公司都将企业客户资源作为对企业价值进行评估时的重要指标，因此促使客户资源的重要性上升。这一点在网络公司最为显著。

3.2 客户关系管理产生的原因

从1999年开始，客户关系管理得到了诸多媒体的关注，国内外很多软件商（如Oracle、中圣、惠普等）推出了以客户关系管理命名的软件系统，有一些企业开始实施以客户关系管理命名的信息系统，这是有一定必然性的。

3.2.1 需求的拉动

在很多企业，销售、营销和服务部门虽然已经建立了信息系统，但信息化程度越来越不能适应业务发展的需要。企业的销售、营销和客户服务部门难以获得所需的客户互动信息，来自销售、客户服务、市场、制造、库存等部门的信息分散在企业内，这些零散的信息使得无法对客户有全面的了解，各部门难以在统一信息的基础上面对客户，这需要各部门对面向客户的各项信息和活动进行集成。

在对顾客、销售、营销和服务人员、企业经理的调查中得到这样的问题：从市场部提供的客户线索中很难找到真正的顾客，老顾客现在的需求有什么新变化，如何开发新的客户群体，顾客对我们的产品看法怎样，其中有多少人已经与销售人员接触了，应该和哪些真正的潜在购买者多接触，谁是真正的潜在购买者，客户的行为如何预测，这些都是亟须解决的问题。

3.2.2 技术的推动

计算机、通信技术、网络应用的飞速发展使得上述问题的解决不再停留在梦想阶段。办公自动化程度、员工计算机应用能力、企业信息化水平、企业管理水平的提高都有利于客户关系管理的实现。值得庆幸的是，现在信息化、网络化的理念在我国很多企业已经深入人心，很多企业有了一定的信息化基础，建立和使用了MIS系统，正在利用ERP管理企业。电子商务在全球范围内正开展得如火如荼，正在改变着企业做生意的方式。通过互联网，可开展营销活动，向客户销售产品，提供售后服务，搜集客户信息。更重要的是，这一切的成本越来越低。

在可以预期的将来，我国企业的通信成本将会大幅度降低。这将推动计算机与电话技术的发展，进而推动呼叫中心的发展。网络和电话的结合，使得企业以统一的互联网平台面对客户。

3.2.3 管理理念的更新

对于广大的最终消费者，随着社会物质和财富逐渐丰富、恩格尔系数不断下降、人们的生活水平逐步提高，其消费价值选择标准也不断发生改变，其过程如图 3-2 所示。

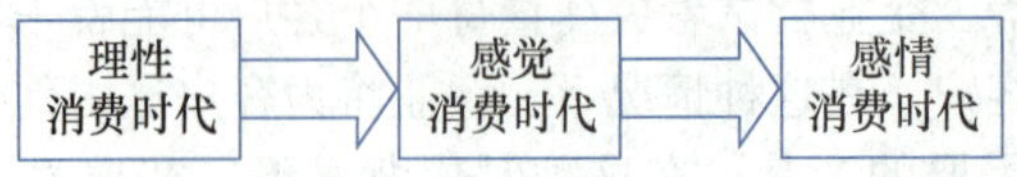

图 3-2 消费观念的变更

在理性消费时代，消费者不但重视价格，而且更看重质量，追求的是物美价廉和经久耐用，此时，消费者价值选择的标准是“好”与“差”。随着生产能力的扩大，产品出现过剩，进入感觉消费时代，消费者的价值选择不再仅仅是经久耐用和物美价廉，而是开始注重产品的形象、品牌、设计和使用的方便性等，此时，消费者选择的标准是“喜欢”和“不喜欢”。随着信息技术的广泛使用，各厂家的产品和服务的差别越来越小，人们进入感情消费时代，消费者越来越重视心灵上的充实和满足，更加追求在商品购买与消费过程中心灵上的满足感。因此，其价值选择标准是“满意”与“不满意”。同理，企业管理观念也随着市场环境的变化经历了五个阶段的演变，其过程如图 3-3 所示。

图 3-3 企业管理观念的发展

从图 3-3 中可以看出，最初企业所处的市场环境为卖方市场，产品销售基本上不存在竞争，只要生产出产品就能卖得出去，故企业管理的目标是如何更快更好地生产出产品。后来生产能力的不断加大，市场出现了竞争，企业生产出的产品如果卖不出去，就无法实现资本循环，为了实现从商品向货币的转换，取而代之的是“销售额中心论”，企业一方面提高产品的质量，另一方面强化促销，所追求的目标是产品的销售额。随着市场竞争的加剧，企业发现单纯追求高销售额的同时，由于生产成本和销售费用越来越高，利润反而下降，这绝不是经营者所期望的效果。因此，企业转而追求利润的绝对值，通过在生产和营销部门的各个环节上最大限度地削减生产成本和压缩销售费用来实现利润最大化。但众所周知，成本是由各种资源构成的，是一个常量，不可能无限制地去削减，当企业对利润的渴求无法或很难再从削减成本中获得时，自然就将目光转向了客户，并企图通过削减客户的需求价值来维护其利润。为此，企业开始从内部削减成本转向争取客户，这就进入了以客户为中心的管理阶段。由于需求构成了市场，也构成了企业的获利潜力，而在市场上需求运动的最佳状态是满意，客户的满意就是企业效益的源泉，这样客户的满意程度就成为当今企业管理的中心和基本观念，形成客户满意中心论，这也正是客户关系管理的产生及近年来成为又一新热点的原因。

现在是一个变革的时代、创新的时代。比竞争对手领先一步，哪怕仅仅一步，就可能意味着成功。

3.3 实施客户关系管理为企业带来的优势

据美国公司满意度索引（ACSI）的数据显示，具有最高客户满意度的公司增长的市值是具有最低客户满意度的公司增长市值的两倍多。换句话说，客户满意度能直接转化为公司价值。再看下面的数据：

（1）客户满意度如果提高5%，企业的利润将加倍。

（2）一个非常满意的客户的购买意愿将6倍于一个满意的客户。

（3）2/3的客户离开其供应商是因为对客户关怀不够。

（4）93%的CEO认为客户管理是企业成功和更富竞争力的最重要因素。

（5）50%以上的企业利用互联网是为了整合企业的供应链和管理后勤。

经济全球化趋势和电子商务的快速发展正以前所未有的广度和深度改变着企业传统的业务运作方式。企业一般可以采用两种方式保持竞争优势：一是在能够发挥自身优势的业务领域以超过竞争对手的速度增长；二是要比竞争对手提供更好的客户服务，而提供优质服务的前提是实施客户关系管理。

归纳起来，客户关系管理的目标主要包括降低销售及服务成本、增加盈利、巩固客户关系、提高客户满意度、改进信息提交方式、加快信息提交速度、简化客户服务过程等。具体可以归纳为以下几个方面。

3.3.1　全面提升企业的核心竞争能力

进入新经济时代，以往代表企业竞争优势的企业规模、固定资产、销售渠道和人员队伍已不再是企业在竞争中处于领先地位的决定因素。由于新竞争对手和新机遇不断涌现，企业必须创造出新的结构以适应变化需求。依赖于客户生存的企业必须学会如何对待具有不同背景的客户，并通过语言识别和人工智能等手段将技术“人性化”，提升对客户的吸引力。

在新的经济模式下，企业应当在管理客户关系方面做得更好，客户关系管理将成为一个企业核心的竞争能力。通过使用正确的工具、技术，CRM可以为所有企业提供“看得见的优势”。

今天，竞争的基础和竞争优势的本质已经发生了变化，这主要是因为信息时代使地理和环境不再具有以往的意义，规模和权力也不再能确保市场份额。技术发展和全球化趋势消除了许多过去妨碍经济增长的障碍，人们可以在全球范围内建立人与人以及人与信息之间的连接，这不仅使客户可以随时、随地寻找到能够满足其需求的最佳服务供应商，而且消除了现存市场和机遇固有的防卫壁垒。在市场中获胜所需的条件组合，如土地、人力、资本、信息等，可以很快被竞争对手复制；然而，详细而灵活的客户信息，即有关客户及其爱好的信息和良好的客户关系本身，却很难复制。

如果土地、人力和资本不再是企业增长的核心，那么如何才能保持业务领先呢？可以采用的一个方法就是比竞争对手提供更好的客户服务。优质的服务可以促使客户回头购买更多的产品或服务，而价格的高低将处于客户选择的非第一因素。这可以通过建立以忠诚度为目标的持续不断的关系来实现，整个业务也将从每位客户未来不断的采购中获益。

此外，企业采用所有可以直接与客户接触的方式，如人员接触和通过电话、Web或电子邮件接触等。企业每天都拥有成千上万这样的交流机会。采用CRM意味着通过技术的应用将这些交流从简单的活动变为对双方都有用的经验。反过来，这种转换将使企业的业务代表持续提供卓越的客户服务，从而为企业建立起一个战略性竞争优势。

CRM 并不仅仅针对第一次接触或优质服务，它针对的是整个接触生命周期以及如何处理这些接触，企业采取这种客户关系管理方式可以使其从竞争中脱颖而出。退一步讲，从价格、服务和客户知识等方面展开全面的竞争要优于单纯的价格竞争。进一步讲，CRM 的实施可以按照企业的意图改变整个竞争格局。

3.3.2 提升客户关系管理水平

CRM 不是孤立的解决方案，它是企业管理的重要组成部分。人们已经深刻地认识到，仅仅从某些方面去解决企业的问题无法从根本上解决问题。在电子商务时代，企业从大规模生产体系转向灵活敏捷的竞争体系，CRM 要满足用户在提升客户价值、通过合作提高竞争力、建立适应变化的组织、充分利用人员与信息的杠杆作用方面的需要，最终帮助企业造就一个获利稳定的经营基础。

1. 客户研究与客户挖掘

需求和产品多样化使客户选择的负担日益加重，供应商有责任帮助顾客确定其需要和要求，这一切意味着“研究和培育”顾客，深知顾客做什么、想什么和应该做什么。客户关系管理支持用户描述其经营范围、经营网络、业务流程。二者的变化意味着需求的变革，意味着客户服务的扩展和升级。在这一点上反应不准确，就会迅速失去客户。

采集未来的客户信息，描述客户的形成过程可以使企业捕捉到新的客户机会。客户挖掘过程，就是把潜在客户培养为现实客户，并进一步变为支持客户的过程。客户关系管理提供对潜在客户的数据采集和需求验证，对可能客户的简介编制和定位选择，对支持者的地位作用及喜好动机进行描述。

2. 客户响应与交易记录

在电子商务环境下，为了与用户进行实时通信，企业必须造就一个以现代通信基础设施为依托的客户接待前台。在处理各类信息的接收、发送与记录的基础上，客户关系管理着重支持客户要求、服务跟踪和客户查询。前台系统把客户要求分配给相关部门并跟踪服务回应，客户通过网络使用用户的数据系统查询自己的交易数据。这样做可以降低用户的响应成本，并有利于实现数据系统与客户一体化，进而增进彼此的忠诚度。客户以自己喜欢的方式与企业进行交流，方便获取信息并得到更好的服务。客户的满意度得到提高，可帮助企业保留更多的老客户，并更好地吸引新客户。客户关系管理的实施，让客户和潜在客户感觉公司对他的需求很重视，也具有响应客户要求的能力，使其逐渐成为该公司的忠诚支持者。

3. 客户追踪与客户评价

客户服务追踪、客户反馈和善后管理是联系在一起的。客户关系管理提供用户主动追踪服务，支持用户接收、处理客户反馈数据，其善后工作管理则包括维护预约和派遣、备件管理、服务收费及欠款催收等。

CRM 不只是一套产品，而是触及企业内部许多部门的商业理念。企业的商业理念一定要反映在 CRM 上，并且高层与每位员工之间要充分沟通。其核心思想是将企业的客户（包括最终客户、分销商和合作伙伴以及内部客户）作为最重要的企业资源。通过完善的客户服务和深入的客户分析来满足客户的需求，保证实现客户的终身价值。

在激烈的竞争环境中，任何企业要发展都需要有一流的客户关系，越来越多的企业认识到了服务对于企业发展的重要性。对于那些迫切需要提高客户关系管理水平的企业来说，选择合适的 CRM 解决方案将带来事半功倍的效果。

3.3.3 重塑企业营销功能

企业实施 CRM 就是要全面重塑企业营销功能，这种重塑要求来自企业所处的竞争环境发生的结构性变化，企业正在从一个大量市场产品和服务标准化、寿命周期长、信息含量小、一次性交易中交换的竞争环境向新的全球竞争的环境转变。在这一新的竞争环境中，产品和服务个性化、寿命周期短、信息含量大共处在客户基础不断变化的交易过程中。

企业经营从以生产设备为支点变为以顾客为支点，营销变为企业活动的重要因素。飞速发展的计算机网络，日益开放的全球技术经济市场使企业不能再固守一隅。在这样的环境中，客户—竞争—品牌成了密不可分的要素，捕捉顾客机会和迎合顾客需求的准确性和速度决定了企业能否生存，企业需要一个信息畅通、行动协调、反应灵活的客户关系管理系统。

3.3.4 提升销售业绩

CRM 的运用直接关系到企业的销售业绩。它可以重新整合企业的用户信息资源，使以往“各自为战”的销售人员、市场推广人员、电话服务人员、商店维修人员等开始真正的协调合作，使其成为围绕“满足客户需求”这一核心宗旨的强大团队。CRM 的实施成果经得起销售额、用户满意度、用户忠诚度、市场份额等指标的检测，它为企业新增的价值是看得见、摸得着的。因此，CRM 的实施必将确确实实地改变企业的销售文化，让企业中每一个成员都切身感受到信息时代带来的机遇和挑战。

3.3.5 降低成本、提高效率

CRM 的运用使得团队销售的效率和准确率大大提高，服务质量的提高也使得服务时间和工作量大大降低，这些无疑都降低了企业的运作成本。

通过实施完整的客户关系管理策略，企业允许内部人员、供应商和合作伙伴通过 Web 进行联系，共享客户信息。

1. IT 管理的加强和成本的降低

Oracle 公司原来在全球分布有 97 个数据中心，现在减少到了 4 个，不仅更好地加强了信息的集中管理和资源的充分共享，而且降低了设备维护和管理人员的成本，将 IT 的管理集中到了几个大的中心，这样管理的效率和系统的可靠性也得到了进一步加强，仅此一项，即为公司节省了 1 100 万美元。另外，通过把大量内部培训课程移植到网上，公司节省了 250 万美元成本；通过全球财务数据的自动合并和整合管理，公司每年还能节约 350 万~500 万美元的费用。

2. 公司整体效率的提高和成本的降低

Oracle 公司通过将大量工作和日常业务处理转移到 Web 上，日常工作量减少了 25%，业务处理更快捷，员工的工作效率明显提高。这种自助式服务与过去的一年相比，公司节省了 240 万美元的日常开支，每笔费用报告的成本从 25 美元减少到 10 美元。通过电子商务的战略采购管理，预计公司将会节省 9 800 万美元。

Oracle 为中国银行和美的集团等许多企业提供了 Oracle 的客户关系管理解决方案，都取得了令人满意的效果。

3.3.6 利用整合信息提供卓越服务，提高客户忠诚度

利用客户资料，可以针对顾客需求完善对顾客的服务，提高客户的满意度；再通过整理分析客户的历史交易资料，可以强化与客户的关系、提高客户再次光顾的次数或购买数量。

例如，在与客户洽谈汽车保险续约时，如果发现客户资料中没有人寿保险的记录，可尝试推销人寿保险；又如，银行或信用卡公司经常寄产品目录或旅游信息给客户，借以提升公司获利机会，都是常见的营销手段。

本章小结

客户关系管理是一个既古老又新鲜的话题，因为自从有了商品就有客户，只要有企业经营，就有客户关系管理，客户关系管理必须依靠海量的、及时的客户信息做支撑。新经济时代，消费者的消费观念在转变，企业经营理念也发生了变化，企业为了生存和发展，迫切需要将客户为中心作为企业的管理经营理念。

案例

美国联邦快递（FedEx）的客户关系管理

联邦快递公司是美国物流行业的领先企业，也是世界物流和配送业的主导型企业。其业务范围不仅包括各种针对一般客户的快递业务，更包括与多家企业合作，担负其物流配送的工作，比如联邦快递为惠普公司的打印机提供库存和配送，为以直销闻名的戴尔公司提供在接到客户的订单后供应物料、组装、配送等业务。

联邦快递的业务迅速发展与其一贯秉持的客户为重的战略、同客户建立良好的互动关系是分不开的。在联邦快递看来，虽然公司的一个客户一个月只带来 1 500 美元的收入，但是如果着眼于将来的话，假如客户的生命周期是 10 年，那么这个客户可以为公司带来的 1 500 美元×12×10＝360 000 美元的收入。如果再考虑到口碑效应，一个满意的、愿意和公司建立长期稳定关系的客户给公司带来的收益还要更多。因此，联邦快递加强与所有客户的互动和信息交流，联邦快递的所有顾客都可通过其网站 www.fedex.com 同步追踪货物的状况。网站的在线交易软件 Business Link 可协助客户整合线上交易的所有环节，从订货到收款、开票、库存管理一直到货物交到收货人手中。此外，联邦快递还特别强调针对顾客的特定需求如生产线地点、办公地点等，与客户配合一起制订配送方案。这种以客户为中心的高附加值的服务主要有：提供整合式维修运送服务；扮演客户的零件和备料仓库；协助顾客简化、合并业务流程。联邦快递提供的这些服务，与它利用的先进客户信息和服务系统，以及全体员工客户至上的理念和努力是分不开的。

联邦快递的客户服务信息系统主要有一系列向顾客提供的自动运送软件，有三个版本：DOS 版的 Power Ship、视窗版的 FedEx Ship 和网络版的 FedEx interNetShip。利用这套系统，客户可以方便地安排取货日程、追踪和确认运送路线、列印条码、建立并维护寄送清单、追踪寄送记录。而联邦快递则通过这套系统了解顾客打算寄送的货物，预先得到的信息有助于运送流程的整合、货舱机位和航班的调派等，从而建立起全球的电子化服务网络。目前联邦快递有 2/3 的货物量是通过 Power Ship、FedEx Ship 和 FedEx interNetShip 的订单处理、包裹追踪、信息储存和账单寄送等功能进行。

此外，联邦快递还拥有一个客户服务线上作业系统 COSMOS。这个系统最早的建立可以追溯到 20 世纪 60 年代，当时联邦快递从航空业的电脑定位系统中受到启发，从 IBM 和美国航空等处聘请专家成立了自动化研发小组，建起了 COSMOS，在 20 世纪 80 年代初系统增加了主动跟踪、状态信息显示等功能，1997 年又推出了网络业务系统 VirtualOrder。

联邦快递实施客户关系管理的最突出特点在于，它强调了全体员工树立客户至上的理念，认识到员工在客户关系中扮演的重要角色，认识到了良好的客户关系不是单靠技术就能实现的，从而突出地强调员工的主观能动性。联邦快递主要通过以下三个方面的措施鼓励和管理员工努力提高客户的满意度。首先是建立呼叫中心，听取来自客户的意见和需求，比如在联邦快递的台湾分公司，700 名员工中有 80 人在呼叫中心工作。其主要任务除了接听来自客户的询问电话外，还包括主动打电话与客户联系、搜集客户信息等。联邦快递为保证与客户接触的一线员工的素质和他们能给客户留下良好的印象，对员工进行了严格的培训。呼叫中心的员工要先经过一个月的课堂培训，再接受两个月的操作训练，学习与顾客打交道的技巧，考核合格后，才能正式参加工作，接听和回应客户的来电。其次是着力提高一线员工的素质。仍以联邦快递台湾分公司为例，为保证与客户接触的运务员符合企业形象和服务要求，联邦快递在招收新员工时要进行心理和性格测验；对新进的员工在入门培训时进行深刻的企业文化灌输，新员工须先接受两周的课堂训练，接下来是服务站的训练，然后让正式的运务员带半个月，最后才独立作业。再次联邦快递还采取了有效的激励和奖励机制，并鼓励员工与客户建立良好的关系。联邦快递认为只有善待员工，才能让员工热爱工作，不仅做好自己的工作，而且主动为客户提供服务。所有这些措施都保证了在客户面前，联邦快递的所有员工，从话务员、运务员到经理都体现出较高的整体素质和以客户为中心的企业理念。

1. 简述客户关系管理的产生背景。
2. 客户关系管理产生的原因有哪些？
3. 企业实施客户关系管理有哪些益处？

教学方法建议

一、教学建议

鉴于客户关系管理课程为实践性较强的课程，需要培养学生与客户打交道并处理各种问题的具体能力，需要有真实的情境、真实的任务和真实的客户进行训练。但是，任何一种教学方法都不能让学生真正的亲临其境。因此，建议在课程开始前，根据学校和学生的具体情况可以布置一个实际练习项目，让学生在实际项目中得到锻炼。

二、具体步骤

第一步是对所教班级的学生进行分组。建立合作学习小组，也就是项目开发小组。教师根据每个学生各方面不同的特点如年龄、性别、个性、学习成绩、学习方法和语言能力等，把程度参差不齐的学生安排在一个小组，促使不同个性、不同特点的学生在合作学习中建立相互信任、了解和欣赏的关系。如果教师对学生情况比较了解，建议每个组至少安排一名学习和组织能力较强的学生作为“种子”，组员人数要适中，一般每个小组确定6～8个成员，每个小组由其成员推选一名组长，组长的职责是在老师的指导下制订本小组的开发计划并负责本组各成员的工作任务分配、监督实施等各个方面的工作。

第二步是按计划完成项目。这一阶段以学生的自学和相互协作为主，教师应鼓励学生大胆去尝试，学生应明确自己的角色，并站在角色的角度去观察思考、分析决策，体验工作的艰辛，激发个人潜能和创新能力。同学相互之间进行技术交流和经验交流，互相学习，互相提高，矫正错误，共同探索完成“任务”的不同方法。每个模块完成后，教师必须根据实践项目的要点对学生完成的模块项目进行阶段考核，并及时评价，一方面对于考核过程中发现的共性问题应该对全班同学做出解释，督促学生改进；另一方面应适时对表现突出的项目小组进行表扬，进一步巩固和激发学生的学习兴趣。学生在阶段性评价总结的基础上，找到自己理论上的不足，针对教师的提示，进一步明晰项目完成的最佳思考方法，完善操作技巧，高质量完成项目任务。

第三步是项目成果的提交与评价。整个项目实施结束后要进行总评，总评应体现公平、公正、公开的原则，应采取学生自评、互评和教师总评的方式。例如，让每个组用10分钟时间进行汇报，每组选出一名学生作为评委打分，最终成绩以学生打分为主。注意评价还应结合不同项目的特点，从“知识与技能”“过程与方法”“情感态度和价值观”三个方面，将项目评价和学生个人评价有机结合。

三、项目选择

项目教学法的整个教学模式是以项目为中心，围绕项目的完成来组织教学过程，因此精心准备和策划设计恰当的项目，是实施项目教学的关键，所以在确定项目时应综合考虑以下几方面的因素：

1. 所选项目应紧扣教学大纲和教学目标。在设计项目时，要以教学大纲为指导，力求使大纲中的知识点融合到各个项目中去，学生通过操作项目，可以概括性地了解所学的职业的主要工作内容以及胜任这些工作应具备的基本技能。

2. 项目的难易程度应适宜。确定项目时，既要考虑教师的自身能力，也要针对学生的实际水平。恰当的项目应是教师自己能把握的项目，也是学生乐意去做的项目。一般项目的确定有两种基本方式：低年级，由教师确定；高年级，学生通过市场调查自己确定。

3. 项目应具有一定的实用价值。项目已经成为学生学习的基本载体，它来自企业的真实课题。

例如，学生按照小组进行实际销售实践，要求在2～3个月内自己选择销售商品，进货、销售，最后进行销售总结，包括商品选择与定价、销售策划书、客户异议处理、客户满意度分析以及在销售过程中发现的新商机。如果学校条件环境允许，可以举办学生销售练习季，从摊位招租、招贴设计、商品选择、销售过程、满意度调查、总结汇报等环节进行详细设计，并根据具体情况进行调整实施。

四、项目教学准备

项目教学准备包括教师的准备和学生的准备两大方面。

1. 教师的准备：项目教学法是一项系统工程，与传统教学法相比，过程更复杂，对教师的要求更高。因此在实施项目教学之前，教师应精心进行课前准备工作。首先应对项目任务进行分析和研究，查阅大量的资料，搜集相关的知识及案例，了解所选企业相关情形和背景状况；接着制订项目工作计划和项目活动评价表等指导性的资料；最后要对学生作简要的实施动员，向学生说明项目的意义与作用，激发学生完成项目的兴趣。

2. 学生的准备：项目教学法是以学生为主体的开放式教学方式，为了提高学习效率，学生必须认真对待，提前阅读相关素材，准备一些相关知识，预习相关课程，获取相关资料，做好前期准备工作。

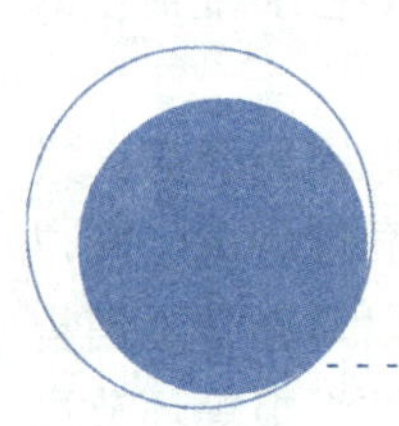

项目四
客户关系管理分析及功能

引例

体验客户关系管理

下面是客户开车时给比萨店打电话订餐的过程。

(××比萨店的电话铃响了，客服拿起电话。)

客服：这里是××比萨店，非常高兴为您服务，请问您有什么需要?

顾客：你好！我想订餐。

客服：先生，请把您的会员卡号告诉我。

顾客：15989×××891。

客服：周先生，您好！您住在×××路44号12楼5室，您家的电话是8237××××，您单位的电话是3886××××，您的手机号码是1331883××××。请问您想订什么餐?

顾客：你怎么知道我的这些信息?

客服：周先生，因为我们联机到了客户关系管理系统。

顾客：我想订一个海鲜比萨。

客服：周先生，海鲜比萨不太适合您。

顾客：为什么?

客服：根据您的医疗记录，您的血压和胆固醇都偏高。

顾客：既然这样，你们有什么可以推荐的?

客服：您可以试试我们的低脂健康比萨。

顾客：好，那我要一个家庭特大号的，需要多少钱?

客服：99元，这个足够您一家五口吃了，不过要提醒您，您的母亲应该少吃，因为她上个月刚刚做了大手术，处于恢复期，需要汤水调养。

顾客：可以刷卡吗?

客服：周先生，对不起！请您付现款，因为您的信用卡已经严重透支了，您现在还欠银行14 885元，而且另外还有房屋贷款。

顾客：那我先去附近的取款机取款。

客服：周先生，根据您的记录，您已经超过今日取款限额。

顾客：算了，你们直接把比萨送我家吧，有现金。你们多久送到？

客服：大约10分钟。如果您自己来取会更快。

顾客：为什么？

客服：根据客户关系管理系统的全球定位系统车辆行驶自动跟踪系统记录，您正在开着一辆车号为××·×B35×的别克轿车，即将从我们店的门口经过……

学习重点

掌握客户关系管理的概念与核心，从不同定义角度了解客户关系管理的内涵，掌握客户关系管理的基本功能模块、在实际应用中的分类，了解市场、销售、客户服务等企业前台功能与网上功能可以解决的问题。

Gartner Group首先提出了CRM这个概念。大约5年前，有很多名词出现，如技术驱动的销售（Technology Enabled Selling）、客户资产管理（Customer Asset Management）等。市场好像更喜欢CRM这个名词，软件和服务的提供者也都开始使用这个词。当然，现在电子商务（e-Business）是最热的，很多的CRM软件供应商给自己贴上了电子商务的标签（包括Siebel）。

4.1 客户关系管理的概念

CRM是英文Customer Relationship Management的简写，一般译作“客户关系管理”，也有译作“顾客关系管理”。在实际中，Customer译作“客户”所表示的意义更为广泛，它包括过去购买或正在购买的消费者，以及还没有购买但今后可能产生购买行为的“潜在消费者”，所指更为准确。

4.1.1 客户关系管理的定义

关于客户关系管理的定义，不同的研究机构有不同的表述。综合现有的CRM定义或概念，大致上可以分为以下三类：

第一类可以概括为：客户关系管理是遵循客户导向的战略，对客户进行系统化的研究，通过改进对客户的服务水平、提高客户的忠诚度，不断争取新客户和商机，同时以强大的信息处理能力和技术力量确保企业业务行为的实时进行，力争为企业带来长期稳定的利润。这类概念的主要特征是基本上都从战略和理念的宏观层面对客户关系管理进行界定，往往缺少明确的实施方案的思考和揭示。

第二类可以概括为：客户关系管理是一种旨在改善企业与客户之间关系的新型管理机制，它实施于企业的市场营销、销售、服务与技术支持等与客户相关的领域，一方面通过对业务流程的全面管理来优化资源配置、降低成本；另一方面通过提供优质的服务吸引和保持更多的客户，增加市场份额。这类概念的主要特征是从企业业务管理模式、经营机制的角度进行定义。

第三类可以概括为：客户关系管理是企业通过技术投资，建立能搜集、跟踪和分析客户信息的系统，或可增加客户联系渠道、客户互动以及对客户渠道和企业后台的整合的功能模块，主要范围包括销售自动化、营销自动化、呼叫中心等。这主要是从微观的信息技术、软件及其应用的层面对客户关系管理进行的定义，在与企业的实际情况和发展的结合中往往存在一定的偏差。

4.1.2 客户关系管理的内涵

综合所有CRM的定义，可以将其理解为管理理念、商务模式以及技术系统三个层面。其中，管理理念是CRM成功的关键，它是CRM实施应用的基础；商务模式是决定CRM成功与否、效果如何的直接因素；技术系统是CRM成功实施的手段和方法。三者构成CRM稳固的“铁三角”，如图4－1所示。

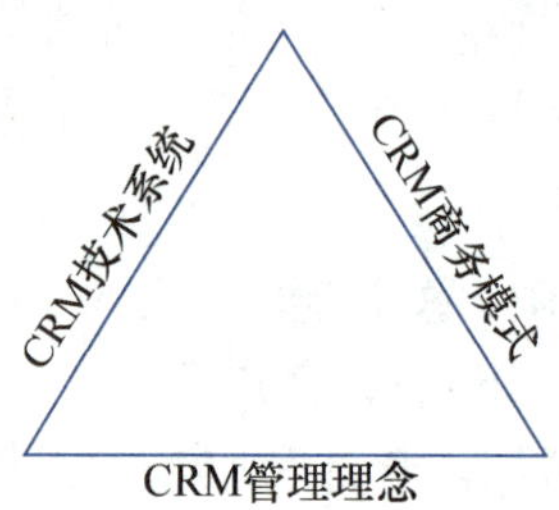

图4－1 CRM“铁三角”

1. CRM内涵之一：新管理理念

客户关系管理是企业为提高核心竞争力，达到竞争制胜、快速成长的目的，树立以客户为中心的发展战略，并在此基础上开展的包括判断、选择、争取、发展和保持客户所需实施的全部商业过程。

必须肯定，CRM作为目前全世界范围内各种企业热烈讨论的一个重要概念，首先体现为接触到企业内所有独立的职能部门和全部的业务流程的商业理念。简单地说，在客户关系管理的理念和思想指导下，企业将着力去建立新的以客户为中心的商业模式，通过集成前台和后台资源、办公系统的整套应用支持，确保直接关系到企业利润的客户满意的实现。企业高层和经营管理人员必须贯彻这一思想、实践这一理念、树立并领导这一商业战略。在此层面上，客户关系管理对企业的成长、发展都具有关键的影响和决定作用，但如果仅靠业务流程改进和技术应用来体现显然是远远不够的。以前企业只注重运营效率的提高，但随着网络经济和电子商务的发展，人们在大量的探索和实践中逐渐认识到，建立并维持良好的客户关系，已成为获取独特竞争优势的唯一也是最重要的基础。

客户关系管理作为企业的经营指导思想和业务战略，其核心理念主要体现在以下几个方面：

（1）客户价值的理念。客户关系管理是选择和管理客户的经营思想和业务战略，目的是实现客户长期价值的最大化。客户关系管理的实践，促使企业树立新的客户观念、重新认识客户关系和客户的价值所在。也就是说，客户关系管理重新定义了企业的职能并对其业务流程进行了重组，要求企业真正用以客户为中心的理念来支持有效的营销、销售和服务过程。企业关注的焦点必须从内部运作转移到客户关系上来，通过加强与客户深入的交流，全面了解客户的需求，并不断对产品和服务进行改进和提高，以满足客户需求的持续行为，完成将注意力集中于客户的商业模式的转变。企业的客户关系管理理念，一定要反映在上至公司高层、下至每位员工的所有可能与客户发生关系的环节上，能够使他们充分地沟通，共同围绕客户关系的中心展开工作。从更广的范围讲，客户关系管理不仅促使企业与顾客之间进行良好的交流，也为企业与合作伙伴之间共享资源、共同协作提供了基础。而在帮助企业真正做到以客户为中心的解决方案中，客户关系管理创造了具备客户智能的完整的 CRM 系统，可以根据不同的客户建立不同的联系，根据其特点提供服务，这充分体现了客户关系管理的核心思想和理念内涵。

（2）市场经营的理念。客户关系管理要求企业的经营以客户为中心，在市场定位、市场细分和价值实现中必须坚持贯彻这一理念。因为客户资源是企业最重要的资产之一，客户满意度直接关系到企业能否获得更多的利润，因而对现有客户的管理及潜在客户的培养和挖掘是企业在市场上获得成功的关键。今天的企业在市场上面临着更大的竞争和不稳定性，瞄准以个性化需求的满足为特征的细分市场，企业的资产回报率才能提高。

（3）业务运作的理念。客户关系管理要求企业从“以产品为中心”的业务模式向“以客户为中心”的模式转变。在具体的业务活动中，客户关系管理的理念指导企业搜集、整理和分析每一个客户的信息，号召为客户提供最合适的个性化服务，力争能把客户想要的产品和服务送到他们手中，以及观察和分析客户行为对企业收益的影响，从而使企业与客户的关系以及企业盈利都得到最优化。

（4）技术应用的理念。客户关系管理要求以客户为中心的商业运作流程实现自动化及通过先进的技术平台来支持、改进业务流程。首先，客户关系管理理念的实践要想在全公司范围内实现协调、信息传达和责任承担，就需要一个技术方案来实现企业新的商业策略；其次，考虑到业务流程的整合和较高的客户服务期待，不提及企业中信息技术支持和应用的状况而单考虑这些流程是不可行的；最后，当前信息技术领域的多种进步最终都汇集到一点上，即使客户关系管理的重要性和实效性不断得到加强。

2. CRM 内涵之二：新商务模式

客户关系管理是企业以客户关系为重点，开展系统化的客户研究，通过优化企业组织体系和业务流程，提高客户满意度和忠诚度，提高企业效率和利润水平的工作实践。

CRM 作为一种旨在改善企业与客户之间关系的新型管理机制，实施于企业市场营销、服务与技术支持等与客户有关的业务领域，与传统的生产、销售的静态商业模式存在根本区别。客户关系管理系统的建立意味着企业在市场竞争、销售及支持、客户服务等方面形成动态协调的全新的关系实体，形成持久的竞争优势，从而实现企业客户资源的最优化管理。这些新型管理机制的变革集中地体现在市场营销、销售实现、客户服务和决策分析等与客户关系有关的重要业务领域。

（1）市场营销。客户关系管理中的市场营销包括对传统市场营销行为和流程的优化和自动化。个性化和一对一成为营销的基本思路和可行做法，实时营销的方式转变为电话、传真、Web 网站、e-mail 等的集成，使客户以自己的方式、在方便的时间获得他需要的信息，形成更好的客户体验。

(2) 销售实现。客户关系管理扩展了销售的概念，从销售人员的不连续活动到涉及公司各职能部门和员工的连续进程都纳入销售实现中。在具体流程中它被拓展为包括销售预测、过程管理、客户信息管理、建议产生及反馈、业务经验分析等一系列的工作。

(3) 客户服务。客户关系管理模式把客户服务视为最关键的业务内容，视同企业的盈利而非成本来源。企业提供的客户服务已经超出传统的帮助平台，成为能否保留并拓展市场的关键，只有提供更快速和周到的优质服务才能吸引和保持更多的客户。客户服务必须能够积极主动地处理客户各种类型的询问、信息咨询、订单请求、订单执行情况反馈，以及提供高质量的现场服务。

(4) 决策分析。客户关系管理的另一个重要方面在于创造并具备了使客户价值最大化的决策和分析能力。首先，通过对客户数据的全面分析，规范客户信息，消除交流和共享障碍，并测量客户的需求，提供潜在消费的优先级定位，衡量客户满意度，以及评估客户带给企业的价值，提供管理报告、建议和完成各种业务的分析；其次，在统一的客户数据的基础上，将所有业务应用系统融入分析环境中开展智能性分析，在提供标准报告的同时又能提供既定量又定性的即时分析，分析结果返回给管理层和整个企业各职能部门，增加了信息分析的价值，更能使企业领导者权衡信息、做出全面及时的商业决策。

3. CRM 内涵之三：新技术系统

客户关系管理也是企业在不断改进与客户关系相关的全部业务流程，整合企业资源，实时响应客户，最终实现电子化、自动化运营目标的过程中所创造并使用的先进的信息技术、软硬件和优化的管理方法、解决方案的总和。这主要是从企业管理中的信息技术、软件及应用解决方案的层面对 CRM 进行定义。

(1) 应用软件系统。客户关系管理系统可以理解为企业运用信息技术实现客户业务流程的自动化软件系统，其中涉及销售、市场营销、客户服务以及支持应用等软件。

(2) 方法和手段。客户关系管理也可以是它所体现的方法论的统称，代表可用于帮助企业组织管理客户关系的一系列信息技术或手段。例如，建立能精确描绘客户关系的数据库，实现客户信息的集成、综合各类客户接触点的电话中心或联络中心等。

客户关系管理的解决方案从方法论上讲，对于大多数行业和企业而言，其以客户为中心的业务流程分析思路中，主要包含的内容具有一定的共性，简称“7P”：

1) 客户概况分析（Profiling），包括客户的层次、风险、爱好、习惯等。

2) 客户忠诚度分析（Persistency），是指客户对某个产品或商业机构的忠实程度、持久性、变动情况等。

3) 客户利润分析（Profitability），是指不同客户所消费产品的边际利润、总利润、净利润等。

4) 客户性能分析（Performance），是指不同客户所消费的产品按种类、渠道、销售地点等指标划分的销售额。

5) 客户预测分析（Prospecting），包括客户数量、类别等情况的未来发展趋势和争取客户的手段等。

6) 客户产品分析（Product），包括产品设计、关联性、供应链等。

7）客户促销分析（Promotion），包括广告、宣传等促销活动的管理。

在CRM的应用系统中，解决方案主要集中在以下方面：业务操作管理（涉及的基本商业流程是：营销自动化、销售自动化、客户服务）；客户合作管理（对客户接触点的管理，如联络中心和电话中心建设、网站管理、渠道管理等）；数据分析管理（主要涉及为实现决策分析智能的客户数据库的建设、数据挖掘、知识库建设等工作），等等。

客户关系管理的应用方案将客户作为公司业务流程的中心，通过与企业管理信息系统的有机结合，日益丰富客户信息，并使用所获得的客户知识来满足客户个性化需求，努力实现企业前后台资源的优化配置。CRM应用系统在管理企业前台方面，提供了搜集、分析客户信息的系统，帮助企业充分利用其客户关系资源，扩展新的市场和业务渠道，提高客户的满意度和企业的盈利能力；在与后台资源的结合方面，CRM要求同企业资源规划等传统企业管理方案实现有机结合，率先实现内部商业流程的自动化，提高生产效率。

客户关系管理在企业内部、企业与客户和业务伙伴之间建立的无缝协作的能力，随着网络技术的发展将展示出更为巨大的价值。在传统意义上，技术只是管理的辅助手段，但现在信息技术已成为越来越多的企业运营管理的重要途径和工具。

4.1.3　客户关系管理体系结构和流程

客户关系管理体系结构如图4－2所示。

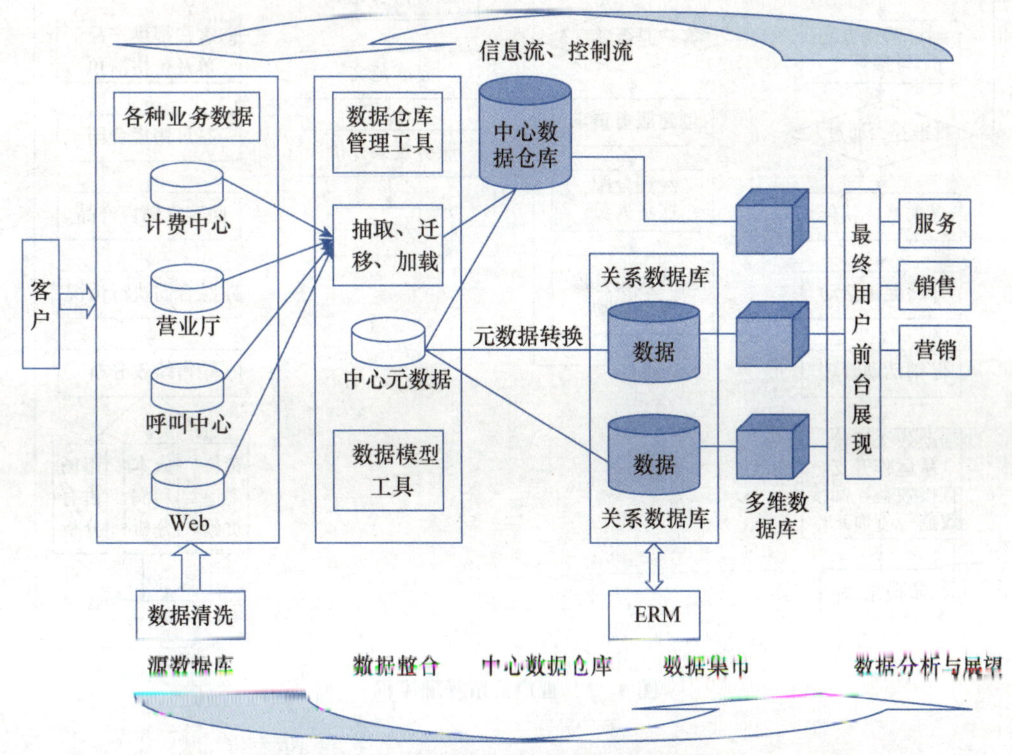

图4－2　客户关系管理体系结构

在该体系结构中，最初，运营数据（企业与客户之间已发生的业务处理记录）是从客户“接触点”搜集的。这些运营数据，连同遗留下来的内部客户数据和外来的市场数据经过整合和变换，装载进数据仓库。之后，OLAP 工具和数据挖掘等技术被用来从数据中分析和提取相关规律、模式和趋势。最后，企业利用精美的报表工具，使有关客户信息和知识在整个企业内得到有效的流转和共享。这些信息和知识将转化为企业的战略和战术行动，用于提高在所有渠道上同客户交互的有效性和针对性，把适当的产品和服务，通过适当的渠道，在适当的时间，提供给适当的客户。

客户关系管理流程如图 4－3 所示。

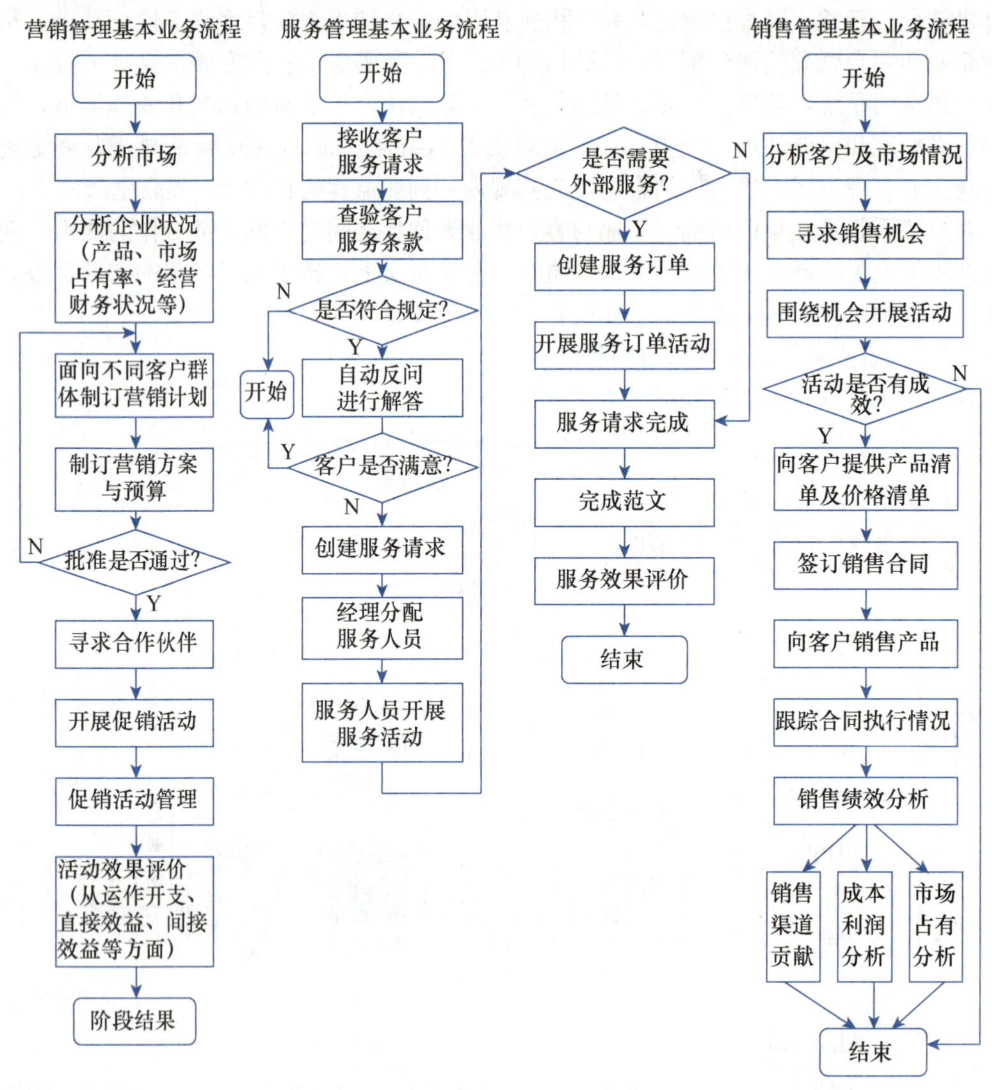

图 4－3 客户关系管理流程

4.2 客户关系管理的分类

客户关系管理涵盖了直销、间接销售以及互联网等所有的销售渠道，能帮助企业改善包括营销、销售、客户服务和支持在内的有关客户关系的整个生命周期。在新技术和新应用的推动下，全球CRM市场正以每年50%的速度增长，逐渐成为一个价值数十亿美元的软件和服务大市场。随着CRM市场的不断发展，新公司的加入和现有公司以合并、联合以及推出新产品的方式重新定位，这一领域可谓日新月异，CRM解决方案呈现出多样化的发展。为便于了解CRM的全貌，可以从以下几个角度对CRM进行分类。

4.2.1 按客户目标分类

并非所有的企业都能够执行相似的CRM策略，而当同一公司的不同部门或地区机构在考虑CRM实施时，可能事实上有着不同的商务需要。同时，另一个经常出现的因素是不同的技术基础设施。因此，根据客户的行业特征和企业规模来划分目标客户群，是大多数CRM的基本分类方式。在企业应用中，越是高端应用、行业差异越大，客户对行业化的要求也越高，因而，有一些专门的行业解决方案，比如，银行、电信、大型零售等CRM应用解决方案便应运而生。而对中低端应用，一般采用基于不同应用模型的标准产品来满足不同客户群的需求。一般将CRM分为三类：以全球企业或者大型企业为目标客户的企业级CRM；以200人以上、跨地区经营的企业为目标客户的中端CRM；以200人以下的企业为目标客户的中小企业CRM。

在CRM应用方面，大型企业与中小企业相比有很大的区别：首先，大型企业在业务方面有明确的分工，各业务系统有自己跨地区的垂直机构，形成了企业纵横交错的庞大而复杂的组织体系，不同业务、不同部门、不同地区实现信息的交流与共享极其困难。同时，大型企业的业务规模远大于中小企业，致使其信息量巨大。其次，大型企业在业务运作上很强调严格的流程管理，而中小企业在组织机构方面要轻型简洁很多，业务分工不一定明确，但运作上更具有弹性。因此，大型企业所用的CRM软件比中小企业的CRM软件要复杂、庞大得多。而一直以来，国内许多介绍CRM的报道和资料往往是以大型企业的CRM解决方案为依据的。这就导致一种错觉：好像CRM都是很复杂、庞大的。其实，价值几千美元的面向中小企业的CRM软件也不少，其中不乏简洁、易用的。

不过，有关公司规模方面的要求现在越来越随意，因为越来越多的CRM供应商是依据不同情况来提供不同产品。主要的CRM提供商一直以企业级客户为目标，并逐渐向中型市场转移，因为后者的成长潜力更大。以企业级客户为目标的公司包括Siebel、Oracle等。另外一些公司，如Onyx，Pivotal，Multiactive和SalesLogix等公司瞄准的是中小企业，它们提供的综合软件包虽不具有大型软件包的深度功能，但功能丰富、实用。

4.2.2 按应用集成度分类

CRM涵盖整个客户生命周期，涉及众多的企业业务，如销售、支持服务、市场营销以及订单管理等。CRM既要完成单一业务的处理，又要实现不同业务间的协同，同时，作为整个企业应用中的一个组成部分，CRM还要充分考虑与企业的其他应用，如与财务、库存、ERP、SCM等进行集成应用。

但是，不同的企业或同一企业处于不同的发展阶段时，对CRM整合应用和企业集成应用有不同的要求。为满足不同企业的不同要求，CRM在集成度方面也有不同的分类。从应用集成度方面可以将CRM分为：CRM专项应用、CRM整合应用、CRM企业集成应用。

1. CRM 专项应用

以销售人员为主导的企业与以店面交易为主的企业，在核心能力上是不同的。销售能力自动化（SFA）是以销售人员为主导的企业的 CRM 应用关键；而客户分析与数据库营销则是以店面交易为主的企业的核心。

在专项应用方面，还有著名的呼叫中心（Call Center）。随着客户对服务要求的提高和企业服务规模的扩大，呼叫中心在 20 世纪 80 年代得到迅速发展，与 SFA 和数据库营销一起成为 CRM 的早期应用。到目前为止，这些专项应用仍然具有广阔的市场，并处于不断的发展当中。代表厂商有 AVAYA（Call Center）、GoldMine（SFA）等。

对于中国企业特别是对于中小企业而言，CRM 的应用处于初期阶段，根据企业的销售与服务特点，选择不同的专项应用 CRM 的实施不失为一条现实的发展道路。当然，在启动专项应用的同时，应当考虑后续的发展，特别是业务组件的扩展性和基础信息的共享，选择适当的解决方案。

2. CRM 整合应用

由于 CRM 涵盖整个客户生命周期，涉及众多的企业业务。因此，对于很多企业而言，必须实现多渠道、多部门、多业务的整合与协同，必须实现信息的同步与共享，这就是 CRM 整合应用。CRM 业务的完整性和软件产品的组件化及可扩展性是衡量 CRM 整合应用能力的关键。这方面的代表厂商有 Siebel（企业级 CRM）、Pivotal（中端 CRM）、My-CRM（中小企业 CRM）。

3. CRM 企业集成应用

对于信息化程度较高的企业而言，CRM 与财务、ERP、SCM 以及群件产品如 Wx-change/MS—Outlook 和 Lotus Notes 等的集成应用是很重要的。这方面的代表厂商有 Or-acle、SAP 等。

4.2.3 按系统功能分类

1. 操作型 CRM

用于自动集成商业过程，包括销售自动化、营销自动化和客户服务与支持三部分业务流程。

2. 合作型 CRM

用于同客户沟通所需途径（包括电话、传真、网络、电子邮件等）的集成和自动化，主要有业务信息系统、联络中心管理和 Web 集成管理。

3. 分析型 CRM

用于对以上两部分所产生的数据进行分析，产生客户智能，为企业的战略、战术决策提供支持，包括数据仓库和知识仓库建设，以及依托管理信息系统的商业决策分析智能。

4.3 客户关系管理的功能

CRM 的功能与企业的需求密不可分，根据众多 CRM 厂商的产品设计思路和不同企业不同阶段的需求，CRM 功能可以分为以下三个层次：部门级 CRM、协同级 CRM 和企业级 CRM。

4.3.1 部门级 CRM

销售、营销和客户服务部门是 CRM 的主要应用部门，这三个部门工作职能不同，相应地对 CRM 的需求也不同。

1. 销售自动化（SFA）

销售人员希望能够在整个销售流程中随时获取相应的客户接触信息，并进行销售追踪；销售经理则希望能够随时掌握部门内所有销售人员的活动信息，包括他们的接触列表和销售机会，同时还希望能及时获得销售报告，进行销售预测。这就要求 CRM 能提供实时销售信息，自动销售任务安排（自动派活）、销售评价等功能。

为满足上述需求，CRM 的销售自动化系统的功能目标为：在支持销售流程完成其业务循环的基础上形成相关的知识管理、接触管理及预测管理。其基本功能模块包括接触管理、账户管理、销售机会和潜在客户管理、线索管理、销售管道管理、销售预测工具、报价和订购、报告工具、数据同步引擎等。

2. 营销自动化（MA）

通常，企业的营销部门主要负责识别对企业最有价值的客户，判断和吸引潜在的最有价值的客户，这就要求 CRM 能够进行市场分析、市场预测、市场活动管理等。为满足上述需求，营销自动化模块通常包含以下功能：

（1）战役管理，端到端的组织和营销执行过程；

（2）业务分析工具，通过对数据的有效分析、判断、解释、挖掘，为组织提供有效的市场趋势判断，从而为相应的细分市场及营销活动提供有力的帮助。

同时，为将传统营销流程与传播环节结合起来以形成新的流程，MA 还要包括以下功能：

1）活动管理，对企业的所有市场活动进行管理；

2）活动跟踪，跟踪市场活动的情况；

3）反馈管理，及时得到市场活动的反馈信息；

4）活动评价，对市场活动的效果进行度量；

5）客户分析，对客户的构成、客户的地理信息和客户行为进行分析。

3. 客户服务和支持部门

客户服务和支持部门主要负责售后服务及相关问题的解决，也是 CRM 系统应用的重点部门。通常客户服务与支持部门对 CRM 有以下要求：

（1）提供准确的客户信息。要提高客户服务质量，就需要准确的客户信息。

（2）提供一致的服务。企业的服务中心以整体形象对待客户，使客户感觉是同一个人在为他服务。

（3）可以支持远程服务。可在远程通过互联网、语音支持等技术手段为用户提供服务。

（4）实现问题跟踪。客户服务主要集中在售后活动上，不过有时也提供一些售前信息，如产品广告等。售后活动主要发生在面向企业总部的呼叫中心，此外面向市场的服务也是售后服务的一部分。产品技术支持是客户服务中最重要的功能，为客户提供支持的客户服务代表需要与驻外的服务人员（要求共享复制客户交互操作数据）和销售力量进行操作集成。总部客户服务与驻外服务机构的集成以及客户交互操作数据的统一使用是现代CRM的一个重要特点。简单来说，面向客户服务与支持实时监控、故障诊断和维修等服务，能大大提高售后服务的效率，大幅度降低服务费用。相应的CRM支撑功能包括：

1）客户定制。为特定的客户进行个性化服务，为其所需的产品进行配制化和客户化。

2）客户使用情况跟踪。以便顾客能安全、可靠地使用产品。

3）信息检查。在安排服务或维修之前检查客户是否具有支付服务费用的能力。

4）协议服务。它和所有的契约承诺，如客户服务合同、服务水平协议和担保相关联，并在记录呼叫时会自动执行授权检查，如果系统发现某一项目遗漏时，会自动执行调整。

4.3.2 协同级CRM

1. 协同级CRM的需求

市场营销、销售和客户服务与支持是三个独立的部门，对CRM有着不同的需求。但是有一点对三者而言是共同的，它们都必须坚持以客户为中心的运作机制。协同级CRM将市场营销、销售和服务三个部门紧密地结合在一起，从而使CRM为企业发挥更大的作用。协同级CRM主要解决企业在运作过程中遇到的以下问题：

（1）信息的及时传递。市场分析的结果应能及时地传递给销售和服务部门，以便它们能够更好地理解客户的行为，达到留住老客户的目的。同时销售和服务部门搜集的反馈信息也可以及时传递给市场营销部门，以便市场营销部门能够对销售、服务和投诉等信息进行及时分析，从而制定出更有效的竞争策略。

（2）销售渠道的优化。市场营销部门将销售信息传递给谁，让谁进行销售，对于企业的成功运营非常重要。渠道优化必须在众多的销售渠道中选取效果最佳、成本最低的销售渠道。

总之，通过市场、销售和服务部门的协同工作，可以帮助企业在恰当的时机拥有恰当的客户。

2. 协同级CRM的功能

（1）现代通信技术，特别是互联网的出现，给企业和客户的交流带来了许多新的选择，这些选择为降低市场营销、销售和服务的成本带来了新的机遇。但同时，这种多渠道的交流也会造成一些不必要的混乱，导致交流质量的下降并影响企业的形象。因此，协同级CRM的第一项功能是必须通过采用先进的信息技术，将电话、传真、Web、无线接入等多种交流渠道进行高度集成，使企业的客户无论通过何种渠道，在何种地点、何种时间，都能够以自己喜欢的方式通畅地与企业进行交流。同时，企业也能够利用多种联系渠道的协同运作对客户作即时的反应，并提供准确、一致、最新的信息。交流渠道的集成，使客户避免了向企业的不同部门、不同人员重复相同信息的麻烦，从而使客户的问题或抱怨能更快地和更有效地得以解决，最终提高客户的满意度。

（2）协同级CRM采用合理的信息基础架构，消除了各类信息之间的屏障，建立起统一的CRM信息资源库。统一后的CRM信息资源库包括有关客户的所有信息，无论是何时何地，通过何种渠道，凡是有关客户与企业接触或交流的信息都会存放在其中。CRM信息资源库同时还包含企业的营销、销售、客户服务等信息。企业内销售、市场营销、客户服务等不同部门的有关人员都可以随时、随地存取信息，从而能够及时、全面地提供或掌握营销、销售和客户服务等信息，以便对客户的需求和变化作出及时、一致的反应。此外，CRM 信息资源库还应保存客户的偏好信息，企业可以根据用户的偏好，再考虑沟通渠道的方便与否，掌握沟通渠道的最终选择权。例如，有的客户或潜在的客户不喜欢那些不请自来的电子邮件，但对企业偶尔打来电话却不介意。对这样的客户，企业应避免向其主动发送电子邮件，而应多利用电话这种沟通方式。此功能的实现需要利用到数据库和数据仓库技术。

（3）协同级 CRM 还应具有强大的工作流引擎，从而确保跨部门的工作能够自动、动态、无缝地链接。另外，企业的跨部门工作流程可能还将随着外部环境的变化而变化，工作流引擎还应具有柔性定制的功能。

（4）面对浩如烟海的客户及企业营销、销售和服务信息，如果没有一个具有高度商业智能的数据分析和处理系统来进行处理是很难想象的。协同级 CRM 可以将最佳的商业实践与数据挖掘、数据仓库、一对一营销、销售自动化以及其他信息技术紧密地结合在一起，通过充分挖掘客户商业行为的个性和规律，来不断寻找和拓展客户的盈利点和盈利空间。另一方面，智能化的数据分析和处理本身也是企业向客户学习的一个高效过程。CRM 的商业智能系统使企业在获得与客户关系最优化的同时，也获得了企业利润的最优化。实现这一点的核心技术无疑就是数据挖掘技术。

综上所述，统一的渠道能给企业带来效率和利益的提高，这些收益主要从内部技术框架和外部关系管理方面表现出来。就内部来讲，建立在集中的数据模型基础上的统一的渠道方法能改进前台系统，增强多渠道的客户互动。就外部来讲，企业可从多渠道间的良好的客户互动中获益。如客户在同企业交涉时，不希望向不同的企业部门或职员提供相同的重复的信息，而统一的渠道方法则从各渠道搜集数据，使得客户问题或抱怨能更快、更有效地被解决，进而提高客户满意度。

4.3.3 企业级 CRM

1. 企业级 CRM 的需求

在大、中型企业中，往往可能已经建立了企业资源计划（ERP）、办公自动化（OA）、管理信息系统（MIS）、供应链管理（SCM）、产品数据管理（PDM）等一系列的 IT 系统，如果这些 IT 系统之间相互孤立，就很难充分发挥各系统的功能。因此，实现不同 IT 系统之间的面向信息、过程的紧密集成，可以充分提高企业的运作效率，同时也能充分利用原有的系统，从而降低企业 IT 系统的成本。

CRM 作为企业重要的 IT 系统，也需要与企业的其他 IT 系统紧密集成，这种集成从低到高主要表现为以下三个层次：

（1）集成各种信息来源。市场分析需要有关客户的所有数据，销售和服务部门也需要在适当的时机掌握正确的数据。这些有关客户行为、客户基本资料的数据通常来源于其他系统，因此 CRM 系统经常需要从企业已有的 ERP、OA、MIS 等 IT 系统中获得这些数据。

（2）利用企业原有的信息系统。企业已有的 IT 系统中有很多模块可以直接集成到 CRM 系统中。对已有系统的利用，可以增强 IT 系统中数据的一致性，同时也降低了 CRM 系统的成本。例如，一般的 ERP 系统都会包含人力资源管理这一功能模块，其中就包含了对市场营销人员、销售人员和客户服务人员的管理，CRM 系统完全可以利用 ERP 系统的这一功能实现对这三个部门的人员管理。

(3) 支持其他 IT 系统的实现。CRM 的分析结果同样可以被企业内其他 IT 系统所利用，例如，在电信企业中，对客户群体的分析并实现客户细分是运行客户信用度管理信息系统的基础。

2. 企业级 CRM 框架

要满足企业三个层次的不同需求，CRM 系统就必须具有良好的可扩展性，从而使企业能够在不同的时期根据其经营规模和 IT 系统状况，灵活地扩展 CRM 系统的功能。

图 4-4 中企业的其他系统如 ERP、OA、MIS 和 PDM 等系统通过企业应用系统集成，为数据仓库和 CRM 系统提供数据。CRM 系统将分析结果用于销售管理和呼叫中心管理，与此同时，销售管理、电子邮件等渠道将客户的反馈信息传递给数据仓库，为 CRM 系统所用。其中呼叫中心是 CRM 系统与客户的一个主要接触点。在如图 4-4 所示的解决方案中，各部分功能如下：

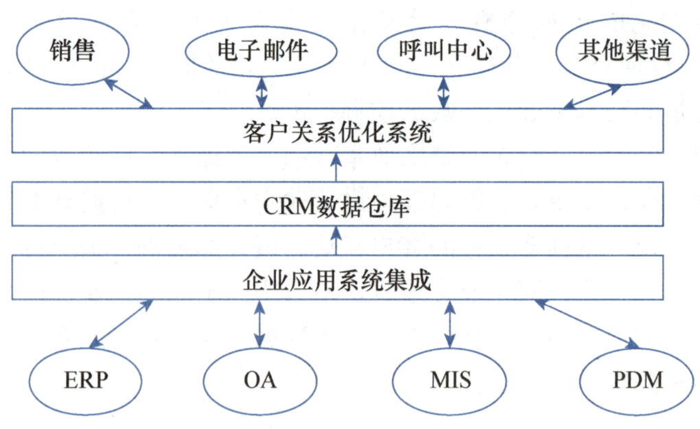

图 4-4 企业级 CRM 系统构成

(1) 客户关系优化（Customer Relation Optimization，简称 CRO）系统。满足部门级和协同级的功能需求，优化企业与客户之间的关系。

(2) CRM 数据仓库。存储 CRM 所需要的各种历史数据。

(3) 企业应用系统集成（Enterprise Application Integration，简称 EAI）。利用应用系统交换（包括数据库适配器、语言适配器和应用适配器等）、信息转换和 XML 技术以及 Cobra、Web Service 等技术将 CRM 与企业的其他 IT 系统紧密集成起来。

这样的结构能够充分满足部门级、协同级和企业级的不同需求，企业可以根据自己的状况，选择相应的系统来构造其 CRM 系统。在如图 4-4 所示的这一结构中，CRO 是整个 CRM 系统的核心，它主要满足部门级和协同级的需求，所有销售自动化、市场营销自动化、客户服务支持自动化等核心功能都将在此实现。

本章小结

在管理理念上，客户关系管理不是一种新的营销观念，4P 理论、4C 理论等在客户关系管理中同样适用，只是客户关系管理可以利用现代信息技术，科学地、自动化地实现对市场、销售、服务的管理，可以做到单依靠人而无法完成的工作。客户关系管理的部门级、协同级、企业级是客户关系管理软件的分类，也是管理理念和管理实施过程的分类，一般情况下可以由低到高逐步实施，也可以根据企业信息化程度或者是企业员工能力与性质，跳跃式实施。

案例

银行业的 CRM 应用

2001 年，中国加入了 WTO，并承诺在 5 年内全部取消对外资银行的地域限制，国内银行已受到来自国外银行的剧烈冲击。要想在竞争中取胜，最重要的一点是如何保持现有的客户和吸引潜在的客户。随着客户对市场认识的逐渐理性化，银行不可能再依赖于客户“天然”的忠诚。银行的经营优劣已不再是简单地体现在“微笑服务”上，而是侧重于服务的便利、高效、准确以及如何应用先进的计算机网络技术来跟踪和预测银行客户的发展动向，从而最大限度地挖掘客户信息的潜在价值，并利用这些信息来改进银行的服务，提高竞争力。

对银行业而言，客户关系管理是现代银行管理的核心思想。它的主要目的是建立以客户为中心的经营理念，充分把握和了解客户的分类、行为和偏好，在适当的时候，把适当的产品或服务，通过适当的渠道，以适当的方式提供给适当的客户。对客户的行为进行全面分析，可以掌握和区分银行的“白金客户”“黄金客户”“铁质客户”以及“铅质客户”，尤其对于银行的重要客户，银行需要在充分了解其行为和特征的基础上，与其建立“一对一”的营销模式。因此，银行实施 CRM 有利于与客户建立长期的良好关系，避免重要客户的流失，提高客户满意度，从而使客户给银行带来效益的最大化。

其实，不仅仅是在银行业，几乎全球各行各业都准备或正在实施客户关系管理系统。尤其是近些年来，随着互联网和电子商务的深层次发展，客户关系管理在全球范围内得到广泛传播。它与企业资源计划（ERP）、供应链管理（SCM）共同构成了促进企业电子商务发展的三大应用系统。而 CRM 又是 ERP、SCM 等系统与外部客户打交道的平台，它在企业与客户之间建立起了一道智能的过滤网，同时又提供了一个统一高效的平台，因此，CRM 是众多企业信息系统中能提高企业核心竞争力的关键。

思考题

1. 客户关系管理的定义是什么？
2. 客户关系管理的内涵是什么？
3. 根据企业需求的不同层次，可以将 CRM 的功能分为哪几类？每一类具体有什么样的功能？
4. CRM 软件包括哪些功能模块？每一功能模块具体有什么功能？

5. 按客户目标对 CRM 进行分类，可以分为哪几类?

6. 按应用集成度对 CRM 进行分类，可以分为哪几类?

7. 按系统功能对 CRM 进行分类，可以分为哪几类?

8. 简要描述 CRM 的体系结构。

9. 绘图描述客户关系管理流程。

教学方法建议

本章内容在理解思维上没有多大难度，但是相对来讲涉及的点很多，如何让学生掌握这些关联性不大的点，是本章的教学难点。因此，建议采用关键词卡片法。具体操作如下：

1. 教师首先向学生讲解清楚什么是关键词，并简单将学生自学的章节关键点做简单讲解。

2. 安排学生在课上一段时间（如 30 分钟），或者课下自行阅读本章的一节，例如第三节，要求每个学生在本节中找出 5～10 个关键词，并写在自己准备的小纸条上。

3. 每 5～6 位同学分为一个小组，每个同学展示自己的关键词卡片，全组同学讨论，形成统一意见，每个组统一整理出 10 个关键词。或者，首先每两个同学相互交流关键词，再全组交流关键词，形成全组的统一意见。

4. 将自己组的关键词写在事先准备好的彩色卡片上，一个卡片只写一个关键词。每组将 10 张卡片以最美丽的方式贴到教室的墙上（或指定的一个位置）。

5. 每个组安排一名同学讲解为什么选择这些关键词，并安排相关同学给每个组打分。

6. 按照小组第一的全组同学给 95 分、第二的全组同学给 90 分的方式，为全班同学打分。

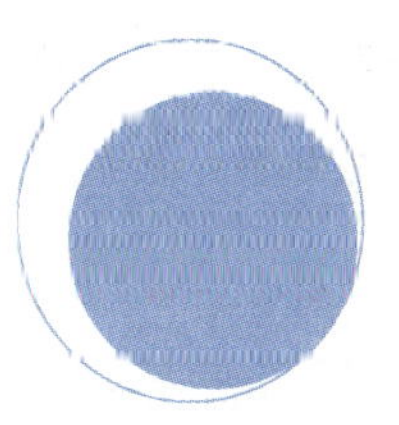

项目五 市场细分定位及客户细分定位

引例

劳斯莱斯重塑形象

创立于1904年的英国劳斯莱斯汽车公司，以生产豪华型轿车而著名。虽有过骄人的成绩，但在1981—1983年，劳斯莱斯汽车公司的汽车销量大跌35%，年产量随之下降到2 400辆左右，一度面临严重的财政困难。

到1986年，新上任的经营负责人彼得·华德使公司出现了转机。他从改造班特莱汽车着手，塑造了一个更年轻、更有生命力的劳斯莱斯形象。华德在标准型劳斯莱斯轿车上加上金属边线，使它显得更贴近地面，更有安稳感；同时，增加了涡轮推进引擎，使重达5 500磅的班特莱车具有在7秒钟内起动加速到60英里/小时的能力。此举使班特莱轿车变成意大利跑车与英国豪华轿车的混合体，一改它是“劳斯莱斯影子”的形象。

20世纪80年代末到90年代初，班特莱车的销售已占公司总销量的40%，每辆售价也高达16.7万美元。在改造班特莱车的同时，该公司在英、美等国通过广告等手段，为劳斯莱斯车扭转了“车主是附庸风雅的有钱人”的形象。在英国，他们的广告强调“买辆劳斯莱斯犒赏自己多年来的辛勤工作”。在美国，他们则套用享利·詹姆士的名言，大声宣称“尽情享受，这是一个不能不犯的错误”。

这一系列的广告，不仅化解了人们的敌意，而且吸引了新顾客，还加强了已有顾客的忠诚度。这个“一石三鸟”之计，取得了良好效果。1989年，劳斯莱斯公司汽车的销量攀上了10年来的最高峰，这股增长势头迄今仍未减弱。

从劳斯莱斯的案例可以看出，当一个企业的产品在市场上跌到低谷并遭遇信誉危机时，产品形象的再造就是一个迫在眉睫的问题。而再造的关键，就是要找到适合市场需求的新产品形象主题，即所谓的品牌主题。

学习重点

本章重点学习什么是市场细分，市场细分的依据，市场细分的意义及步骤；掌握什么是市场定位，怎样进行市场定位及市场定位的步骤；学习客户细分的依据和意义，客户定位的原则，最有价值客户的顺序模型及CRM与客户细分的关系。

5.1 市场细分与市场定位

5.1.1 市场细分

市场细分的概念是市场学家温德尔·史密斯（Wendell R. Smith）于1956年提出来的。市场细分是指按照消费者欲望与需求把因规模过大导致企业难以服务的总体市场划分成若干具有共同特征的子市场，处于同一细分市场的消费群被称为目标消费群。相对于大众市场而言，这些目标子市场的消费群就是分众了。

1. 市场细分的依据

企业进行市场细分的目的是通过对顾客需求差异予以定位来取得较大的经济效益。通常，企业是组合运用有关变量来细分市场，而不是单一采用某一变量。概括起来，细分消费者市场的变量主要有地理变量、人口变量、心理变量、行为变量这四大类。以这些变量为依据来细分市场就产生了地理细分、人口细分、心理细分和行为细分四种市场细分的基本形式，如表5-1所示。

表5-1 消费品市场细分标准及变量一览表

细分标准	细分变量
地理变量	地理位置、城镇大小、地形、地貌、气候、交通状况、人口密集度等
人口变量	年龄、性别、职业、收入、民族、宗教、教育、家庭人口、家庭生命周期等
心理变量	生活方式、性格、购买动机、态度等
行为变量	购买时间、购买数量、购买频率、购买习惯（品牌忠诚度）、对服务、价格、渠道、广告的敏感程度等

（1）地理变量。按地理变量细分市场就是把市场分为不同的地理区域，如国家、地区、省市、东部、西部、南方、北方、城市、农村、山区、平原、高原、湖区、沙漠等。以地理变量作为市场细分的依据，是因为地理因素影响消费者的需求和反应。各地区由于自然气候、交通通信条件、传统文化、经济发展水平等因素的影响，便形成了不同的消费习惯和偏好，具有不同的需求特点。比如，生活在我国不同区域的人们的食物口味就有很大差异，俗话说“南甜北咸，东辣西酸”，也由此形成了粤菜、川菜、鲁菜等著名菜系。又比如，我国不同地区的人洗浴习惯各不相同，由此形成对香皂的要求也不同。

（2）人口变量。人口变量细分是按年龄、性别、家庭人数、生命周期、收入、职业、教育、宗教、民族、国籍、社会阶层等人口统计因素，将市场细分为若干消费群体。例如，可以把服装市场按照“性别”这个细分变量分为两个市场：男装市场和女装市场。如果再按照“年龄”这个细分变量又可以分出七个细分市场：童装市场，青年男、女装市场，中年男、女装市场，老年男、女装市场。

(3) 心理变量。在市场营销活动中，常常出现这种情况，即在人口因素相同的消费者中间，对同一商品的爱好和态度截然不同，这主要是由于心理因素的影响。市场细分的心理因素十分复杂而广泛，涉及消费者一系列的心理活动和心理特征，主要包括消费者的生活方式、社会阶层、个性、动机、价值取向、对商品或服务的感受或偏好、对商品价格反应的灵敏程度以及对企业促销活动的反应等。下面我们就其中的部分因素加以说明。

1) 生活方式。生活方式是指个人或集团在消费、工作和娱乐上表现出的特定的习惯。不同的生活方式往往产生不同的消费需求和购买行为，即使对同一种商品，也会在质量、外观、款式、规格方面产生不同的需求。如今，许多消费者购买商品不仅是为了满足物质方面的需要，更重要的是为了表现他们的生活方式，满足其心理需要，如显示身份、地位、追求时髦等。西方国家的企业十分重视生活方式对企业市场经营的影响，特别是生产经营化妆品、服装、家具、酒类产品的企业更是高度重视。还有一些企业，把追求某种生活方式的消费群当作自己的目标市场，专门为这些消费者生产产品。例如，美国有的服装公司把妇女分成“朴素型”“时髦型”“有男子气型”三种类型，分别为她们设计和生产不同式样、颜色的服装。

2) 社会阶层。由于不同的社会阶层所处的社会环境不同，成长背景不同，因而兴趣偏好不同，消费特点不同，对产品或服务的需求也不尽相同。美国著名营销大师菲利普·科特勒将美国社会划分为七个阶层：上上层：继承大财产，具有著名家庭背景的社会名流；上下层：在职业或生意中具有超凡活力而获得较高收入或财富的人；中上层：对其“事业前途”极为关注，且获得专门职业者，独立企业家和公司经理等职业人；中间层：中等收入的白领和蓝领工人；劳动阶层：中等收入的蓝领工人和那些过着“劳动阶层生活”的人；下上层：工资低，生活水平刚处于贫困线上，追求财富但无技能的人；下下层：贫困潦倒，常常失业，长期靠公众或慈善机构救济的人。处于不同社会阶层的人，对汽车、服装、家具、娱乐、阅读方面的需求都有较大的差异。

3) 个性。个性是指个人独特的心理特征，这种心理特征使个人与其环境保持相对一致和持久的反应。每个人都有影响其购买行为的独特个性。在区分出不同的个性，并且特定的个性同产品或品牌的选择之间存在很强相关性的前提下，那么个性就可以成为细分市场的心理变量。例如，有些钟表眼镜公司把市场细分为传统型消费者群、新潮型消费者群、节俭型消费者群、活泼型消费者群等。

消费者在选择品牌时，会在理性上考虑产品的实用功能，同时在感性上评估品牌表现出的个性。因而很多企业会赋予品牌以个性，以迎合消费者的个性。例如，20 世纪 50 年代末，福特汽车和雪佛兰汽车在促销方面就强调其个性的差异。有不少人认为购买福特汽车的顾客有独立性，易冲动，有男子汉气概，敏于变革并有自信心；购买雪佛兰汽车的顾客往往保守、节俭，缺乏阳刚之气，恪守中庸之道。

4) 偏好。偏好是指消费者偏向于某一方面的喜好，比如有的爱抽烟，有的爱喝酒，有的爱吃辣，有的爱吃甜。又比如，一位住在新泽西的 Suite 小姐，就强烈地偏好一家位于曼哈顿的发廊。为了染发，她每六星期就要来回开上两个小时的车进城，每一趟她至少要花上 90 美元的美发费用及 22 美元的停车费，而就在她住家附近的地方就有更方便、更便宜的发廊。她就是对让头发获得“正确的”染色服务有强烈的偏好，并执着地认为那家曼哈顿的发廊比其他能提供同样服务的从业者优良。在市场上，消费者对不同品牌的喜爱程度是不同的，有的消费者有特殊偏好，有的消费者有中等程度的偏好，有的消费者没有什么偏好。因此，企业为了维持和扩大经营，就要了解消费者的各种偏好，掌握其需求特征，以便从产品、服务等方面满足他们的需要。

(4) 行为变量。行为细分是根据消费者对品牌的了解、态度、使用情况及反应而将他们分为不同的群体。许多营销人员认为：行为变量是市场细分的最佳起点。

1) 时机。按消费者购买和使用产品的时机细分市场，这些时机包括结婚、离婚、购房、搬家、拆迁、入学、升学、退休、出差、旅游、节假日等。时机细分有助于提高品牌使用率，提高营销的针对性。如旅行社可以为“五一”小长假提供专门的旅游服务，文具企业可以为新学期开始提供学习用品。有不少产品如新郎西服、喜临门酒就是时机细分的产物。

2) 利益。利益细分是根据消费者从品牌产品中追求的不同利益的一种分类方法。美国曾有人运用利益细分法对钟表市场进行研究，发现手表购买者可分为三类：大约 23%的人侧重价格低廉，46%侧重耐用性及一般质量，31%侧重品牌声望。当时美国各大钟表公司都把注意力集中于第三类细分市场，制造豪华昂贵的手表并通过珠宝店销售。唯有 TIME 公司慧眼独具，选定第一、二类细分市场作为目标市场，全力推出一种价廉物美的“天美时”牌手表并通过一般钟表店或大型综合商店出售。该公司后来发展成为世界第一流的钟表公司。

3) 使用者状况。许多品牌按使用状况将消费者分为曾经使用者、未曾使用者、潜在使用者、初次使用者、偶尔使用者和经常使用者等类型，针对不同使用群体采用不同的营销策略和方法。市场占有率高的品牌特别重视将潜在使用者转变为实际使用者，如领导型品牌，而一些小企业则只能以经常使用者为服务对象。

4) 品牌忠诚度。消费者的忠诚是企业最宝贵的财富。美国商业研究报告指出：多次光顾的顾客比初次登门者，可为企业多带来 20%～85%的利润；固定客户数目每增长 5%，企业的利润则增加 25%。

消费者的品牌忠诚度

根据消费者的品牌忠诚度，可以将消费者分为四种类型：专一忠诚者、潜在忠诚者、迟钝忠诚者和缺乏忠诚者。

专一忠诚者：这四个类型中最高的一层，是构成顾客群体的最重要的部分。例如，瑞士军刀的爱好者，他们会不断地告诉他们的朋友和邻居这种刀的好处、用途以及他们每天、每个星期、每个月的使用频率。这些专一的忠诚者会成为品牌的免费宣传者，并不断地向别人推荐。对任何企业而言，这都是他们最欢迎的顾客类型。

潜在忠诚者：顾客高度偏好与低度重复购买的结合，意味着潜在忠诚。例如，美国有一个标准的中国食物迷，而且她的住家附近就有一家她很喜欢的中国餐馆。但她的先生却对中国食物不感兴趣，所以她只是偶尔光顾这家中国餐馆。如果该餐馆了解潜在忠诚者的这些情况，就可以采取一些应对的策略。比如该餐馆可以考虑增加一些美式餐点，以吸引像她先生这样顽固的顾客。

迟钝忠诚者：顾客低度偏好与高度重复购买的结合，便形成了迟钝忠诚。这类顾客的购买原因不是因为偏好，而是"因为我们经常用它"或"因为它方便"。大多数经常购买产品的顾客都属于这种类型。比如有人总在一条街上购买日常用品，在另一条街上的干洗店干洗衣物，至于修鞋子，则是就近到自己住家的隔壁。如果能积极争取这类客户，提高产品或服务质量，形成自己的特色，这类顾客就可能会由迟钝的忠诚度转变为高度的忠诚度。

缺乏忠诚者：由于不同的原因，某些顾客就是不会对某些品牌产生忠诚。一般来说，企业应避免将目标针对缺乏忠诚的顾客，因为他们永远不会成为真诚的顾客，他们对企业的发展只有很少的贡献。

5）使用率。可以根据品牌的轻度、中度和重度等使用者情况来细分市场。品牌重度使用者一般在市场上所占比例不大，但他们的消费量在全部消费量中所占的比例却相当高。营销广告界的巴莱多定律是说，20%的品牌重度使用者的消费量却占该品牌消费量的80%。以啤酒为例，有人曾做过调查，啤酒消费者中，大量消费者与小量消费者各占一半，其中大量消费者的消费量占总销量的88%，而小量消费者的消费量只占12%。又据调查，啤酒的大量消费者多为劳动阶层，年龄在25～50岁；而年龄在25岁以下和50岁以上为小量消费者。这种细分有助于企业作出相应的对策。

6）态度。消费者对品牌的态度大体可以分为五种，即热爱、肯定、冷淡、拒绝和敌意。态度是人们生活方式的一种体现，态度决定着成败，也决定着品牌定位。企业可以通过调查、分析，针对不同态度的顾客采取不同的营销对策。例如，对抱有拒绝和敌意态度的消费者，就不必浪费时间去改变他们的态度；对冷淡者则应设法去争取他们。

2. 市场细分的意义

(1) 有利于选择目标市场和制定市场营销策略。市场细分后的子市场比较具体，比较容易了解消费者的需求，企业可以根据自己的经营思想、方针及生产技术和营销力量，确定自己的服务对象，即目标市场。针对较小的目标市场，便于制定特殊的营销策略。同时，在细分的市场上，信息容易了解和反馈，一旦消费者的需求发生变化，企业可迅速改变营销策略，制定相应的对策，以适应市场需求的变化，提高企业的应变能力和竞争力。

(2) 有利于发掘市场机会，开拓新市场。通过市场细分，企业可以对每一个细分市场的购买潜力、满足程度、竞争情况等进行分析对比，探索出有利于本企业的市场机会，使企业及时做出投产、移地销售决策或根据本企业的生产技术条件编制新产品开拓计划，进行必要的产品技术储备，掌握产品更新换代的主动权，开拓新市场，以更好地适应市场的需要。

(3) 有利于集中人力、物力投入目标市场。任何一个企业的资源、人力、物力、资金都是有限的。通过细分市场，选择适合自己的目标市场，企业可以集中人、财、物及资源，去争取局部市场上的优势，然后再占领自己的目标市场。

(4) 有利于企业提高经济效益。前面三个方面的作用都能使企业提高经济效益。除此之外，通过市场细分后，企业可以面对自己的目标市场，生产出适销对路的产品，既能满足市场需要，又可增加企业的收入；产品适销对路可以加速商品流转，加大生产批量，降低企业的生产销售成本，提高生产工人的劳动熟练程度，提高产品质量，全面提高企业的经济效益。

3. 市场细分的程序

市场细分作为一个比较、分类、选择的过程，应该按照一定的程序来进行，通常有以下几步：

(1) 正确选择市场范围。企业根据自身的经营条件和经营能力确定进入市场的范围，如进入什么行业，生产什么产品，提供什么服务。

(2) 列出市场范围内潜在顾客的需求情况。根据细分标准，比较全面地列出潜在顾客的基本需求，作为以后深入研究的基本资料和依据。

(3) 分析潜在顾客的不同需求，初步划分市场。企业将所列出的各种需求通过抽样调查进一步搜集有关市场信息与顾客背景资料，然后初步划分出一些差异最大的细分市场，至少从中选出三个分市场。

(4) 筛选。根据有效市场细分的条件，对所有细分市场进行分析研究，剔除不合要求、无用的细分市场。

(5) 为细分市场定名。为便于操作，可结合各细分市场上顾客的特点，用形象化、直观化的方法为细分市场定名，如某旅游市场分为商人型、舒适型、好奇型、冒险型、享受型、经常外出型等。

(6) 复核。进一步对细分后选择的子市场进行调查研究，充分认识各细分市场的特点，本企业所开发的细分市场的规模、潜在需求，还需要对哪些特点进一步分析研究等。

(7) 选定目标市场，设计营销策略。企业在各子市场中选择与本企业经营优势和特色相一致的子市场作为目标市场。没有这一步，就没有达到细分市场的目的。经过以上七个步骤，企业便完成了市场细分的工作，就可以根据自身的实际情况确定目标市场并采取相应的目标市场策略。

4. 市场细分的方法

著名学者兰晓华认为市场细分有两种极端的方式——完全市场细分与无市场细分，在两极端方式之间存在一系列的过渡细分模式。

(1) 完全市场细分。所谓完全细分就是市场中的每一位消费者都单独构成一独立的子市场，企业根据每位消费者的不同需求为其生产不同的产品。理论上说，只有一些小规模的、消费者数量极少的市场才能进行完全细分，这种做法对企业而言是不经济的。尽管如此，完全细分在某些行业，如飞机制造业等行业还是大有市场，而且近几年开始流行的“订制营销”就是企业对市场进行完全细分的结果。

(2) 无市场细分。无市场细分是指市场中的每一位消费者的需求都是完全相同的，或者是企业有意忽略消费者彼此之间需求的差异性，而不对市场进行细分。

（3）按一个标准细分。按一个标准细分是对于通用性较大、挑选性不太强的产品，指定对购买者影响最强的标准进行细分。如儿童图书市场，影响此市场的主要因素是年龄，可首先根据年龄把市场分为学前儿童图书市场、学龄儿童图书市场、少年图书市场。

（4）综合标准细分。大多数产品都是受消费者多种因素影响的，因此企业细分市场时可以选择两个以上标准，同时从多个角度对整个市场进行细分。例如，奶粉市场可以选择年龄、追求的利益、使用时机进行细分。

5.1.2　市场定位

市场定位（Marketing positioning），也称作“营销定位”，是市场营销工作者用以在目标市场（此处目标市场指该市场上的客户和潜在客户）的心目中塑造产品、品牌或组织的形象或个性（Identity）的营销技术。企业根据竞争者现有产品在市场上所处的位置，针对消费者或用户对该产品某种特征或属性的重视程度，强有力地塑造出此企业产品与众不同的、给人印象鲜明的个性或形象，并把这种形象生动地传递给顾客，从而使该产品在市场上确定适当的位置。简而言之，就是在目标客户心目中树立产品独特的形象。

1. 市场定位战略

市场定位的核心是与众不同，即差异化，所以市场定位战略可以理解为差异化战略，差异化可表现为以下方面。

（1）产品差别化。产品差别化可以说是多种多样的，作为企业来说，要将各种差别化进行有效的组合。比如，对前面讲到的产品质量、价格、渠道、促销、款式、功能、使用场合、目标顾客群体等各方面进行有效的整合。其中，产品质量和价格定位是企业运用最普遍的，也是消费者最熟悉的定位。

（2）质量差别化。企业生产高品质的产品，如一些名牌产品，便是走这条路子。例如，奔驰车、金利来产品、雅戈尔西服、意大利老人头皮鞋、海尔电器等产品的品质比同类产品质量普遍要好。

（3）价格差别化。与竞争对手保持不一样的价格，可以走高价、中价、低价的路子。名牌产品一般走高价路子，也有走中价或低价路子的。

（4）款式差别化。采用独具特色的款式，如服装、家具、手机等产品，很注重款式的差别。

（5）功能差别化。与竞争对手保持不同的产品功能，或者功能更为优化。一些技术含量高、发展快的产品，很注重功能差别化。

（6）顾客群体差别化。如劳力士手表定位于事业有成的高薪人士；法国名牌香水定位于豪华贵妇、时髦女郎、影视明星、青春少女等。

（7）使用场合差别化。某些产品特别强调在某种特殊场合下使用。例如，喜临门酒、双喜牌香烟等在吉利的日子好卖。

（8）分销渠道差别化。建立本企业独特的分销渠道体系，比如我国生产空调的企业——海尔、格力、美的等品牌，分销渠道有很大的不同。

（9）广告等促销方式的差别化。同类产品采用与众不同独具特色的广告形式和其他促销方式。

（10）服务差别化。服务差别化是本企业向目标市场提供与竞争对手不同的优质服务。

现代企业的竞争，既是产品的竞争，又是服务的竞争。特别是技术复杂的产品，很强调服务。如果一个企业提供的服务不理想，很可能影响消费者的再一次购买，消费者会将这种不满意传播给其他的消费者，从而影响到其他顾客的购买。

（11）企业形象差别化。企业形象是一个十分广泛的概念，泛指企业的厂容厂貌、建筑、设备、产品、员工、经营理念、价值观念、广告等。企业的形象在消费者的心目中是一个总体的印象，企业要让消费者购买了自己的产品后感到放心，要树立良好的企业形象和形成良好的企业文化。

2. 市场定位的步骤

市场定位的关键是企业要设法在自己的产品上找出比竞争者更具有竞争优势的特性。竞争优势一般有两种基本类型：一是价格竞争优势，就是在同样的条件下比竞争者定出更低的价格。这就要求企业采取一切努力来降低单位成本。二是偏好竞争优势，即能提供确定的特色来满足顾客的特定偏好。这就要求企业采取一切努力在产品特色上下功夫。因此，企业市场定位的全过程可以通过以下三大步骤来完成：

（1）分析目标市场的现状，确认本企业潜在的竞争优势。这一步骤的中心任务是要回答以下三个问题：一是竞争对手产品定位如何？二是目标市场上顾客欲望满足程度如何以及确实还需要什么？三是针对竞争者的市场定位和潜在顾客的真正需要的利益要求企业应该及能够做什么？要回答这三个问题，企业市场营销人员必须通过一切调研手段，系统地设计、搜索、分析并报告有关上述问题的资料和研究结果。通过回答上述三个问题，企业就可以从中把握和确定自己的潜在竞争优势在哪里。

（2）准确选择竞争优势，对目标市场初步定位。竞争优势表明企业能够胜过竞争对手的能力。这种能力既可以是现有的，也可以是潜在的。选择竞争优势实际上就是一个企业与竞争者各方面实力相比较的过程。比较的指标应是一个完整的体系，只有这样，才能准确地选择相对竞争优势。通常的方法是分析、比较企业与竞争者在经营管理、技术开发、采购、生产、市场营销、财务和产品等七个方面究竟哪些是强项，哪些是弱项。借此选出最适合本企业的优势项目，初步确定企业在目标市场上所处的位置。

（3）显示独特的竞争优势和重新定位。这一步骤的主要任务是企业要通过一系列的宣传促销活动，将其独特的竞争优势准确地传播给潜在顾客，并在顾客心目中留下深刻印象。为此，企业首先应使目标顾客了解、知道、熟悉、认同、喜欢和偏爱本企业的市场定位，在顾客心目中建立与该定位相一致的形象。其次，企业要通过各种努力强化目标顾客形象，保持目标顾客的了解，稳定目标顾客的态度和加深目标顾客的感情来巩固与市场相一致的形象。最后，企业应注意目标顾客对其市场定位理解出现的偏差或由于企业市场定位宣传上的失误而造成的目标顾客模糊、混乱和误会，及时纠正与市场定位不一致的形象。企业的产品在市场上定位即使很恰当，但在下列情况下，还应考虑重新定位：竞争者推出的新产品定位于本企业产品附近，侵占了本企业产品的部分市场，使本企业产品的市场占有率下降；消费者的需求或偏好发生了变化，使本企业产品销售量骤减。

3. 市场定位的方法

（1）区域定位。区域定位是指企业在进行营销策略时，应当为产品确立要进入的市场区域，即确定该产品是进入国际市场、全国市场，还是在某市场、某地等。只有找准了自己的市场，才会使企业的营销计划获得成功。

（2）阶层定位。每个社会都包含有许多社会阶层，不同的阶层有不同的消费特点和消费需求，企业的产品究竟面向什么阶层，是企业在选择目标市场时应考虑的问题。根据不同的标准，可以对社会上的人进行不同阶层的划分，如按知识分，就有高知阶层、中知阶层和低知阶层。进行阶层定位，就是要牢牢把握住某一阶层的需求特点，从营销的各个层面上满足他们的需求。

（3）职业定位。职业定位是指企业在制定营销策略时要考虑将产品或劳务销售给什么职业的人。将饲料销售给农民及养殖户，将文具销售给学生，这是非常明显的，而真正能产生营销效益的往往是那些不明显的、不易被察觉的定位。在进行市场定位时要有一双善于发现的眼睛，及时发现竞争者的视觉盲点，这样可以在定位领域内获得巨大的收获。

（4）个性定位。个性定位是考虑把企业的产品如何销售给那些具有特殊个性的人。这时，选择一部分具有相同个性的人作为自己的定位目标，针对他们的爱好实施营销策略，可以取得最佳的营销效果。

（5）年龄定位。在制定营销策略时，企业还要考虑销售对象的年龄问题。不同年龄段的人，有自己不同的需求特点，只有充分考虑到这些特点，满足不同消费者要求，才能赢得消费者。如对于婴儿用品，营销策略应针对母亲而制定，因为婴儿用品多是由母亲来实施购买的。

5.2　客户细分与定位

客户是企业最宝贵的资源，没有客户资源，企业就丧失了生存和发展的土壤。全世界的供应商、服务提供商都在千方百计地取悦自己的客户，尽他们最大的能力满足客户的需求，力图赢得客户的欣赏和忠诚，获取利润。商业竞争日趋激烈，无数事实证明，只有不断发现和利用机会，了解客户喜好，满足客户需求，赢得客户的信赖，企业才能够在瞬息万变的竞争环境下求得生存和不断发展。

企业的盈利和发展取决于客户的价值水平、客户满意度和客户忠诚度等因素。如何吸引和锁定客户，如何赢得进而提高客户的满意度、忠诚度，这成为企业最为关心的问题，也是客户关系管理能否成功的关键。为此有必要进行客户细分。

5.2.1　客户细分

1. 客户细分的概念和目的

客户有狭义和广义之分。狭义的客户是指产品和服务的最终使用者或接受者。广义的客户要结合过程模型来理解，任何一个过程输出的接受者都是客户。用系统的观点，企业可以看作是由许多过程构成的过程网络，其中某个过程是它前面过程的客户，又是它后面过程的供方。如果我们划定了系统的边界，那么在企业内部存在着内部供方和内部客户，在企业外部存在着外部供方和外部客户。因此，我们经常说下一道工序是上一道工序的客户，这里的客户就是广义上的概念。在不同的情况下，企业的客户可以是一个人、一个目标群体或一个组织。因此，客户的分类是重要的。客户可按性别、年龄、文化程度、职业、收入、居住地区等分类，也可按专业与非专业、消费时间长短、目标与非目标等分类。所谓客户细分就是指在明确的战略业务模式和专注市场中，根据客户的价值、需求和偏好等综合因素对客户进行分类，并提供有针对性的产品服务和营销模式。

从客户价值方面来看，不同的客户能够为企业提供的价值是不同的，很多企业已经意识到这一问题，不再简单地追求客户数量，而是更多地寻求客户的“质量”。要知道哪些是企业最有价值的客户，哪些是企业的忠诚客户，哪些是企业的潜在客户，哪些客户的成长性最好，哪些客户最容易流失，企业就必须对自己的客户进行细分。

企业的资源和能力都是有限的，如何对不同的客户进行有限资源的优化应用是每个企业必须考虑的。所以在发展客户关系管理时非常有必要对客户进行统计、分析和细分。只有这样，企业才能根据客户的不同特点进行有针对性的营销，赢得、扩大和保持高价值的客户群，吸引和培养潜力较大的客户群。

另外，客户细分使企业所拥有的高价值的客户资源显性化，并能够就相应的客户关系对企业未来盈利影响进行量化分析，为企业决策提供依据。

2. 客户细分的方式和客户主要类型

进行客户细分的标准有很多，一般而言，我们可以参照如下一些因素进行客户细分：客户的个性化资料、客户的消费行为（消费习惯、数量和频率）、客户的购买方式、客户的地理位置、客户的职业、客户的关系网、客户的知识层次、客户的规模、客户对企业的贡献、客户的忠诚度、客户的信誉度、客户是否流失、客户是否是新客户等。这些都是比较传统的细分标准。下面我们就三种更适合 CRM 的客户细分方式进行讨论。

（1）根据客户与企业的关系进行细分。企业产品或服务的众多购买者，其购买的目的并不相同，因此与企业的关系也就不相同。这一点可以作为对客户进行细分的依据。这样的细分可以帮助企业充分认识到自己客户的特点，从而可以对不同的客户采取不同的策略，更大限度地实现资源最优化和有效的管理运营。

根据客户和企业的关系，可以把客户细分为以下几种类型：

1）一般客户——这里的“客户”更确切地说应当是零售消费者。他们一般是个人或家庭，主要购买企业最终产品或服务。这类客户的特点是：数量众多，但消费额一般不高，往往是企业最为关注、花费精力最多，却总是吃力不讨好的客户群。

2）企业客户——这些客户购买企业的产品或服务的目的并非用于自身消费，而是在其企业内部将购得的产品附加到自己的产品上，再销售给其他客户或企业。

3）内部客户——指企业（联盟企业）内部的个人或业务部门，他们需要企业的产品或服务来达到其商业目的。这种类型的客户往往最容易被忽略，但同时他们又是最具长期获利性的客户。企业雇员应该是企业最重要的内部客户之一。

4）渠道分销商和代销商——他们一般是直接为企业工作的个人或机构，通常不需要企业为他们支付工资，他们购买企业产品的目的就是进行销售获利，或是作为该产品或服务的一个地区的代表或代理。

（2）根据客户的价值进行细分。客户对企业的价值是不尽相同的，很多企业 80%的盈利只来自 20%的客户。或者说其 80%的客户让企业赚不到多少钱，有的甚至让企业赔钱，这就是所谓帕累托 80/20 法则。因此，企业要能够找出自己最有价值的客户资源，发现最为珍贵的客户，以便有的放矢地开展营销，有针对性地实施 CRM 管理。

依据客户的价值和其在企业客户总量中所占比例，可以将客户细分为以下几类，并形成一个“金字塔”式模型，如图 5-1 所示。

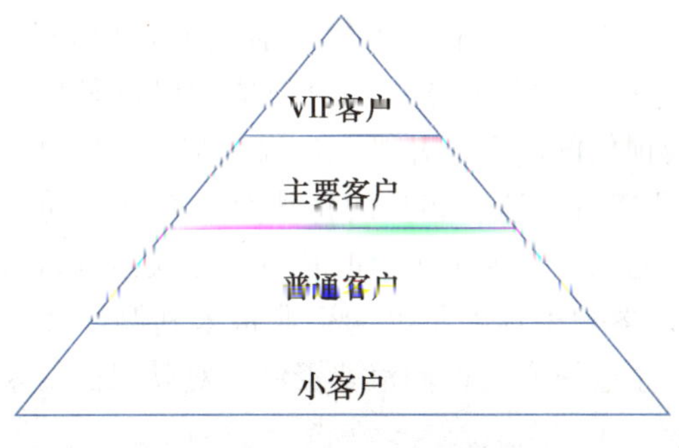

图 5-1　客户金字塔

1）VIP 客户——这种类型的客户数量不多，但消费额在企业的销售额中占有的比例很大，对企业贡献的价值最大，他们位于金字塔的顶层，一般情况下占企业客户总量的1%左右。

2）主要客户——除 VIP 客户外，消费金额所占比例较多，能够为企业提供较高利润的客户。这种类型的客户约占企业客户总量的 4%。

3）普通客户——这些客户的消费额所占比例一般能够为企业提供一定的利润，占企业客户总量的 15%左右。

4）小客户——这类客户人数众多，但是能为企业提供的盈利却不多，甚至导致企业不盈利或亏损，他们位于金字塔的底层。

(3) 从企业产品服务的角度看客户细分。我们不是为了细分客户才进行客户的细分，将客户进行细分是为了更好地进行运营，更好地将有限的资源加以优化利用。细分不是目的，通过细分认清客户类型，找到最有价值的客户才是我们真正的目的。

下面我们从企业产品的角度来考察客户的细分。

首先能够达成共识的一点是，企业肯定要紧紧地抓住其 VIP 客户和主要客户。但是，怎样才能够抓住他们呢？另外，你的 VIP 客户和主要客户与企业的关系又是什么样的，他们是你的零售消费者，还是企业客户，或是代理商，抑或是你的内部客户？只有当这一切都搞清楚了，我们才能够有的放矢，才能够优化运营。因为不同类型客户的购买目的不同，必然影响到其对企业产品的要求也有所不同。下面是四类客户对企业产品的要求：

第一，零售消费者——要求产品质量好、价格低、外形好、售后服务完善等；

第二，企业客户——要求产品的兼容性高、质量好等；

第三，代理商——要求产品性价比高、供货渠道通畅、售后服务完善等；

第四，内部客户——要求良好的企业关怀、光明的企业前景、信息交换迅速通畅等。

可以看到，不同的客户对企业产品和服务的要求是不同的，这就要求企业应当有针对性地开展生产和营销，以便取悦重要的客户，锁定最有价值的客户群。

我们依据企业对客户的不同反应，可以将客户分为四种类型：

1）屈从型——企业应当屈从于最有价值的客户，比如 VIP 客户，了解甚至是预测他们的需求，满足他们的需求，培养他们的兴趣，赢得他们的信任，努力与他们建立一种稳定的信任关系。企业的产品应当向这些客户倾斜，尽可能地取悦他们、锁定他们、赢得他们的忠诚，因为只有这样才能获得稳定且高额的利润。

2）关怀型——对于主要客户，企业当然不能放弃，但是从“屈从”转变成了“关怀”。企业应当跟踪调查这类客户的需求，随时与他们保持联系，在企业的产品中反映出这类客户的需求，以赢得他们的满意，并进一步强化与他们的关系，获取他们的忠诚。

3）适应型——企业不需要为这类客户的特殊要求而兴师动众，只需要使自身的产品适应他们的需要，能够引起其兴趣即可，这时企业应当说是以自身为主的。

4）冷漠型——有一些客户根本就不能为企业带来利润，甚至只能让企业亏本，这类客户属于被淘汰的范围，企业不必为他们浪费资源，对其只需要采取冷漠的态度即可。

3. CRM与客户细分

长期以来，企业已经习惯对客户进行宏观细分。传统的分类方法，如人口统计法、心理描绘法、几何统计法和行为聚类法等，尽管都有其科学的一面，但它们共同的缺陷之一，就是对于信息的搜寻缺乏有效的手段。传统的客户信息搜寻方法，一般不外乎采用面对面访问、问卷调查等。这样做的缺陷是很明显的，比如需要大量人力、物力，调查的范围狭窄，真实性不能保证，不具有实时性等。

现在有许多企业已经意识到这一点，在自身的企业信息化的基础上，开始通过其内部的信息系统来统计和分析所得到的数据。当前企业内部的信息系统很多，有财务系统、订货系统、存货系统和资产管理系统、分销系统等。但是其中最大的一个缺陷是这些系统缺乏统一的数据规划和信息处理技术要求，在联系、使用、实施及运营上数据结构各不相同。这样的直接后果是难以产生聚焦于以客户为中心的数据，甚至会在不同系统里产生相互矛盾的以客户为中心的数据，因此，利用当前的企业信息系统搜集客户信息进行客户细分，产生的效果是不能令人满意的。

我们需要新的管理和信息处理方法，CRM就是这样的一种方法。在CRM中，企业使用的是基于客户的数据仓库，从而使它与传统的运营型数据库区别开来。CRM中的数据仓库已经不仅仅是一个存储数据的储藏室，它具有智能，能将企业所需的客户信息进行统计分类，形成真正实用的企业客户信息。

企业不可能挨家挨户地进行信息调查，也不能只了解某些特定类型家庭的大致情况。企业所需要的是客户的详细资料，客户的名称、地址、偏好、消费额、售后意见等信息都必不可少。企业的周围随时都充满着客户信息，关键是怎样去发掘，除了客户购买所留下的信息，企业还应主动向客户了解寻求相关信息，只有这样，才能够对客户进行有效而准确的细分。

客户细分是客户关系管理的基础，也是实施客户关系管理的关键一环，企业要从战略的角度出发，做好客户细分，有了良好而准确的客户细分，客户关系管理就有了成功的基石。

4. 客户细分指标与客户顺序模型

随着市场竞争的日益激烈，企业发现如果单纯追求销售额的话，由于生产成本和销售费用越来越高，结果利润反而下降。企业由此开始通过在生产和营销各部门的所有环节上最大限度地削减生产成本和压缩销售费用来实现利润最大化；但成本不可能被无限制地削减，当企业对利润的渴求无法或很难再从削减成本中获得时，就将目光由内而外转向了客户，努力通过把握客户的需求来增加利润。企业从内部挖潜转向争取客户，以客户为中心的战略就必然地摆上了日程。那么，如何对待不同客户？哪些客户是最具价值客户？这一切问题的解决的基础是对客户的分析，客户分析也是实施客户关系管理的前提。

（1）客户的分类指标。企业开展客户分类研究，目的是研究如何提升客户满意度，从而改善客户关系，用以衡量满意度的指标，即客户忠诚度。因为对于企业来说，仅仅知道和了解客户对企业已经或正在提供的产品和服务的满意程度，一般只是具有借鉴和参考的作用，只是意味着企业获得了进入市场的“通行证”，而只有通过满意度研究来掌握客户对企业产品的信任和忠诚程度，才对企业发掘潜在客户和需求、增加未来市场销售具有重要的指导意义。

企业无疑都希望拥有忠诚的客户群体，不仅对自己的品牌忠心不二，而且乐于说服他们身边的人成为同一品牌的消费者。因此，很多企业在开展客户满意度研究的同时，也开展了客户忠诚度的分析，组建相应部门或聘请市场调查研究机构，对自己的客户群体进行定性和定量测试，试图掌握客户群体的忠诚度，发掘潜在需求，提高未来业务开展的可能性。

企业在对客户忠诚度的研究中，应当设计一系列定量指标来考核工作目标。但由于企业的具体经营情况有很大的不同，因此，不同企业在设计客户忠诚度的量化考核标准时可以从自身各个方面加以考虑，根据实际情况选择合适的因素，并给以不同的权值来得出一个综合评价得分。通常一些企业通用的和相对重要的考核指标有下述几个。

1）客户重复购买率。考核期间，客户对某一种商品重复购买的次数越多，说明对此产品或服务的忠诚程度越高；反之则越低。此项指标还适用于同一品牌的多种产品，即如果客户重复购买企业同一品牌的不同产品，也表明忠诚度较高。

2）客户对本企业和对手企业商品或品牌的关注程度。客户通过购买或非购买的形式，对企业的商品和品牌予以关注的次数、渠道和信息越多，表明忠诚度越高。如果客户对竞争对手商品或品牌的关注程度提高，多数是由于客户对竞争对手产品的偏好有所增加的缘故，表明忠诚度可能下降。

3）客户对商品或服务价格的敏感度。一般而言，对产品或服务价格的敏感程度越低，忠诚度越高，企业可以借价格调整、客户购买量的增减等来侧面考察此指标。但需要注意的是，忠诚客户对商品或服务价格的不敏感，并不意味着企业可以利用单独的调价行为来谋取额外利益，因而要结合产品的供求状况和对于人们的必需程度等综合考察。

4）客户购买行为的选择时间。客户选择产品所用的时间越短，表明忠诚度越高。因为，客户在购买产品或服务时，只有对自己曾经使用过并且相信的品牌，才能在短时间内做出购买决定，而这种信任就是忠诚度的很好体现。

5）客户对产品质量事故的承受力。客户忠诚度越高，对出现的质量事故也就越宽容。

企业根据以上指标设计适合自身情况的指标体系，采用相应的客户忠诚度解决方案，可以提高客户“回头率”、增加单位客户销售额、减少客户流失率；可以对市场形势进行准确的判断，使产品设计更具针对性，向企业决策者提供关于产品和市场的专业参考意见；可以使企业在获取丰厚利润的同时，树立更具亲和力的形象，为开发潜在市场打下牢固基础。

(2) 客户分类依据。客户分类是一项非常具体而难度很大的工作，在此运用营业收入指标、资信状况指标、市场份额指标、客户经营状况指标对某运输公司的客户进行评价，得出客户规模和客户信用等级的分类依据。

1) 营业收入指标。这个指标是公司所拥有客户的每年的运输总额，主要是从运量上对客户加以识别。对一般公司而言，我们一般可以做出如下确认，即年运输收入总量在500万元以上的客户为大型客户，100万～500万元的客户为中型客户，50万～100万元的客户为小型客户，5万元以内的客户为零星客户，以此指标可以确定客户规模。

2) 资信状况指标。这是参照目前国际通行的资信信誉度来对客户进行分类的指标。一般公司的客户资信状况可以分为四等，即最好、较好、一般、较差，除此以外的将归为无信誉类别，如表5-2所示。

表5-2 企业资信状况指标资信评价表

资信级别	24个月内资金回收状况	最长付款周期（天）	资信评价
A	90%～100%	45	最好
B	75%～90%	75	较好
C	60%～75%	105	一般
D	30%～60%	255	差
E	0～30%	>270	无信誉

3) 市场份额指标。这是按客户原材料、产成品及其他各类货物运输总量的市场份额而划分的指标。对一般公司来说，一般可认定：市场份额在80%以上的为稳定客户；市场份额在50%～80%的为基本稳定客户；市场份额在50%以下的为不稳定客户；市场份额在30%以下的为极不稳定客户。

4) 客户经营状况指标。客户经营状况指标其实反映着客户的信用等级，是对客户性质评价的重要描述，也是客户关系管理中对客户进行分类而需要特别注意的一个重要参考指标。事实上，客户经营状况的好坏及客户所处发展阶段在一定程度上影响着公司的获利情况，在这一指标上，公司可根据客户经营状况的不同而将他们分为以下的四个信用等级：

特级客户——经营状况良好，有稳定的盈利；

一级客户——经营状况一般，保持收支平衡或略有盈利；

二级客户——经营状况一般，有亏损，但是总体业绩呈上升趋势；

三级客户——经营状况较差，有亏损，并且没有好转的趋势。

因此，可根据上述几个指标来研究客户分类方法问题。但是，客户分类方法并不是固定的，可以根据客户数据中心已建立的不同类型信息，通过分析模块和自动报表生成模块，进行任意分类，并完成分类结果的生成与输出。

(3) 类型组合的客户分类法和运作策略。从一般公司的现实运作看，类型组合的客户分类方法更有实际操作意义。

1) 结合客户忠诚度与信用等级进行分类。结合客户忠诚度与信用等级进行分类可将客户分为四种类型，见图5-2。

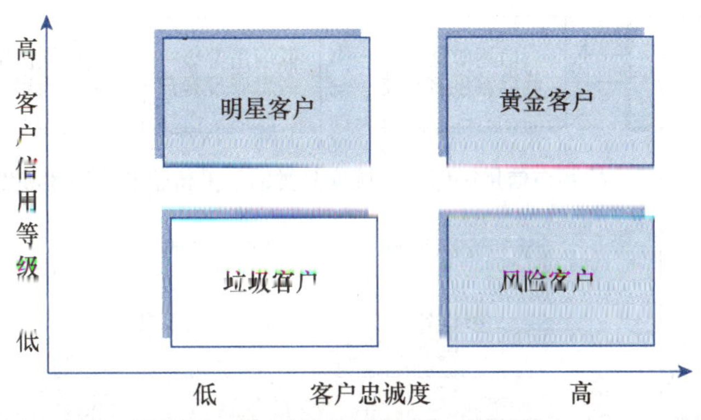

图 5-2　客户信用等级—忠诚度矩阵

低信用等级—低忠诚度客户。这类客户是没有开发潜力或者是开发成本过高的客户，他们在对该公司运输服务接受程度很低的同时，还没有良好的信用保障，使得该公司对这种客户的开发失去了信心，假设不考虑这类客户的开发难度和开发成本，即使能够成功开发这类客户，该公司也没有收回成本并取得利润的保障。这无疑是不值得考虑的一类客户——称为“垃圾客户”。

低信用等级—高忠诚度的客户。这类客户可以称为“风险客户”，即他们喜欢该公司提供的产品和服务，但是却不喜欢为自己取得的产品和服务而付出相应的费用，对于这种客户的后期维护成本很高。因此，公司应根据实际而做出如下考虑，即在新产品和服务开发的初始不要主动与这种类型的客户联系，而应该在产品和服务的推广阶段才考虑对这类客户的开发。

高信用等级—高忠诚度的客户。这是企业的“黄金客户”，如果对这些客户采取了有效的措施，将会为公司的发展注入新的动力，也会稳定地保持公司的收益，并可使公司获取良好的综合效益。因此，这些客户应是该公司开发客户时的首选对象，该公司需要与之建立畅通的沟通渠道，建立“一对一”的互动联系，及时向他们通告公司信息，向他们提供最新的服务组合以及其他最好的服务。事实上，对于这一类型客户的开发将能有效地实现该公司与客户的“双赢”策略。

高信用等级—低忠诚度的客户。这是公司发展的主攻方向，称为“明星客户”。如果有效地开发这种类型客户，无疑会增大公司“黄金客户”的比例，也会为公司带来更多的收益。对于这一类型的客户，培养他们的忠诚度，培养他们对公司的兴趣，提高他们对运输方案的认可程度是公司的首要任务。同时，在对这一类型客户的开发过程中，如能加以积极、有效的引导，将会取得更好的效果。

根据以上分析，依据“客户信用等级—忠诚度”进行客户分类，可以推出最具价值的客户顺序，见图 5-3。

2）结合客户忠诚度与客户规模的分类。结合客户忠诚度与客户规模进行分类，可以将客户分为四种类型，见图 5-4。

小规模—低忠诚度的客户。这类客户的开发不仅需要大量的人力、物力，而且需要耗费相对较长时间，即便如此，所取得的开发结果往往还难以令人满意。所以，公司对此类客户的开发，只有在进入全面占领市场阶段时方可做考虑。换言之，可以先开发其他类型

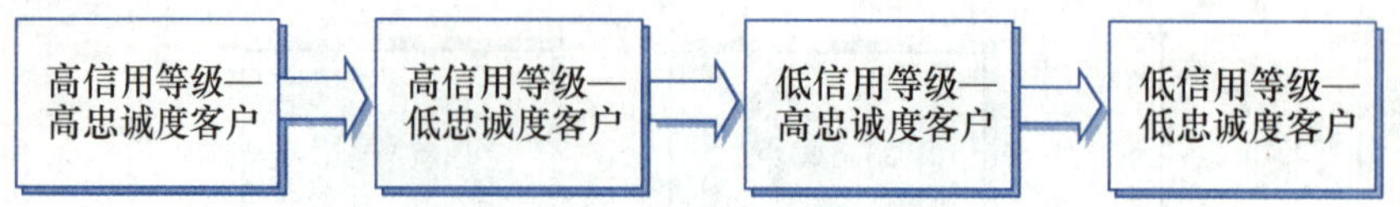

图 5-3 按客户信用等级—忠诚度分类的最具价值客户顺序模型

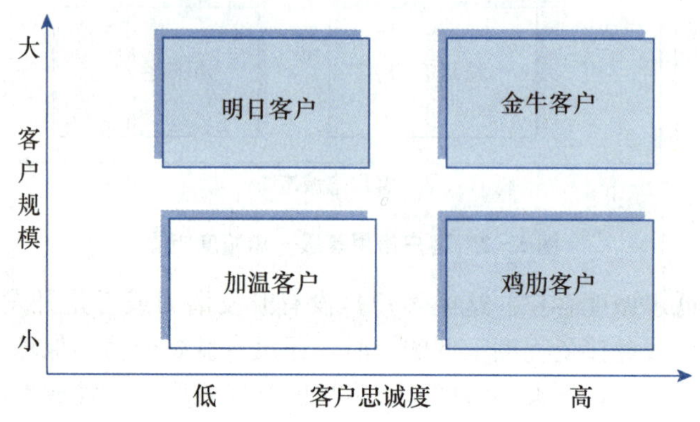

图 5-4 客户规模—忠诚度矩阵

的客户或其他容易开发的客户，而对此类客户进行前期示范性的“加温”处理，这样，将会为后期对他们的直接开发降低难度。

小规模—高忠诚度的客户。此类客户宛如“鸡肋”，对于此类客户，要从两个方面来分析。首先，应该肯定此类客户是对公司发展有益的客户，且他们对于公司提供的新产品和服务具有很高的忠诚度，有试用的意愿和兴趣。但是，从此类客户的规模上来考虑，对其进行开发需要具有较强专业客户开发与服务能力的队伍。此外，由于这些客户相对分散，需要比较长的开发时间，则投入的开发成本可能也比较高。显然，恰当的时间选择和比较高素质的队伍要求是必须解决的问题。

大规模—低忠诚度的客户。此类客户是公司进行运输新产品和服务开发的过程中具有不稳定性质的客户，且对其开发的顺序往往也比较难以确定。因为，此类客户的忠诚度虽然较低，但对其开发有很高的预期收益，开发成功有可能成为“金牛客户”。开发时公司在初期阶段所需要投入的推广人员相对较少，则平均开发成本较低，便于企业的初期开发工作。此类客户的初期一旦成功，会为公司带来相对较大的收益，也可以为公司业务带来不错的示范和推广效果，这类客户被称为“明日客户”。不过，应该特别注意此类开发对推广人员素质的要求较高。

大规模—高忠诚度的客户。一般来讲，此类客户是该公司进行客户开发时的首选对象，是“金牛客户”，是公司主要服务对象和利润来源，也是该公司运输新产品和服务最好的试点对象。具体的原因：其一是开通的货运量大，具有很好的规模效应；其二是大规模客户的示范效果好，对其他类型客户的辐射能力强，可以帮助公司进行“免费”的推广与宣传；其三是大规模客户一般具有相对较强的经济实力作为保障；其四是所需要的平均客户支持小于其他类型的客户，节省人力资源。

根据以上分析，依据“规模—忠诚度”进行客户分类，可以推出最具价值客户顺序，如图 5-5 所示。

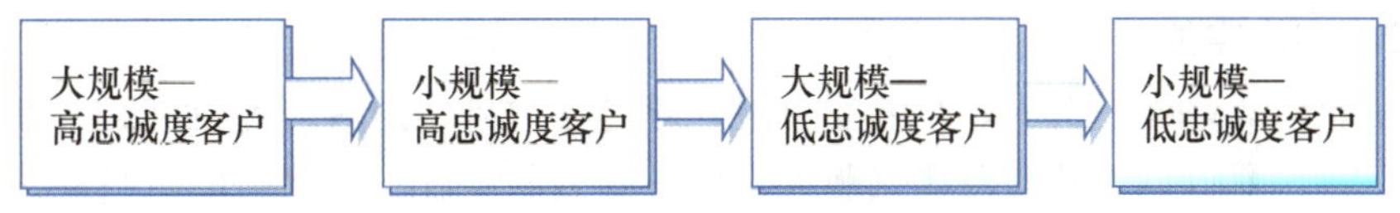

图 5-5　按客户规模—忠诚度分类的最具价值客户顺序模型

3）将客户忠诚度、客户规模与客户信用等级三者相结合的分类方法。经过对“信用等级—忠诚度”和“规模—忠诚度”两种分类方法的分析，我们建立了两个最具价值客户顺序模型。但是，对于企业来讲，客户的信用等级、规模和忠诚度是同时存在于一体和同时发生作用的，因此我们必须建立起一个以信用等级、规模和忠诚度为三维变量的最具价值客户顺序模型，如图 5-6 所示。在这三个变量中，高信用度是第一位的，因为它是客户各种综合指标的整合，反映客户的综合能力和未来发展的前景；第二位的是客户的规模，这一变量在短期内变化较小，但客户的规模却是和企业获利程度成正比；第三位的是客户忠诚度，这一变量可以随着企业对客户的关系管理的程度而发生巨大变化，这也是企业建立良好的客户关系的重点工作，通过实施 CRM 提高客户的忠诚度，进而提高客户的顺序级别。

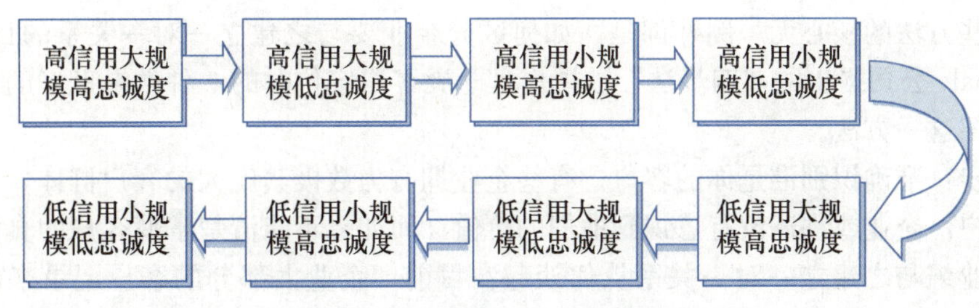

图 5-6　最具价值客户顺序模型

从图 5-6 最具价值客户顺序模型中我们可以得到八种类型的客户：

第一种，高信用等级—大规模—高忠诚度；

第二种，高信用等级—大规模—低忠诚度；

第三种，高信用等级—小规模—高忠诚度；

第四种，高信用等级—小规模—低忠诚度；

第五种，低信用等级—大规模—高忠诚度；

第六种，低信用等级—大规模—低忠诚度；

第七种，低信用等级—小规模—高忠诚度；

第八种，低信用等级—小规模—低忠诚度。

这八种类型客户对于企业的重要程度来说是逐级降低的，企业的工作是使客户逐步升级。总之，客户关系管理中充满改进，企业要促进客户升级，就要不断改进产品来适应客户喜好的变化、不断改变工作流程和工作方式以提供更好的服务。正如同质量管理工作永无止境一样，客户关系管理也是一个不断地用变化适应变化的过程，客户关系管理并不高深，并不复杂，但却不是依靠一个“软件”、实施一个“项目”、上一套“一步到位的系统”就能完成的。

5.2.2 客户定位

在客户导向战略的指引下，企业变革时，应当考虑自己的客户定位问题。在传统的商务模式中，客户要得到产品的咨询或服务，通常要么需经过一个曲折的自行联络过程，要么需借助于企业的中间代理。企业与客户直接交往的机会和渠道并不多，因此大多数企业的客户定位仅是局限在市场营销的层面。现在，传统上的中间代理、销售渠道和分支机构都将因为互联网平台的运用，或逐渐被取代，或逐渐消失（企业与其客户或供应商等合作伙伴更多地将建立以“电子关系”为表象的、互动的客户关系）。企业的客户定位如果不十分明晰和准确的话，任何业务的开展和效益的取得都将无从谈起。

更为重要的原因在于，由于目前铺天盖地的营销信息已经充斥着人们的生活，任何企业强行推给用户的产品及服务信息都有可能面临被当作垃圾信息的结局。所以，如果企业不能及早设法与消费者建立一对一的互动关系，就不可能与用户进一步交流和沟通，开展产品推广或服务营销行为。也就是说，企业今天不着手进行自身的客户定位，将来就不可能与客户建立起长久坚实的客户关系，不能发挥网络营销和服务的优势。那么，企业该如何为自己的客户定位呢？

在树立了对于客户和客户关系的正确认识后，开展客户定位的具体方法可以多种多样。但这些方法的核心无一例外都是，如何区分企业要与之建立一对一关系的目标客户。White Whale 公司提出的“四步法”被视作是开展客户定位时的一种效果良好的方法。下面简要介绍这一方法。

第一步：准确识别谁是你的客户。有些企业拥有为数极其庞大的客户群体，对于其中的一些客户，企业或许还没有意识到他们的价值。而如果不能清楚掌握客户的真实姓名和身份，企业想与之建立一对一关系从何谈起？目前，企业大部分的客户记录来自内部账目、客户服务部门和客户数据库，有一些企业还成功地频繁启动营销方案和会员制度来了解其客户群，还有的则选择并利用来自用户群、分支机构、战略合作伙伴或者第三方的数据资料。互联网以及呼叫中心等新技术使企业可以开拓更多的市场渠道并可获得更多的客户信息。无论采取哪种方法，都要获得客户真实、具体、详细的身份，以便开展下一步的交流和互动。

第二步：区分客户群中的不同客户。有些客户相比之下可能会带来更大的利润，有的客户则更具有长远的价值。衡量客户对企业的价值的标准要看客户对企业产品消费的增加潜力及其对企业的长期价值。目前可以用每个客户的平均收益、较高利润的产品或服务的使用百分比、销售或订单的趋势（升或降）以及客户支持或服务的成本等替代值来评估客户的长期价值。为客户群分类时，一定程度上运用 8∶2（即 80%的利润由 20%的客户带来）规则来区分不同的客户，往往能收到较好的效果。然后根据客户对企业的价值的不同将其分在不同级别的组内，同一组内的客户对企业有相同或相似的价值。按这种分法，对企业价值最大的客户组被称为“最具价值”客户；对企业的价值仅次于最具价值的客户组被称为“最具成长性”客户，这组客户也有可能成为最具价值客户；还有一类客户组被称为“低于零点”客户，是因为企业为支持和服务于这一客户组的成本可能会超出边际收益，因此对于企业意味着负面的价值。在最具成长性客户与低于零点客户之间还会有多个其他客户组，他们没有明显的长期价值，但仍然会给企业带来利润。

第三步：与会对企业有长远利益和值得去发展一对一关系的客户进行高质量的互动。可以肯定，企业对于最具价值客户、最具成长性客户与低于零点客户必然要区别对待。企业应当让最具价值客户知道他们的重要性，让他们能清楚地感觉到企业是按他们的需要为其提供新产品和服务。比如，可以让最具价值的客户参与产品的开发和生产流程设计，这是一个充分理解客户、满足客户需要的很好的机会。为了使企业与最具价值客户的互动行为更为有效，有必要按照客户需要分为若干个组，每组由不同的经理负责。经理的作用是开发客户组中客户的长期价值，因而应被赋予适当改变企业的运作的权力以支持客户、满足客户需要。对于最具成长性客户，也需要在一定范围内提供个性化服务，促使其成长为最具价值的客户。而对待低于零点客户方面，适当的策略也很重要。比如美国一些银行向低于零点客户收取服务费或产品的价格定位在某一点，这个价格会让这批客户或是转向其他企业，或是带来值得企业去保留的价值。

第四步：提供个性化的服务、产品或满足客户的特殊需要，提高其购买力并加强客户关系。为了使最具价值客户的需要得到满足，企业应该使与其相关的信息沟通、产品和服务带有个性化特征，个性化的程度应该与客户的需要相对应。

企业的客户定位，简而言之就是要最准确地发现客户的有效需求，然后致力于解决该类型客户的需要。我们用一个实际的案例来说明从客户需要进行客户定位的意义和价值。这个案例最早是由美国印第安纳大学（Indiana University）的运作管理学教授罗伯特·希尔（Robert. W. Hall）在研究质量流程问题时使用的：日本石水住宅局（Sekisui）的工厂用标准房屋组件定制房屋，其中房屋的布线是按“智能屋”来设置的，使用计算机辅助设计（CAD）用3天就可以完成80%的工作。但是，石水住宅局接下来用于和客户共同商讨设计房屋的时间几乎等于组装房屋组件的时间；而最后在建筑工地房屋建成30天后才可以入住，其中大部分时间也花在调整上，因为即使业主自行设计、自定风格，房屋落成后，仍然会有不满意之处，通过调整就可以完全满足业主的需求。石水住宅局的业务取得了很大的成功，其经验就在于，企业要定位于采取有效措施来满足客户特定的需要，甚至包括引导其发现自己真正的需求。

本章小结

细分市场是从客户的角度进行划分的，对企业的生产、营销起着极其重要的作用，有利于提升顾客忠诚度。客户天生就存在差异，大量营销策略在忠诚的世界里根本就不适用，因为并不是每一个客户都适于成为某品牌的品牌忠诚者。如果企业要最大化地实现可持续发展和长期利润，就要明智地只关注正确的客户群体，因为企业要获得每一位客户，先前都要付出一定的投入，这种投入只有在你能赢得客户的忠诚后才能得到补偿。因此，要通过价值营销以获得品牌忠诚重要的一步就是对客户进行细分，找到哪些顾客是能为企业带来盈利的，哪些顾客不能，并锁定那些高价值客户。只有这样企业才能保证他在培育顾客忠诚的过程中所投入的资源得到回报，企业的长期利润和持续发展才能得到保证。

案例

北京前门全聚德烤鸭店是北京全聚德烤鸭集团的起源店（老店），创建于1864年，以经营传统挂炉烤鸭蜚声海内外，是京城著名的老字号。1993年，全聚德成立股份公司，前门店进入股份公司，当年的营业收入是4 500万元，至2001年12月16日，前门店的年营业收入已达到9 000万元，企业用了8年时间在硬件没有什么大的改变的条件下，营业收入翻了一番。对于一些新兴产业来说，这个进步可能并不算什么，但对于一个受诸多限制的国有体制餐饮企业来说，却是一个很大的飞跃。前门店总经理沈放说，餐饮行业是劳动密集型行业，每一分钱的利润都是厨师一刀一刀切出来、服务员一句句话讲出来的，非常不容易。8年来，前门全聚德店靠专业技术、科学管理、菜品创新和诚信营销在2 600平方米的餐厅内创造了接近顶峰的辉煌：

全店900个餐位，平均每个餐位实现年销售收入10万元；全店400名员工，平均每个员工实现年销售收入22.5万元，在整个餐饮业处于领先地位；曾创造过餐饮单店日销售67.7万元的全国最高纪录。其经营策略是——攻击型服务。

所谓“攻击型服务”，就是要求服务员针对不同类型的就餐顾客，提供不同的服务对策。北京前门全聚德烤鸭店按照人的四种不同气质类型，总结了以下具体服务对策：

1. 多血质一活泼型：这一类型的顾客一般表现为活泼好动，反应迅速，善于交际但兴趣易变，具有外倾性。他们常常主动与餐厅服务人员攀谈，并很快与之熟悉并交上朋友，但这种友谊常常多变而不牢固；他们在点菜时往往过于匆忙，过后可能改变主意而退菜；他们喜欢尝新、尝鲜，但又很快厌倦；他们的想象力和联想力丰富，受菜名、菜肴的造型、器皿及就餐环境影响较大，但有时注意力不够集中，表情外露。

服务对策：服务员在可能的情况下，要主动同这一类型的消费者交谈，但不应有过多重复，否则他们会不耐烦；要多向他们提供新菜信息，但要让他们进行主动选择，遇到他们要求退菜情况，应尽量满足他们的要求。

2. 黏液质一安静型：这一类型的顾客一般表现为安静、稳定、克制力强、很少发脾气、沉默寡言；他们不够灵活，不善于转移注意力，喜欢清静、熟悉的就餐环境，不易受服务员现场促销的影响，对各类菜肴喜欢细心比较，缓慢决定。

服务对策：领位服务时，应尽量安排他们坐在较为僻静的地方，点菜服务时，尽量向他们提供一些熟悉的菜肴，还要顺其心愿，不要过早表述服务员自己的建议，给他们足够时间进行选择，不要过多催促，不要同他们进行太多交谈或表现出过多的热情，要把握好服务的“度”。

3. 胆汁质一兴奋型：这一类型的顾客一般表现为热情、开朗、直率、精力旺盛、容易冲动、性情急躁，具有很强的外倾性；他们点菜迅速，很少过多考虑，容易接受服务员的意见，喜欢品尝新菜；比较粗心，容易遗失所带物品。

服务对策：点菜服务时，尽量推荐新菜，要主动进行现场促销，但不要与他们争执，万一出现矛盾应避其锋芒；在上菜、结账时尽量迅速，就餐后提醒他们不要遗忘所带物品。

4. 抑郁质—敏感型：这一类型的顾客一般沉默寡言，不善交际，对新环境、新事物难以适应；缺乏活力，情绪不够稳定；遇事敏感多疑，言行谨小慎微，内心复杂，较少外露。

服务对策：领位时尽量安排僻静处，如果临时需调整座位，一定要讲清原因，以免引起他们的猜测和不满。服务时应注意尊重他们，服务语言要清楚明了，与他们谈话要恰到好处。在他们需要服务时，要热情相待。

思考题

1. 什么是市场细分？
2. 市场细分的依据有哪些？
3. 市场细分的意义及步骤有哪些？
4. 什么是市场定位？
5. 怎样进行市场定位？
6. 客户细分的概念和目的是什么？
7. 客户细分的方式和客户主要类型有哪些？
8. 客户的分类指标有哪些？
9. 客户分类依据有哪些？
10. 客户定位的具体方法有哪几步？

教学方法建议

一、任务驱动教学法

任务驱动教学法是一种建立在建构主义学习理论基础上的教学法，它将以往以传授知识为主的传统教学理念，转变为以解决问题、完成任务为主的多维互动式的教学理念；将再现式教学转变为探究式学习，使学生处于积极的学习状态，让每一位学生都能根据自己对当前问题的理解，运用共有的知识和自己特有的经验提出方案、解决问题。

二、任务驱动教学法的基本环节

1. 创设情境。需要创设与当前学习主题相关的、尽可能真实的学习情境，引导学习者带着真实的“任务”进入学习情境，使学习更加直观和形象化。

2. 确定问题（任务）。在创设的情境下，选择与当前学习主题密切相关的真实性事件或问题（任务）作为学习的中心内容，让学生面临一个需要立即去解决的现实问题。

3. 自主学习、协作学习。不是由教师直接告诉学生应当如何去解决面临的问题，而是由教师向学生提供解决该问题的有关线索，倡导学生之间的讨论和交流，通过不同观点的交锋，补充、修正和加深每个学生对当前问题的解决方案。

4. 效果评价。主要包括两部分内容：一方面是对学生是否完成当前问题的解决方案的过程和结果的评价，即所学知识的意义建构的评价；另一方面是对学生自主学习及协作学习能力的评价。

三、任务驱动教学法的要求

1. 全面了解学生。
2. 任务设计的目标明确，编排合理。
3. 任务的实践性要强，要真实自然。
4. 任务设计要情境化、生活化。
5. 任务设计要注重培养学生的创新能力。
6. 任务要分层次。
7. 合理安排课堂时间。

本章教学过程操作

一、提出任务

市场种类很多，企业不可能生产出满足所有消费者需求的产品和服务，因此，需要对市场细分，分成不同属性的子市场，使企业按照自己拥有的资源向某一个或几个市场提供产品和服务。市场细分是将不同需求的人进行分类，客户细分也是将人进行分类，两者有什么不同呢？目的、细分指标、作用哪里不一样呢？

二、学生讨论

让学生讨论、分析任务，提出问题，并动手解决问题。学生围绕以下三方面问题进行讨论：

1. 两个细分都是将人群分类，有什么不同？
2. 两个细分的目的差别是什么，为什么是两个细分？
3. 细分指标有什么不同？

三、教师讲解

老师就其中的一些关键词和关键点进行讲解，例如市场细分、客户细分、细分指标、顺序模型。

四、布置任务

要求学生在规定的时间内完成学习任务。

1. 学生在明确老师布置的任务之后，带着兴趣，很快开始进行资料学习。
2. 教师巡回检查，发现学生在完成任务过程中出现的问题。
3. 根据学生完成任务的进展情况，组织交流，对完成作品有困难的学生让其一起合作完成创作，培养他们的合作精神。
4. 检验任务完成情况。

（1）作品奖励。对在规定时间内完整地完成了任务的同学，口头进行表扬。

（2）欣赏优秀作品。选出一至三个做得好的作品介绍给全班同学听，让同学来进行评价。

（3）经验介绍。让同学们选出优秀的作品，让做这个作品的同学在班上做简短的经验介绍。

五、教师总结

针对学生学习过程中出现的问题，总结成功的经验及失败的原因，鼓励没完成或完成得不成功的学生下次继续完成作品，并将下堂课的精彩任务让同学们预先知道，激起他们课外获取信息来完成任务的兴趣。

项目六 客户生命周期及对应策略

引例

一个出租车司机的客户关系管理

周春明，一名49岁的出租车司机，因为建筑业不景气，他放弃水电工的工作，每天从基隆开到台北，成为3万名司机中的一员，在马路上抢客人赚钱。竞争如此激烈，周春明硬是通过差异化打造竞争力，创造附加价值，创造出别人两倍的收入。

周春明开一辆车龄已经3年半的福特，内饰有些陈旧，比不上配备GPS、液晶电视的同行。一般的个人出租车，每天至少开12小时，一个月平均做6万元的生意。但是没有华丽的配备、每天工作8～10小时的周春明，去年每月能做超过12万元的生意，全年约赚85万元。他的秘诀在哪里呢？就是通过客户关系管理数据库以及标准作业方式，周春明将自己定位成一群人的私家司机，以形成差异化。

周春明有一张密密麻麻的熟客名单，包括200多位教授和中小企业老板，要坐周春明的车，最晚必须一星期前预订。在3月底，他的预约已经排到5月。当其他的出租车司机还在路上寻找下一个客人时，他烦恼的却是挪不出时间照顾老客户。

周春明做的第一件和别人不同的事，是不计成本做长程载客服务。对一般出租车司机来说，载客人到新竹、台中，要冒开空车回来的风险，等于跑两趟赚一趟钱。于是约定俗成地将成本转嫁给客户，计价比跳表高50%。但周春明观察到，这群人才是含金量最高的商务旅客，为了稳住他们，他只加价17%。锁定长途商务客，不转嫁成本，贴心赢得生意，这是周春明独辟的蹊径。周春明认为计较就是贫穷的开始。表面上，他每趟收入比同行低，但也因此赢得客户的好感与信任，开始接到许多长途订单。尤其在他开车的第4年，从科学园区载到一个企管顾问公司的经理，对方被他贴心的服务打动，把载企管顾问公司的讲师到外县市的长途生意全包给他，他因而打开了一条关键性的长途客源。从那年起，他的客户由街头散客逐渐转为可预期的长途商务客。翻开他的出车记录，当年出了100趟长途车，但今年预计可达800趟。更大的意义是，他开辟出大量的可预期旅程客户，不再是街头漫无目的地等待乘客的出租车司机，空车率大为降低。

有一位客户告诉周春明，新手在乎价格，老手在乎价值，只有高手懂得用文化创造长久的竞争力。周春明每天接送企管顾问公司的讲师，包括各大学的知名教授和资深企业人，耳濡目染这群精英的观念，竟发展出管理出租车生意的一套标准的作业程序和客户关系管理的方法。

1. 了解顾客喜好

从早餐到聊天话题都定制化。每个客人上车前，周春明要先了解他是谁，关心的是什么。如果约好五点载讲师到桃园机场，他前一天就会跟企管顾问公司的业务人员打听这位客人的专长、个性，甚至早餐、喜好都问清楚。隔天早上，他会穿着西装，提早十分钟在楼下等客人，像随从一样，扶着车顶，协助客人上车。后座保温袋里已放着自掏腰包买来的早餐。

连开口跟客人讲话的方式都有讲究。如果是生客，他不随便搭讪，等客人用完餐后，才会问对方要小睡一下、听音乐还是聊天。从客人的选择中看出他今天心情如何，如果对方选择聊天，周春明就会按照事前准备，端出跟客人专长相关的有趣话题。但是政治、宗教和其他客人的业务机密，他知道是谈话的禁区，会主动避开。甚至到机场送机该如何送行，他都有标准做法，要说“再见”，不要说“一路顺风”。

如果是送老师到外县市讲课，一上车，也少不了当地名产和润喉的金橘柠檬茶，这些都是他自掏腰包准备的。周春明认为差异化就是把服务做到一百零一分，要做到客户自己都想不到的服务，才拿得到那一分。

周春明还有一本客户关系管理的秘籍，里面详记了所有熟客的喜好，光是早餐的饮料，就有十种之多，有的要茶，有的要无糖可乐，如果要咖啡，几包糖、几包奶精，都要精确。

有个姓严的客人第一次坐周春明的车，下车时，周春明问他，为什么不用他准备的汉堡和咖啡。严姓客人说，他只吃中式早餐。从此以后，只要这位客人早上坐他的车，车上一定放着热腾腾的烧饼、油条。通过有系统的管理，每个客户爱听什么音乐，爱吃什么小吃，关心什么，坐上他的车，他都尽力量身服务。就像是客户专属的私人司机，而一般租车公司是无法提供这样的定制化服务的。

2. 重新定位角色

不是司机，而是问题的解决者。慢慢地，越来越多的人指名他来服务，周春明越来越忙，他开始把服务的标准作业流程复制到其他司机身上，用企业化方法经营车队服务。一旦周春明有约不能服务，他会推荐一个司机朋友来载客人。虽然换了司机，但是该准备什么，客人喜欢什么，周春明做服务的方法都一丝不差地重现在新司机身上。

现在，周春明的客户多到有十八辆合作的出租车才跑得完。他的价值不只是一个载客的司机，开始慢慢变成掌控质量的车队老板，他可以转订单给专属车队。

有了车队，他们能做更复杂的服务。有一次，他载客人到机场，好不容易穿过星期一的拥挤车潮到达桃园机场，客人却忘了带护照。只剩一小时登机，如果开回去拿，根本来不及，周春明就调动在台北的车队，到客人家去拿护照，再送到机场，在最后一刻送到了焦急的客人手上。

客户越来越多，为了扩大经营，他今年还计划进大学，念一个服务业的学位。周春明的目标是包下像台积电这样的大公司，做车队服务。周春明未来的挑战，是要学会用公司形态经营，大量复制高质量的服务，做更大的市场。

周春明的故事，是客户关系管理在出租车行业的实践应用。周春明不把自己定位成普通司机，而是解决方案提供者（Solution Provider）。当出租车这项服务早已供给过剩时，他却重新定位，把自己定位成一群人的私家司机，提供更高附加价值的服务。在出租车这个充满高油价、罚单、停车费的行业，周春明向人们证明，服务业是个软件重于硬件的产业，灵活运用客户关系管理仍然会创造崭新的机会和高额的回报。

学习重点

本章学习客户生命周期及对应策略，了解顾客生命周期的意义，掌握客户关系生命周期的不同阶段，客户生命周期的概念，客户生命周期各阶段及重要事件，客户生命周期各阶段的 CRM 策略。

6.1 客户生命周期概述

6.1.1 客户生命周期的概念

客户生命周期是指从一个客户开始对企业进行了解或企业欲对某一客户进行开发开始，直到客户与企业的业务关系完全终止且与之相关的事宜完全处理完毕的这段时间。一个客户对企业而言是有类似生命一样的诞生、成长、成熟、衰老、死亡的过程。客户的生命周期是企业产品生命周期的演变，但对商业企业来讲，客户的生命周期比企业某个产品的生命周期重要得多。客户生命周期描述的是客户关系从一种状态（一个阶段）向另一种状态（另一个阶段）运动的总体特征。具体到不同的行业，对此有不同的详细定义，如在电信行业，所谓的客户生命周期，指的就是电信客户从成为电信公司的客户并开始产生业务消费开始、消费成长、消费稳定、消费下降，最后离网的过程。

6.1.2 客户生命周期的意义

客户的生命周期是非常重要的，因为它直接影响到客户对一个公司的长期价值：

（1）对客户已有产品，增添新功能，或者说提升产品的购买价值。

（2）向客户出售更多、更容易升级的产品。

（3）使客户能长期购买本公司的产品。

最有价值的客户并不都是稳定的客户。客户和企业的关系随时间会不断地发展和变化。了解客户和企业的关系是客户关系管理中至关重要的内容。

客户的背景资料指的是客户和公司商业交往中的详细档案。比如：企业通过什么途径与客户建立服务关系？客户通过什么样的方式对产品和服务进行投诉？新开一个账户，需要填写哪些表格？客户通过什么方式来更新资料中的电话号码？诸如此类的问题，都是一个企业必须要面对的问题。

有趣的是，正是这些客户的背景构成了客户生命周期的重要阶段。有一些共同的阶段，是每一个客户都要经历的，但每个客户经历每一阶段的时间各不相同，各个阶段里的详细资料，会因客户从事的行业的不同而有所差异。了解客户的经历，就为数据挖掘提供了重要的线索。

客户的生命周期为何如此重要？首先，客户的生命周期是一个框架，可以用来理解客户的消费行为。数据挖掘可以植入生命周期的不同阶段中，了解客户的生命周期可以提高数据挖掘的效率。除此之外，某些客户的生命周期事件是非常重要的。如果能够预测这些变化，将是极其有意义的。

6.1.3　客户关系生命周期的不同阶段

客户生命周期是企业产品生命周期的演变，根据关系的不同，客户关系的生命周期可以分为四个阶段，如图 6-1 所示。

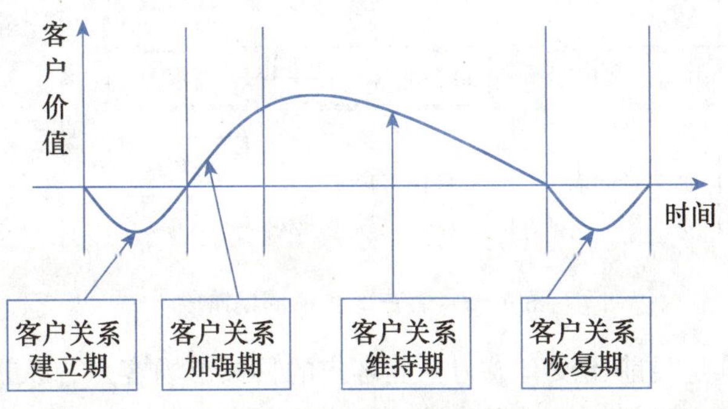

图 6-1　客户生命周期

1. 客户关系建立期

这是客户关系的培育开发阶段，它始于企业对目标客户的选择和认定，潜在客户一旦被企业作为目标客户予以培植就进入这一阶段。处于这个阶段的客户，要么还不是企业的现实客户，要么是零星购买的小规模客户，企业还不能从他们身上获取现实的利润。但企业与他们的关系应是具有发展前景的，未来有可能形成良好的客户关系。

2. 客户关系加强期

在成功经过前一阶段后，客户关系便进入这一阶段。处于这个阶段的客户，他们已经是企业的现实客户，购买规模不断扩大，企业对他们的客户关系管理的费用不再大量增加，甚至有所下降，他们开始为企业提供现实的利润，尽管利润不高但却保持持续增长的态势。

3. 客户关系维持期

经过较长时间的发展后，企业与客户的关系形成比较稳定的状态，进入稳定发展期。处于这个阶段的客户，他们一般是企业比较忠诚的客户，虽然他们与企业的交易不再具有明显的成长性（不排除二次成长的可能性），但他们通常将其大部分甚至全部采购业务给予了企业，为企业提供大部分的现实利润，属于企业的“最有价值客户”。

4. 客户关系恢复期

由于各种各样的原因，客户与企业的关系或早或晚地要进入衰退阶段，客户退出客户群体，结束客户关系。处于这个阶段的客户，他们由于破产倒闭、经营方向调整、重要人事变故、增加与竞争对手的业务、自然人客户的死亡等不同的原因，企业从他们身上获得的订单及利润不断减少直至为零，而且一般没有起死回生的可能性。

以上各个阶段的发展转化，是客户价值生涯周期演进变化的一般形态（正常形态）。现实生活中，具体客户的价值生涯周期形态多种多样，并非严格按以上规律演变。此外，如何认识客户价值生涯周期各阶段的转换点，判断客户所处的生涯阶段，应具体客户具体分析，通常要根据客户特征、交易变化、客户价值分析等因素，综合加以确定。

6.1.4 客户生命周期的不同阶段

图 6-2 表示了客户生命周期的四个主要阶段：潜在客户、有意向者、真正客户、历史客户。

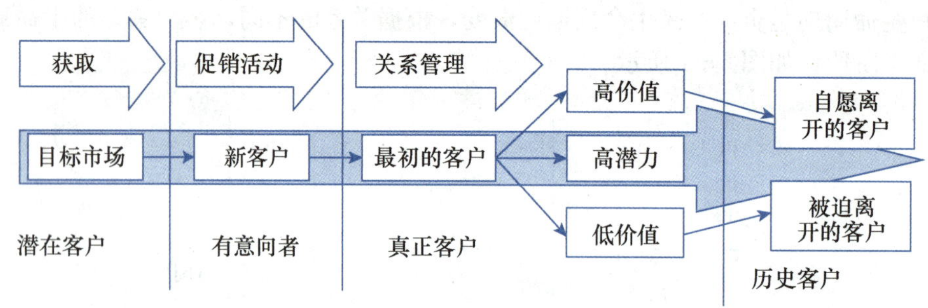

图 6-2 客户的生命周期阶段

（1）潜在客户，是目前还没有成为企业客户的目标市场客户。认识到这一点区别是非常重要的——因为谁也不想将租赁保险推销给房屋所有人。

（2）有意向者，是积极询问或者已经登记在册的人群。将有意向者转变成真正的客户的过程，会因公司的不同而不同。

（3）真正客户，是正在使用产品和服务的人。首次成为真正的客户时，他们是新客户。许多案例表明，观察这些客户的早期消费行为，对预测将来这些客户的消费行为极有帮助。

（4）历史客户，是那些不管自愿还是非自愿，不再使用公司产品和服务的人。

从总体上来观察客户的生命周期可以发现，开始的时候，没有成为客户的人对公司产品和服务很有兴趣（因为他们是公司锁定的目标市场）。经过一段时间以后，他们成为真正的客户。这些客户最初的消费行为非常重要。虽然随着时间的推移，客户可能会变得越来越有价值，也有可能发挥出更大的潜在价值，甚至可能越来越没有价值。最终，他们不再是公司客户。下面，我们将以特定的行业为例，介绍其中客户生命周期的情况。

先来看一家出售伤残保险的公司。在美国，这类公司的目标通常定位于 65 岁以下（也就是退休年龄以前）的个人。通常情况下，保险公司更愿意发展体格比较健康、有低风险的人成为保户。这些人通过填写保险公司的表格以后，就成为有意向者。有意向者必须经核保审定，才能成为公司真正的客户。这样一个过程对于个人来说，常常带有侵犯性，因为他必须进行相应的体检，许多有意向者由于体检不合格，而永远不能成为保险公司真正的保户。

再来看信用卡公司的情况。这类公司的目标市场常常定位于需要信用借款而且有能力偿还的人。个人只要填写信用申请表，就可以成为有意向者。当申请表通过审批，申请人就会成为真正的客户，就可以启用他的信用卡。一个真正的客户，丧失客户身份的原因也是多方面的。自愿流失者将卡片撕毁，并将其寄回公司；悄悄溜走者仅仅指那些停止使用信用卡的人；而非自愿流失者指直至停止付费，直到账号被取消，信用卡也接着被取消的客户。

目录直销行业通常会锁定有特殊嗜好的人。该行业里的有意向者是指索取目录和第一次购物的人。真正的客户则是在最近，比如 18 个月内曾经购物的客户。在这一行业中，也会面临自愿流失者、悄悄溜走者以及非自愿流失者的情况。

在全球网络世界里，也有类似的特征。潜在客户指在全球目标市场中的任何人。例如电子商务网站，人们在注册以后，就成为有意向者。经常购物的客户就是真正客户。真正客户会以自愿流失者、悄悄溜走者或者非自愿流失者的身份，来终止他们和网站的联系。

6.1.5　客户生命周期中的重要事件

在整个客户生命周期中，不同的阶段都有重要的事件。图 6－3 表示了一般客户生命周期中的事件。客户生命周期中的每个阶段都为数据挖掘和客户关系管理提供了切入的机会。

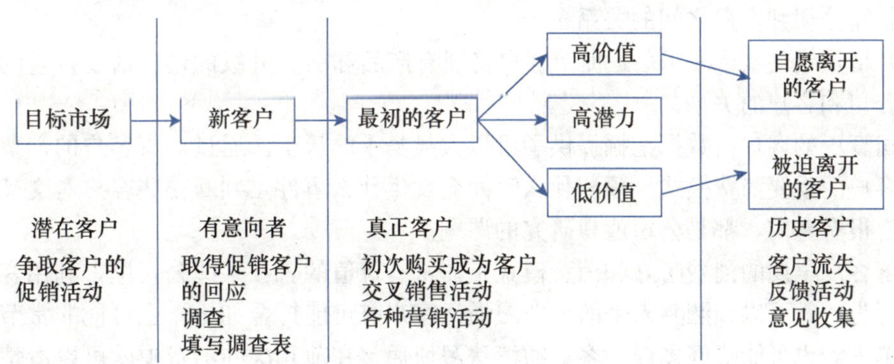

图 6－3　客户生命周期中的各种事件

1. 潜在客户

争取客户的活动是面向目标客户市场的行销活动，它的目的是找到可能对公司的产品或服务有兴趣的人。这项活动有许多明显的特征，其中之一是缺乏进行活动的资料。因为目标市场上的潜在客户并不是真正的客户，因此无法取得关于他们的资料。

数据挖掘可以将以前对类似的活动有兴趣的人员的特点整理出来。这样就可以将在以前活动中涌现出的有意向者作为本次行销活动的重点对象，另外一个更好的办法是，寻找和当前高收益的客户类似的有意向者。这样就可以让那些真正对某项产品和服务有兴趣的客户有机会接触到该项产品和服务。

通常利用广告或其他的声像媒体来进行这项活动。不管是通过哪一种渠道，都可以用数据挖掘整理出资料的特点，找出最有兴趣的客户群，并依此建立购物客户群的名单、广告空间等。

2. 有意向者

未来的潜在客户可以通过下面几种不同的方式变成有意向者：在网页上留言、拨打免费电话、填写申请表、寄回保修单等。

上面这些做法都可以将一个无名的潜在客户变成一个记录在册的潜在客户，公司可以依据资料与这些人保持联系。这些有意向者没有向公司支付一分钱，但他们是最有可能成为客户的人——企业真正的客户。在一些例子中，第一次浏览网站就在该网站消费的人，很难分辨出谁是有意向者，谁是真正的客户。

数据挖掘通常可以用来决定哪些潜在的客户可能成为有意向者，而预测模型也常常用来预测哪些有意向者最终能够成为真正的客户。

3. 真正客户

有意向者一旦和公司建立了经济关系，就成为公司真正的客户。这表示公司和客户之间已经开始了买卖行为，比如信用申请已经获批，核准通过，以及其他类似的行为。

许多重要的事件都发生在真正客户的生命周期中。这些重要的事件不外乎三种类别：

（1）客户的消费嗜好刻画了客户的消费行为。如果客户的消费嗜好构成了公司的主要收入来源，如何刺激客户的消费嗜好就成为一个非常重要的问题。不同的客户群体，他们的消费嗜好是有差异的。

（2）交叉销售（cross-sell）是促使客户购买尚未使用的产品和服务的营销手段，它的目的是拓宽公司和客户之间的关系。

（3）增量销售（up-sell）是促使客户将现有产品和服务升级的销售活动，它的目的在于增强公司和客户的关系。

公司真正的客户给数据挖掘提供了可以大显身手的沃土。通过观察客户的消费习惯可以透视客户的重要消费模式。预测什么时间会发生什么事件，判断哪些客户对交叉销售和增量销售很有意向，都是公司值得研究的课题。

了解客户早期的消费嗜好和消费模式是非常有价值的。在某些公司里，利用客户早期的消费行为，就可以预测其未来的消费习惯。客户有可能挥金如土，也可能非常节俭；可能喜好单一，也可能嗜好多样。客户的消费习惯通常在前几次的消费中就可以清楚地表现出来。

4. 历史客户

无论如何，总会有一些客户不再成为公司的客户。他们离开的原因大致可以分为两类。

一类是自愿离开，也就是说客户自己不想再继续成为该公司客户。自愿流失客户离去的原因是多方面的：

（1）客户搬离公司服务的区域；

（2）客户的生活方式发生改变（比如退休），不再需要公司提供的产品和服务；

（3）从对手公司获得更好的产品或服务；

（4）客户不再看好正在使用产品的价值。

笔者曾经参与过信用卡行业中一个预测客户流失的专项研究，从中发现有一小群流失的客户。在这些流失的客户中，有持卡年限最长的（甚至超过 10 年），却很少使用信用卡消费的客户。这群人有较高的平均年龄。经过仔细调查，证实这些客户早已去世。这说明，这群人不应成为避免流失研究中应考虑的重点。

这其中有一个很重要的问题是，我们的客户到底是在什么时候离开的呢？这取决于客户生命周期的价值，因为一个人是公司客户的时间越长，他的价值就越大。

另一类是非自愿流失。意思是，客户不再是公司的好客户，原因是这些客户已经停止向公司付费。将自愿流失和非自愿流失的客户区别开来是非常重要的。因为如果公司在制定留住客户的促销策略时，将焦点集中在不会再向公司付费的客户身上，将会造成巨大浪费。

确定哪些客户有非自愿流失的倾向，也是一个值得关注的问题。而这个问题的答案却有可能是意想不到的。比如，在一个专项研究中发现，从未赊账的客户比常常赊账的客户，似乎更容易流失。深入的研究表明，那些从未赊账的客户，如果赊账，通常都是因为他们失业了，因而无法付账。反过来说，常常赊账的客户，都是因为没有把准时付账当成一回事，并非真的没有钱付账。

6.2　客户生命周期各阶段的 CRM 策略

客户关系生命周期模型描述了理想状态下客户关系发展的一般规律。客户关系的密切程度在生命周期的各个阶段是不同的。因此，企业要针对客户关系生命周期各个阶段的特点，正确把握客户关系管理措施的重点。

6.2.1　客户关系建立阶段的 CRM

在客户关系生命周期的关系建立阶段，说服和刺激潜在客户与其建立客户关系是 CRM 的中心任务。

1. 说服客户

潜在客户对某种产品或服务一旦产生需要，就会设法搜集有关该产品或服务的信息。但是，由于信息的泛滥和不对称，潜在客户往往难以找到适合自己的信息。因此，企业应设法通过各种有效途径向潜在客户传递信息，使其信服使用本企业的产品或服务是满足其需要的最佳选择。在这一阶段，企业必须向潜在客户证明自己具备满足客户特定需要的能力，可以借助于两种基本方法来说服潜在客户与其建立业务关系，即承诺和推荐。

(1) 承诺主要是向潜在客户承诺本企业产品的性能或服务的质量，从而使他有充分的理由相信本企业具备满足其需要的能力。可通过产品或服务的质量保证以及针对性的沟通策略加以传达。企业向潜在客户承诺自己的产品或服务完全能够满足他的期望，否则给予必要的补偿。承诺一方面充分体现了自己对产品性能或服务质量的信心，另一方面也希望潜在客户对此认同。企业也可以通过针对性的沟通手段，如广告、中间商的促销活动、互联网主页等传达承诺。若企业的这类沟通措施具有较高的可信度和较强的说服力，就容易说服潜在客户相信本企业的产品或服务。

(2) 推荐是指中立的第三者直接向潜在客户推荐某企业的产品或服务。客户正面的口碑宣传具有很强的说服力，因此企业要通过各种沟通措施刺激现有客户为其做正面的口碑宣传。

2. 刺激客户

在客户关系建立期，除说服客户以外，企业还要刺激客户尽快使用本企业的产品或服务。刺激措施旨在直接促使潜在客户与本企业达成某项交易，如网上发布某种商品限期供应的优惠价格、企业直接向潜在客户发出的内容颇具诱惑力的推销函等。刺激措施直接促使潜在客户与之建立长期的客户关系，并刺激其重复购买和交叉购买本企业的产品或服务。这类措施有价格折扣、产品组合销售、购物集分等。若客户重复购买某种产品或服务，则企业可给予一定的价格折扣。间接的长期刺激措施可以为潜在客户与企业建立长期的业务关系创造条件。

6.2.2 客户关系加强阶段的CRM

在客户关系生命周期的加强阶段，企业CRM的主要目标是留住客户，为此企业要做大量的客户适应工作，让客户学会使用本企业的产品或服务，预防和解决产品或服务使用过程中可能出现的问题。企业可通过有针对性的客户培训，加快客户适应产品或服务的进程。保持客户联系部门员工队伍的稳定，建立高效率的客户服务热线或呼叫中心均有助于提高直接客户适应的效率。

在关系加强阶段，买卖双方的业务关系刚刚建立，企业与客户只是有了初步接触，客户关系也许还十分脆弱。因为客户对企业的第一印象对将来客户关系的进一步发展极为重要，因此，企业应想方设法尽快完成从客户关系的建立阶段向客户关系维系阶段的过渡，从而把客户关系推向更高的层次。

6.2.3 客户关系维系阶段的CRM

客户关系维持阶段的企业CRM主要目的是提高客户满意度，尽量延长维系阶段的长度。因此，企业应该在产品或服务的个性化和交叉销售以及提高客户退出壁垒和提高客户关系管理效益上做工作。

企业应向客户提供符合客户特殊要求的个性化产品或服务，以便从长远的角度保证企业产品或服务对客户的吸引力。企业通过将客户纳入产品的研发、规划和生产过程，使企业的产品能更好地符合客户的要求，增强客户对企业的信任基础。企业通过交叉销售可以进一步增强客户关系，交叉销售旨在提高本企业从某客户取得的销售收入，交叉销售的目标可通过纯交叉销售和提高客户的购买频率来实现。纯交叉销售措施包括旨在扩大客户对本企业相关产品或服务需求的措施。提高客户的购买频率是指扩大客户重复购买的需求，以增加销售收入。

企业可通过提高客户退出壁垒将客户在较长时期内锁定，以确保企业在该客户身上实现较高的利润。企业可从经济、技术和契约三个方面提高客户退出壁垒维系客户关系。经济壁垒是指客户关系的终止会给客户带来经济上的损失，如客户无法获得约定的折扣，客户的这种经济上的损失称为转移成本，主要有直接成本、沉没成本和机会成本。客户转移成本越高，客户关系就越稳定。通过技术壁垒可以使客户在使用产品或服务时对企业产生一定的依赖性，如客户只有在购买一定相关辅助产品的条件下，主产品的性能才能得到充分发挥。契约壁垒是一种法律手段，企业设法与客户签订购销契约，契约规定客户有义务在一定时间内购买企业的产品或服务，如装修材料在淡季一定时间内超过数额给予折扣。

6.2.4 客户关系恢复阶段的CRM

客户关系恢复阶段的CRM存在两种情况，一种是将客户挽留，使其恢复满意，另一种是解除关系。要让处于危机中的客户关系重新回到原先的满意和维系状态，企业必须做好两项工作，即纠正错误和提供补偿，从而使客户关系恢复到维系期。纠正企业及其员工所犯的错误是恢复客户关系的基础，除纠正错误以外，企业还要向客户证明自己已经意识到缺陷的存在，并且说明这是一种例外情况。企业应给予客户相应的补偿以尽可能地消除或降低负面影响。无论是纠正错误还是提供补偿，企业均可从产品、沟通、价格和分销等策略着手。

在产品策略方面，企业可对有缺陷的产品进行返修。有些缺陷产品事后可以修复，并且不影响客户对产品的使用，如汽车召回服务。为了消除负面影响，在缺陷产品修理期间，企业应向客户提供补偿，以避免给客户带来不便，比如在汽车召回期间，厂商可准备一辆汽车供客户免费使用。企业的纠错和补偿工作也可通过沟通策略加以实施。如果产品出错是客户使用不当所致，则企业可组织客户培训，以便客户今后能正确使用产品，避免同类问题的再度出现。企业应主动与客户进行沟通，必要时登门致歉。在价格策略方面，企业可通过价格折扣来纠正错误，提供补偿。一方面，企业可通过价格折扣来调整瑕疵产品的价格性能比，使其恢复到客户原先追求的价格性能比水平；另一方面，价格折扣对客户来说是一种实实在在的金钱补偿。最后企业也可借助于分销策略达到纠正错误、提供补偿的目的。若客户未能按时收到发出的货物，则发货单位应尽快查询货物的下落，消除物流环节出现的差错。企业可通过免费送货上门以作补偿，并在事先充分做好解释工作。在上述措施中，产品或服务本身最为关键，其次是价格策略，沟通和分销策略作为补充。如果客户对企业提供的产品或服务的质量不满意，那么仅凭企业的道歉恐怕是无济于事的。

在解除关系时，确认和分析客户流失的原因是十分重要的。客户流失的原因大致可分为三个方面：一是企业原因，企业提供的产品或服务无法令客户满意或认可，如汽车有安全隐患；二是竞争原因，竞争对手开出更优惠的条件吸引了本企业的客户；三是客户原因，客户自身原因导致企业无法为其继续服务，如客户离开企业的服务区域或客户需求生命周期发生变化等。

本章小结

本章重点介绍了客户生命周期的基本概念，客户生命周期理论也称客户关系生命周期理论，是指从企业与客户建立业务关系到完全终止关系的全过程，是客户关系水平随时间变化的发展轨迹，它动态地描述了客户关系在不同阶段的总体特征。客户生命周期可分为建立期、加强期、维持期和恢复期四个阶段。建立期是客户关系的孕育期，加强期是客户关系的快速发展阶段，维持期是客户关系的成熟期和理想阶段，恢复期是客户关系水平发生逆转的阶段。

案例

嘉信理财公司——客户革命的先行者

互联网带来的不仅仅是一场通信革命，对于商业来讲，它同时也带来了一场客户革命。互联网把主动权交到了客户手中，企业只有顺应客户的需求，才能在这场革命中取胜。在这场革命中有一位先行者，那就是嘉信理财公司。

嘉信理财公司创立于1974年，于1996年推出网上金融服务，现已成为网上金融服务中的佼佼者。截至2013年9月，嘉信已拥有活跃交易账户901万个，且拥有130万个企业养老金账户和93万个银行账户，掌管的资产总额高达2.14万亿美元。嘉信之所以取得如此骄人的成绩，这与其“以客户为中心”的宗旨是分不开的。嘉信每一个员工都铭记着这一宗旨，深切关心客户的利益，努力为客户创造价值。嘉信公司是如何实现“以客户为中心”的呢？

首先，客户账户增长是嘉信的首要成绩指标，嘉信的目标是使客户资产每年增加20%。“想客户之所想，努力为客户创造价值”“向客户提供世界上最有用处和最有职业道德的金融服务”“做客户金融梦想的监护人”，这些不仅仅是嘉信人的宣传口号，而且渗透在嘉信人的一言一行中，正因为如此，嘉信的客户基础规模和价值越来越大。10年前，平均每个账户有9 000美元，过了10年，平均每个账户变成了109 000美元，账户规模以年增长率20%的速度增长。嘉信在衡量客户资产增长方面，用“客户资产增加了多少”“客户增加了多少资金”“新吸引的客户数量”作为指标，而不是关心与客户作了多少次交易，从每位客户那里赚了多少钱。嘉信的首席营销官苏珊里昂估计，有70%的客户是由满意的客户推荐来的，这不仅大大节省了吸引新顾客的成本，而且客户的品质也有了保证。

其次，监测客户满意度，并把奖励制度与客户满意度挂钩。嘉信公司不断进行客户调查，以衡量客户对服务的满意程度。客户无论是通过电话还是互联网进行交易，嘉信公司都会通过适当的方式进行满意度调查，并将满意度与员工的奖金挂钩，以此激励员工努力提高客户满意度，建立忠诚的客户群体。

最后，提供个性化服务，给每一个顾客个性化的体验是嘉信公司每一个人的神圣目标。嘉信公司通过分析客户资源提供的信息和交易记录等，把客户划分为不同的客户群，并为其提供个性化服务，以此改善客户体验，提高客户满意度。

想客户之所想，思客户之所思，以客户为中心，让客户有完美的体验，帮助客户实现资产增值，以此提高客户忠诚度。当有了一批忠诚的、较高价值的客户作基础后，利润也就自然而然来了，这正是嘉信理财公司的成功之处。

1. 什么是客户生命周期？在客户生命周期的不同阶段需分别采取什么CRM策略？
2. 如何判断一个客户处于哪个生命周期？

教学方法建议

本章教学内容理论相对较多，知识点较为密集，同时，又是学生必须深刻理会后方能掌握的内容，对今后工作有较强的指导作用。因此，教学方法建议选择伙伴搭档学习法（合作学习教学法）。

一、合作学习教学法的几个教学环节

1. 分配任务。教师进行引导教学，说明教学的目标与学习的任务。

例如：教材中客户生命周期及每个阶段应采取的策略教学内容，要求学生按照小组或个人用PPT对所学习的问题进行描述，PPT要求用图片与文字相结合的方式进行说明，页数限于3～5页。

2. 进行分组。依据教材内容、任务的复杂程度等因素决定组别数量及各组人数。通常每组的人数在6个人以下，讨论的效果比较理想。而且应采取异质性的分组，包括学习能力、先备知识、动机等，甚至可以考虑性别的差异。

3. 教师简单讲解。在本活动中，教师要对本部分的教学内容关键点进行讲解，而不是对全部内容作讲解，旨在确保学生在自学和讨论中不产生大的偏离。

4. 小组学习活动。小组学习包括分配角色以及依教学目标进行学习与讨论。角色分配主要分为支持工作角色与学习工作角色，支持工作角色宜平均且轮流分担，学习工作角色则每位成员在每次讨论中都必须参与。

5. 小组报告和师生讨论。小组必须向教师及其他小组汇报小组活动成果，并且可以针对学习情形及活动结果，讨论在小组合作的历程中所遭遇的问题，以及如何改进和提高等心得体会。

6. 小组学习成就展示。让学生按照小组进行汇报，根据具体情况安排汇报时间，并对每个小组汇报成果进行评价打分。这是合作学习教学法中非常重要的教学策略。展示学习成果可以激励学生的学习，小组成果的展示更能激发小组成员的荣誉感及成就感。

二、合作学习教学法的要求

1. 关注学生情感，营造良好的课堂教学氛围。教师在开展小组合作活动时常会发现有些学生只顾自己思考，不愿意参与到活动中来。通过观察发现有三类学生会出现这种情况。一种是学习有困难的学生。由于基础薄弱，他们无法表达自己的思想，想参加但力不从心，于是干脆置身事外，久而久之就变得厌学。另一种是性格过于内向的学生。他们不善于和同学交流，习惯于独自琢磨，喜欢独处，更不善于在同学面前发表自己的见解。即使他们有能力参与，却往往保持缄默。还有一部分学生缺乏合作精神，不乐于参与集体活动。针对这些情况，教师要坚持关注每个学生的情况，特别要关注性格内向和学习有困难的学生。

2. 转变教学方式，使学生真正成为课堂的主人。传统教学注重教师讲、学生听的单向信息交流，忽视学生之间的合作互动在教学和学生发展过程中的积极作用。教师务必要更新观念，真正领会“小组合作活动”是让学生成为学习的主人，而教师只是课堂的组织者（organizer）、话题的设计者（designer）和活动的指导者（instructor）。小组活动不能只流于形式，走过场。比如有时由于教学内容多、任务重，教师担心完不成教学任务，不敢留给学生充足的时间，一旦个别小组展示了自己的成果，教师就匆忙结束任务，进入下一个教学环节，让许多本来准备很好的学生感到失望，久而久之就会失去参与的兴趣。因此，教师要转变教学方式，自己一定要少讲、精讲，并设计好每一个教学环节。

3. 不断学习，提高教师合作学习的教学技能。

(1) 课堂调控能力和组织能力。小组合作活动中小组成员分配是否得当，是学生合作能否成功的基础。比如每次的小组活动都是同桌或前后位交流，难免会缺乏新意，学生久而久之就会失去参与活动的兴趣。教师在安排小组活动时要注意使学生有信息差，要根据组中成员的组织能力、学习成绩、性别等均衡分配。要明确每个成员的分工，比如可以采取轮换制，组长、记录员、资料员、报告员等要由每个成员轮流担任，让每个学生都真正参与到活动中来，都能发挥自己的作用。教师对于什么时候进行合作学习、合作时间多长都要了如指掌。活动形式要多样化，教师要根据不同的教学环节引导学生采用适当的合作学习方法，培养和提高学生的合作能力。

(2) 选择适当合作话题的能力。学生合作学习的成效与合作话题选择密切相关。比如选择的话题要贴近学生的生活，要有趣味性、可行性与探究性，让学生有话要说并有话可说。切忌话题过于简单，使学生根本不感兴趣。因此话题的设计要有一定的难度和挑战性，要鼓励学生开动脑筋、发挥创意。另外，选择的话题还要具有开放性，便于学生从不同的角度寻求问题的解决。设计的问题应具有启发性，能开拓学生思维。

(3) 及时为学生提供有效帮助和引导的技能。教师要有敏锐的洞察力，能够及时发现学生的困难，并能够给予适当的帮助。小组成员之间发生矛盾时，教师应把握时机进行调解。

(4) 采取适当的评价方式，提高学生参与活动的兴趣。只有合作过程，而没有反思与评价同样不会调动学生的积极性。对合作学习进行科学的评价可以使学生更加注重合作过程的表现。评价还可以使教师获得准确的反馈信息，反思自己对合作活动的组织以及对合作目标和活动的设计，以便做出及时调整，使合作学习更加有效。

在评价时要对学生积极参与合作给予鼓励，要做到客观公正，而且形式要多样。比如：组内成员自评、组内成员互评、小组自评、小组互评、教师自我评价以及师生合作评价等。教师还可通过课堂观察、作业批改、找学生谈话等方式搜集信息，反思成功的经验和不足之处，进而针对每个小组的表现，再分别做具体的指导，促进每个小组都进行反思，这样逐渐形成小组合作学习的良性循环。

项目七
客户满意度、客户忠诚度及客户价值

引例

哈根达斯——冰激凌中的劳斯莱斯

如今的“小资”被称为有车、有房、有款、有型的“四有新人”，穿 Levi's，喝在星巴克，唱在“钱柜”，当然还有就是吃哈根达斯冰点了。

哈根达斯被称作是“冰激凌中的劳斯莱斯”，以高品质著称，其产品畅销世界 44 个国家，年销售额逾 10 亿美元。在国内，哈根达斯不仅是高品质，而且是高价位，其“卓尔不群”的营销方式使其成为一种“奢侈消费食品”，被列为“小资”消费方式的榜首。哈根达斯所属的通用磨坊集团全球 CEO 斯蒂芬·森格曾多次强调：哈根达斯不会由中国制造，也不会在中国建加盟店。

就一种食品而言，其原材料的普遍性决定了基本价值，而附加值不会超过其本身价值太多。但是哈根达斯在中国的价格与其他国家相比可以说是昂贵的。为什么哈根达斯在中国更像个“贵族”呢？它的附加值来源有二：其一，哈根达斯的确是一个历史悠久的著名品牌，以纯正的原料和优雅的消费氛围赢得全球消费者的喜爱；其二，哈根达斯在中国的定位是奢侈食品并以此为核心展开对目标人群的营销轰炸，并以原材料全部空运为由保持其高价位的“合理性”。而后者即是哈根达斯能在中国保持其“尊贵”地位的重要手段——“距离营销”。它的效果是：哈根达斯在美国的普通超市和自动售货机就有销售，很少大张旗鼓地建立店面。

“永远不低下高贵的头。”哈根达斯的理论是：“由于哈根达斯冰激凌对于原料鲜奶和奶油的品质要求非常高，目前中国的奶源质量虽然在进步，但是还没有达到我们的要求。”事实真的是这样吗？中国的牛奶哪里差呢？其实原因不在于此，事实上如果哈根达斯在中国的加盟店铺天盖地，就会失去原定的目标消费者，像下面所做的一切“距离营销”就会全部作废了。

哈根达斯进入上海市场之前就认真分析了上海消费者的心态。当时上海人认为：出入高档办公场所的公司白领和金发碧眼的老外是时尚的代言人。于是，哈根达斯就邀请这些人参加特别活动，吸引电视台、报纸的视线，争相报道，一举把“哈根达斯”定义为时尚生活的代名词。一批在哈根达斯有过“高贵、时尚生活”的人成了其口碑宣传者，很快更多的人蜂拥而至，让消费者觉得物有所值。这种分析消费者心态、口碑宣传的手法被业内认为是哈根达斯的专长，而且极为有效，每进入一个新的城市，它就如法炮制，从未失手。

留住消费者和赢得消费者同样重要，哈根达斯为此下足了功夫。哈根达斯的高档消费定位使得其目标消费群体小而精，为此，哈根达斯几乎从不大张旗鼓地做电视广告，原因是电视的覆盖面太广、太散，对于哈根达斯来说没必要。哈根达斯的大部分广告都是平面广告，而且是在某些特定媒体上刊登大篇幅的广告。如此既节省了广告费，又增加了广告效果，以此锁定那些金字塔尖的消费者。与此同时，哈根达斯还有选择地切入了其他零售渠道，以扩大自己的零售面，例如在上海，它慎重地选择了五六百家超市，进入家庭冰激凌市场。

哈根达斯为了留住消费者，采取了会员制，一位客户消费累计500元，就可以填写一张表格，成为他们的会员。到目前为止，哈根达斯的数据库里已经有了几万名核心会员的资料。哈根达斯细心呵护每一位重点会员，其结果是在中国市场上这些消费者对其品牌忠诚度之高、之久，很少有其他品牌能及。

其具体策略包括：定期寄送直邮广告，自办《酷》杂志来推销新产品；不定期举办核心消费群体的时尚Party，听取他们对产品的意见；针对不同的消费季节、会员的消费额和特定的产品发放折扣券。

申奥成功之后，哈根达斯邀请了申奥形象大使刘璇出席其举行的公益活动。同时，在上海的瑞安广场和中信泰富等高档写字楼给来来往往的行人派发卡片，卡片里有一张印制精美的哈根达斯冰激凌的书签，因为这种小东西往往可以让消费者带回家中，得以较长久地保存，消费者在不知不觉中就对这种产品品牌有了概念。

哈根达斯最经典的动作之一，就是给自己贴上爱情标签，由此吸引恋人们的眼球。哈根达斯的广告语针对的目标也十分明确：“爱她就请她吃哈根达斯。”将甜蜜的味道与爱情结合在一起十分和谐，给情侣消费一个新的理由。相对其他冰激凌而言，哈根达斯是奢侈的，但是相对于情侣们的其他消费方式它又是廉价的，再加上耗费大量的人力、物力的选址与环境打造，使精心设计的“哈根达斯一刻”带来的浪漫感觉一点都不廉价。

在有一年的情人节，哈根达斯把店里、店外布置得柔情蜜意，不但特别推出让情人分享的冰激凌产品，而且还给来消费的情侣们免费拍合影照，让他们从此对哈根达斯“情有独钟”。

中国巨大的企业购买市场也吸引了哈根达斯。针对中秋节礼品市场，哈根达斯专门开发了价高质优的冰激凌月饼，向所在城市的各大公司推销，很多公司把这款月饼作为送给员工的节日礼物，着实让哈根达斯猛赚了一把。

哈根达斯的销售员还专门带上新鲜的冰激凌样品跑遍各大公司，让那些主管当场品尝。这种近距离营销的新鲜手法也吸引了一些大客户。有一年，上海对外服务公司——

与所有外企有关系的一个公司向哈根达斯订了两万多份产品作为礼物。其实这部分销售额还是小收益，哈根达斯最大的收获是由此接触了这些目标群体，又一次将其触角伸向了目标消费者。

在定位目标市场上，哈根达斯的中国之路延续了该品牌创立之初的市场策略。在很多竞争者以为中国国内的市场正陷于价格战的时候，哈根达斯凭着非凡的市场敏感度和高超的营销手段开辟了一个崭新的高端市场，确实值得我们学习。

学习重点

本章内容是本课程的核心，也是客户关系管理操作的核心，是本教材最重要的内容。本章主要学习客户满意度与客户忠诚度的构成及影响因素，重点学习如何将满意的客户转换为忠诚客户，学习客户流失的原因以及客户的价值。

“不久前与客户的关系还好好的，一会儿‘风向’就变了，真不明白。”客户流失已成为很多企业面临的尴尬。因为客户不断发生流失，企业不仅难以对变化过快的客户群进行深入分析，也几乎没有时间针对特定客户开展关系互动。同时，客户的流失还会沉重打击企业推行“以客户为中心”战略的信心，因为苦心经营和维持的客户关系，一夜之间可能分崩离析、不复存在。对于一个商业组织来讲，客户流失就如同摩擦力对于一个机械系统的作用：摩擦力损耗着机械系统的能量，客户的流失则不断损耗着企业的人力、财力和物力。

7.1　客户流失及其分析

客户流失并不是对客户关系的否定，而是对实施它的迫切性和必要性的再次证明。因此，在客户分析中，也包括对客户流失的状况进行监测、分析客户流失的原因等内容，这样企业就有可能发现其经营管理中亟须改进的环节，有时甚至可以把流失的客户重新吸引回来，并树立起更为牢固的客户关系。

7.1.1　客户流失原因分析

客户的需求不能得到切实有效的满足往往是导致企业客户流失的最关键因素，一般表现在以下几个方面：

(1) 质量不稳定。产品质量不稳定，客户利益受损，导致客户流失。

(2) 缺乏创新。企业缺乏创新，客户“移情别恋”。任何产品都有生命周期，随着市场的成熟及产品价格透明度的增加，产品带给客户的利益空间往往越来越小。若企业不能及时有效进行创新，客户自然就会另寻他路，毕竟利益才是维系客户与企业关系的最有效的杠杆之一。

(3) 服务意识淡薄。即企业内部服务意识淡薄。员工傲慢、客户提出的问题不能得到及时解决、咨询无人理睬、投诉没人处理、服务人员效率低下等也是直接导致客户流失的重要原因。

(4) 员工跳槽带走客户。很多企业由于在客户关系管理方面不够细腻、规范，客户与企业之间业务员的桥梁作用被发挥得淋漓尽致，而企业自身对客户影响相对乏力，一旦业务员跳槽，老客户随之而去。

(5) 客户遭遇新的诱惑。市场竞争激烈，为能够迅速在市场上获得有利地位，竞争对手往往会不惜代价以优厚条件来吸引那些资源丰厚的客户。“重金之下，必有勇夫”，客户弃你而去也就不是什么怪现象了。

(6) 短期行为作梗。企业的短期行为导致老客户的流失。

7.1.2 控制客户流失的对策

要控制企业客户流失，可采取如下对策：

(1) 进行全面质量管理。全面质量管理是创造价值和客户满意的关键。客户追求的是较高质量的产品和服务，如果我们不能给客户提供优质的产品和服务，那么终端客户就不会对上游供应者满意，更不会建立较高的客户忠诚度。这样客户也就不可能会为企业创造丰富的效益并与企业建立牢固的关系。因此，企业应实施全面质量管理，使产品质量、服务质量、客户满意和企业盈利形成良性的密切关系。

(2) 区分导致客户流失的原因，并找出那些可以改进的地方。客户流失分为可控流失和不可控流失。如果客户流失的原因是因为企业的服务差、产品次的话，那么企业可以通过改进服务质量和产品质量避免客户流失；如果客户流失的原因是离开了该地或者改行、破产了，那么企业就无能为力了。

(3) 关注不同群体的客户流失率并进行成本分析。制作不同客户群体的流失率分布图，同时，对流失的客户进行成本分析，包括流失客户的利润成本分析和潜在成本分析。

(4) 计算降低流失率所需要的费用。只要这些费用低于所损失的利润，公司就应该花这些钱。

(5) 增进与客户的沟通。公司通过互动、对话的形式来建立对客户的了解，聆听客户的意见，提高客户的满意度和忠诚度。

此外，企业还可将员工的激励机制与客户保持率联系起来。如果员工招揽到客户就可得到奖金，虽然这也可起到控制客户流失的作用，但如果把奖金与客户保持率联系的话，员工在吸引新客户时，就还会考虑客户的忠诚度。

7.2 客户满意

我们实施 CRM 的目的，不仅仅是要拓展企业经营的触角和改变企业的经营模式，还应当强化企业与客户之间的互动关系，最终目的是要提升企业的利润。因此，企业如何满足客户的要求，进而留住客户，提升客户的满意度，已经是目前企业经营中最重要的新课题，更是衡量企业竞争力的重要指标。那么，什么是客户满意度？如何提升企业的客户满意度呢？下面我们对这些问题加以阐述。

7.2.1 客户满意度的概念

对于单个人来说，“满意”是一个不确定的概念，因为满意的标准因人而异。同样的产品和服务可能有人满意，有人不满意。也就是说，从个体的角度出发，是否满意呈现出随意性，没有规律可言。但如果将大量个体集结为一个整体来观察，只要个体（也就是统计学所指的样本）数量足够多，就能体现出规律性来。因此，依据统计学原理对客户进行调查，就能得到正确反映客户大群体满意状况的有用信息。

客户的满意状况是由客户的期望和客户的感知（包括对质量的感知和价格的感知）这两个因素决定的，期望越低就越容易满足，实际感知越差越难满足。可见，客户是否满足与期望成反比关系，与感知成正比关系。

据此我们可以用一个简单的函数式来描述客户满意状况的评价指标——客户满意度，即：

$$C=b/a$$

式中：

C——客户满意度；

b——客户的感知值；

a——客户的期望值。

对客户的满意状况的测量实际是看客户满意度的大小。当 C 等于 1 或接近 1 时，表示客户的感受为“比较满意”，也可认为“一般”；当 C 小于 1 时，表示客户的感受为“不满意”；而当 C 等于 0 时，则表明客户的期望完全没有实现。在一般情况下客户满意度多在 0～1，但在某些特殊情况下，客户满意度也可大于 1，这意味着客户获得了超过期望的满足感受。

客户满意可被定义为：“客户对某一事项已满足其需求和期望的程度的意见。”其中，“某一事项是指在彼此需求和期望及有关各方对此沟通的基础上的特定时间的特定事件”。可见，所谓客户满意是指客户的感觉状况水平，这种水平是客户对企业的产品和服务所预期的绩效与客户的期望进行比较的结果。

客户满意与否，取决于客户接受产品或服务的感知同客户在接受之前的期望相比较后的体验。通常情况下，客户的这种比较会出现三种感受，如图 7－1 所示。

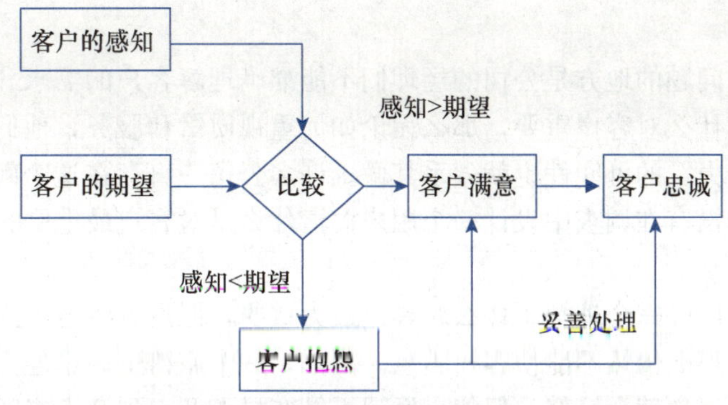

图 7－1　客户满意期望与客户感知比较后的感受

（1）当感知接近期望时，一般会出现两种状态：一种是客户因实际情况与心理期望基本相符而表示“比较满意”；另一种是客户会因对整个购买决策过程没有留下特别印象而表示“一般”。所以，处于这种感受状态的客户既有可能重复同样的购买经历，也有可能选择该企业的竞争对手的产品或服务。

(2) 当感知高于期望时，客户就会体验到喜悦和满足，感觉是满意的，其满意程度可以由事后感知与事前期望之间的差异函数来测量。显然，感知超过期望的越多，客户的满意程度就越高，而当感知远远超过期望时，满意就演变成忠诚。值得强调的是，客户满意并不等同于客户忠诚。客户满意其实是进行某种消费后的心理状态，而客户忠诚则是一种购买行为，代表了企业的盈利能力。

(3) 当感知低于期望时，客户就会感到失望和不满意，甚至会产生抱怨或投诉，但如果对客户的抱怨采取积极措施妥善解决，就有可能使客户的不满意转化为满意，甚至令其成为忠诚客户。

7.2.2 客户不满意的原因

一般公司每年都要流失10%～30%的客户，但它们常常不知道失去的是哪些客户，什么时候失去的，为什么会失去，以及这样的客户流失会给它们的销售收入和利润带来多少损失。

显然，不满意是客户流失的根本原因，但是什么造成客户的不满？近年来人们在这一领域开展了大量的研究工作，并得出“服务差距”的理论。使一个客户产生不满意的总体感觉来自期望和实际体验之间的差距，而不满意的根本原因通常可以追溯到更早的五个差距（促销差距、理解差距、程序差距、行为差距和感受差距）之一。

1. 促销差距

这个问题的起因常常可以追溯到公司的营销信息上。当一个公司急切地宣传其产品或服务的好处以赢得客户的时候，很容易造成客户心中的过高期望，而这些期望是难以实现的。几年前，一家美国航空公司做了一个电视广告，特写镜头是一个脱了鞋子的睡着的乘客，他的鞋被一个空中小姐悄悄地拿走，擦亮后又悄悄地放回来。这则广告被乘坐飞机的常客看作是一个残酷的笑话（他们还没有感受到这种服务水平），也使新乘客产生了错误的预期以致会感到失望。这也许是一个极端的例子，但相似的事每天都在上演。一个很普遍的例子就是销售人员为了争取订单随口保证一个交货日期，而没有事先确认这个日期是否可行。

2. 理解差距

下一个可能出问题的地方是公司的经理们不能准确理解客户的需求和优先顺序。如果他们不能真正知道什么对客户重要，那么无论如何重视质量和服务，他们做到“在客户最关心的方面竭尽全力”的可能性也就微乎其微。许多公司一直存在这个问题，它们试图测评客户满意度，却没有在调查中设计一个用来搞清什么是对客户最重要的事的选项。

3. 程序差距

假设一个组织已经完全理解了什么对客户最为重要，但没有将客户期望转化成适当的操作程序和系统，那么依然不能使客户满意。例如，一个旅馆也许已经完全意识到结算的时间超过5分钟，客户就会恼怒，但如果经理不能在早上8点到9点之间的高峰期安排足够的人手，那么必然许多客户等待的时间就会更长，然后不满意地离去。

4. 行为差距

有时一些组织已经采用了清晰的程序来满足客户的需求和优先顺序，但因为职员训练不足或纪律性不强，不能严格遵循这些程序，所以仍不能获得持续的高水准的客户满意度。

5. 感受差距

也有可能 1～4 的这些差距都不存在，但你的客户调查仍显示出不满意的程度很严重。这是因为客户对组织表现水平的感受可能与现实相差甚远。一个客户在过去某个时间受到怠慢的服务，会形成公司服务不周的印象，而这种印象要经过相当长的一段时间并在多次体验到公司优质的服务后才能改变。早在 1985 年，汤姆·彼得斯便在《追求卓越的激情》一书中首次指出客户感受就是现实。也许客户落后于现实，也许客户的成见很难改变，也许客户为你的组织贴上了服务不周的标签，即便事实上你的组织正提供着意想不到的优质服务，但服务不周就是客户所认为的。尽管这些感受不准确，但客户正是基于这些不准确的感受做出他们的购买决定。

如图 7－2 所示，五种差距中的任何一种都会导致整体的服务质量差距（Service Quality Gap），从而引起客户的不满。没有任何企业有意提供劣质的服务，企业认为它们所提供的服务和客户感到他们所接受的服务之间往往有一定差距，服务差距往往源于此，只有定期地进行客户满意度测评才能找出并消除这些差距。

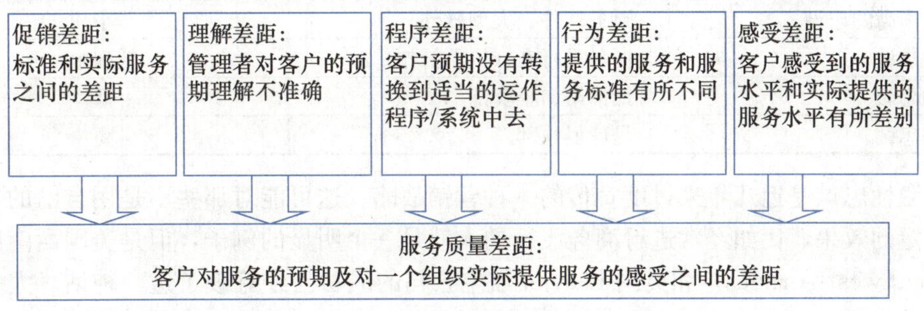

图 7－2　服务差距

7.3　客户忠诚

自从人们普遍认识到留住一个老客户比争取一个新客户成本更低且获利更多时，客户保留已经成为大多数组织的重要目标。原则上来说这很简单，你只要保留现有的客户就可以了。但是如何去做呢？许多公司已经把客户忠诚的理念作为其保留战略的着眼点，但是值得怀疑的是忠诚这一理念的核心是否已被信奉。

“忠诚”这个词由来已久，可追溯到封建时代，那时对统治者的忠诚是一个人成功甚至是生存的必要条件。牛津词典对“忠诚”这个词的定义是：（对职责、爱或者义务）真诚或者守信；对效忠坚定不移，献身于一个人所在国家的合法统治者或政府。

那么，客户为什么要对企业忠诚呢？企业有什么样的办法让客户忠诚呢？

客户有对企业忠诚的义务吗？他们当然没有，一个客户的受教育程度越高、越自信和能力越强，他就会越意识到这一点。

企业提供的总产品（总价值包）必须达到或者超过客户的要求以使客户满意。在一个竞争性的市场中，一个企业为了保留客户，它的总价值包必须比其竞争者所提供的能更好地满足客户的要求。

7.3.1 忠诚的类型

忠诚有很多类型，企业保持和客户交易的原因也有很多。如表 7-1 所示，大多数类型的“忠诚”都和忠诚的真实意义相差甚远，效忠、奉献或者职责的含义很少。垄断性忠诚是一个极端的例子，但这的确说明了实际情况。在这种情况下，客户只有极少的选择权甚至没有选择权，他们的“忠诚”远不是自愿的，而是充满不满。根据上百份客户满意度调查显示，选择权极小或者没有选择权的客户总是感到不满意。企业的其他竞争者这时将处于一个很有利的位置，理论上说，如果可能，这些客户也会选择其他的企业。然而，在有些情况下，更换企业的高昂成本、困难或者其他因素纠缠其中使得客户迫不得已不会更换企业。研究显示，这些客户在更改企业之前的满意度要远低于正常值。但是这种勉强的、没有更换企业的客户不能说是“忠诚的”，也毫无效忠、职责或者奉献可言。

表 7-1 忠诚的类型

忠诚类型	例子	效忠度
垄断性忠诚	市郊往返上下班者	低
更换成本高的忠诚	财务软件、大型软件	小
刺激性忠诚	商务飞行者（机票折扣）	低到中
习惯性忠诚	加油站、小卖部	低
许诺性忠诚	足球俱乐部	高

刺激性忠诚是近几年来过度宣传的一种营销战略。这可能对那些不是用自己的钱的客户有一定的效果，比如经常进行商务飞行的人就是一个明显的例子，但是美国西南航空公司（Southwest Airlines）和英国 Easyjet 航空公司的成功已经打破了这一神话。大多数英国人都持有不止一个的互相竞争的超市、商店集团、航空公司或者加油站的客户“忠诚”卡，他们把忠诚卡仅当作为了满足需求时利用供应商的一种手段。最有说服力的就是阿斯达（Asda），它是英国超市中近几年市场份额增长比率最大的一家。阿斯达提供种类繁多的产品，并关注客户价值和服务。在 1999 年，阿斯达试着发行了忠诚卡——阿斯达俱乐部卡，但是当它的调查显示客户喜欢低廉的价格而不是忠诚卡的时候，阿斯达收回了那些忠诚卡。而阿斯达的市场份额并未受影响，反而达到了历史最高，它也是英国四大连锁超市中唯一没有客户忠诚卡的超市。

习惯性忠诚可能是重复性交易中最普遍的形式。当时间成为大多数客户的稀缺资源时，不需太多思考就能快速完成购买的例行公事也成为他们生活方式的一部分。每周一次的食品采购由于方便和快捷的需要也集中在同一超市中。汽车加油站设在了每天上班的路边。如果一个新开的超市、酒吧或者加油站更加方便、更大、更加时尚或者价格更低，原来的供应商就会发现只有很少的“忠诚客户”会留下。

把一个足球俱乐部的客户忠诚和前面四种类型的忠诚相比较，“效忠、奉献和职责”这三个词更适用于足球俱乐部客户这一类的忠诚。这一类忠诚往往追溯到他们的核心价值观（他们就是被培育成认为曼彻斯特联队是最棒的人），而不是他们（对该俱乐部）的态度，但是一个企业并不是足球俱乐部。它们掌握不了感情化的非理性的忠诚。它们必须不断地争取客户保留，而保留客户的方式就是向它们碰到的每个客户提供总价值包来有效满足客户的需求。

7.3.2　忠诚的级别

不管是什么样的忠诚类型，什么样的客户与供应商关系，它们都会有不同的客户忠诚度。这些可以用不同的方式表示，如梯形图、金字塔或者连续体。客户忠诚度金字塔如图 7-3 所示。

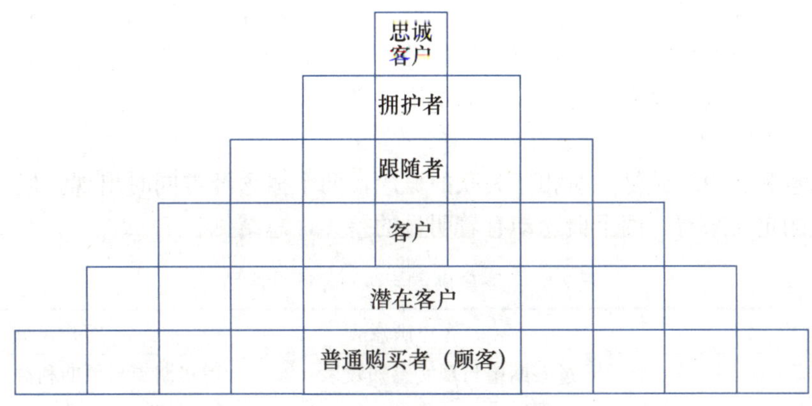

图 7-3　客户忠诚度金字塔

图 7-3 采用了金字塔的方式，这种方式可以形象地把客户分成各种不同的级别。其级别可以定义如下：

（1）普通购买者：包括市场上所有种类产品/服务的购买者。这类购买者可能没有察觉到你所提供的产品或者没有购买它的倾向。

（2）潜在客户：那些对你的组织有点兴趣但是还没有开始和你交易。

（3）客户：对你的组织没有确切喜好感觉的一次性购买者（这一部分也可以包括那些重复购买者）。组织的支持不够主动。

（4）跟随者：即使你的产品/服务发生变化，他也一如既往地使用。

（5）拥护者：那些通过把你的组织推荐给别人来主动支持你的客户。

（6）忠诚客户（合伙人）：最强的客户——供应商关系模式，该模式因为合伙人双方都认为这种伙伴关系互利而能够持续下去。

因此我们可以看到忠诚不仅仅是指一次或者多次购买行为。它表示客户对供应商一种积极水平的许诺，并且正是这种积极许诺的程度让这一类客户有别于极少忠诚的客户。客户许诺的程度可以用来在客户满意度调查中对客户群进行划分，并确定最容易流失的客户群。不同忠诚级别的客户通常有不同的需求和优先要求，他们也显然会对一个组织的表现有不同的感受，因此，组织应该对不同忠诚级别的客户群采取不同的策略。

7.4　客户满意与客户忠诚的关系

7.4.1　客户满意与客户忠诚

1. 客户满意

客户满意是指客户通过对一个产品或服务的可感知效果与他所期望效果进行比较后，

所形成的愉悦或失望的感觉状态。如果可感知效果低于期望，客户就会不满意；如果可感知效果与期望值相匹配的话，客户就满意；如果可感知效果超过期望，客户就高度满意。

2. 客户忠诚

客户忠诚是指客户对某种品牌或公司的信赖、维护和希望再次购买的一种心理倾向和重复购买行为。客户忠诚分两个层面：一是心理上的忠诚，表现为心理上对某种品牌的关注、认可、欣赏和追随；二是行为层面的忠诚，表现为重复和持续购买。在初期，客户对企业的忠诚是以企业提供的客户价值为基础的，随后这种忠诚就转化为客户对品牌和企业在情感上的一种共鸣，这也是客户忠诚的本质含义。

3. 客户满意和客户忠诚的差异

客户满意和客户忠诚是一对相互关联的概念，两个概念经常同时出现。但从客户满意和客户忠诚的定义来看，两个概念却有着明显的差异，总结见表7-2。

表7-2 客户满意与客户忠诚的区别

	客户满意	客户忠诚
比较的对象	过去期望与现实感知效果	现实期望与预期利益
表现形式	心理感受	行为选择
可观察程度	内隐的	外显的
竞争对手的影响程度	影响小	影响大

客户满意主要是一种心理状态，尽管不满意之后的牢骚和高度满意之后的愉悦都能够从外部观察到，但与客户忠诚行为所表现出的重复购买，其可见性就相差很多。

7.4.2 企业竞争对满意与忠诚的影响

长期以来，人们普遍认为，客户满意与客户忠诚之间的关系是简单的、近似线性的关系，即客户忠诚的可能性随着其满意程度的提高而增大。在一般的客户满意程度的调查中，企业用从1～5的尺度（依次表示非常不满、不满、一般、满意和非常满意）来衡量客户满意程度。许多企业的管理人员认为，只要客户对企业的产品和服务表示满意（评分为4分），企业与客户之间的关系就已经很稳固；要让客户完全满意，企业必须大量投资，付出很大努力，但收效甚微，所以没有必要追求100%的客户满意。然而，施乐公司却向这种观点提出了挑战，该公司发现，非常满意（评分5分）的客户在调查之后18个月内的再次购买率是满意客户的6倍。

美国学者琼斯和赛塞的研究结果表明，客户满意和客户忠诚之间的关系受行业竞争状况的影响。不同竞争状况下客户满意与客户忠诚之间的关系有所不同，如图7-4所示。虚线左上方表示低度竞争区，虚线右下方表示高度竞争区，曲线1和曲线2分别表示高度竞争的行业和低度竞争的行业中客户满意程度和客户忠诚可能性的关系。

如曲线1所示，在高度竞争的行业中，非常满意的客户远比满意的客户忠诚。在曲线右端（客户满意程度评分为5），只要客户满意程度稍微下降一点，客户忠诚的可能性就会急剧下降。因此，要培育客户忠诚度，企业必须尽力使客户非常满意。

在低度竞争行业中，曲线2描述的情况与人们传统的认识十分吻合，即客户满意度对客户忠诚度的影响较小。其实，这是一种假象，即限制竞争的障碍消除以后，曲线2很快

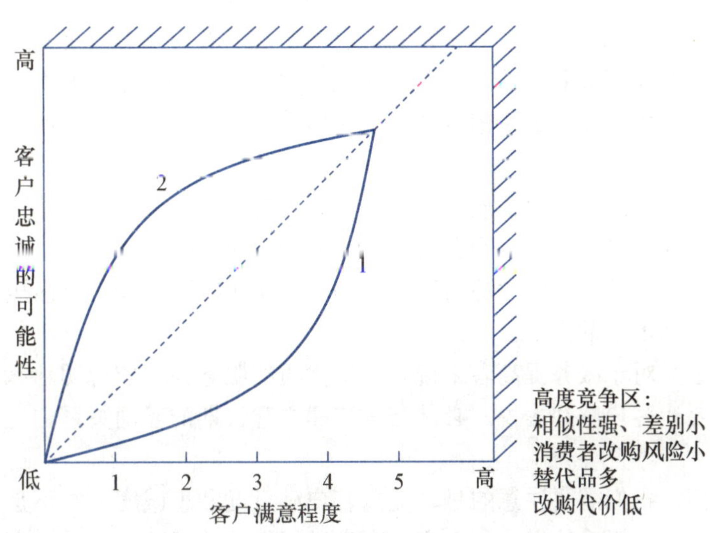

图 7-4　客户满意与客户忠诚的关系

就会变成与曲线 1 一样。因为，在低度竞争情况下，不满的客户很难跳槽，他们不得不继续购买该企业的产品或服务，一旦有更好的选择，他们将很快跳槽。因此，处于低度竞争情况下的企业应居安思危，努力提高客户满意程度，否则一旦竞争加剧，客户大量跳槽，企业就会陷入困境。客户再次购买意向经常被用来衡量客户的忠诚度。在市场竞争激烈、客户改购容易的情况下，它很难显示客户内心的真正态度。这时客户的再次购买意向主要是由外界因素决定的，一旦外界因素的影响减弱，客户不忠诚的态度就会通过客户大量跳槽表现出来，在图中表现为曲线 2 很快向曲线 1 变化。这表明，无论竞争激烈与否，客户忠诚度与客户满意度的关系都是十分密切的，只有客户非常满意，他们才会有较高的忠诚度。

客户满意与否是对曾经有过的消费经历的判断，是期望值与实际感知的比较，大于则满意，小于则不满意，相同表示没有不满意。而客户忠诚则是现实期望与预期期望的相比较。客户满意和客户忠诚都受到竞争对手的影响，但是其程度却相差很大。如本来客户对一次消费体验感觉很满意，但是在得知他人使用其他商家的产品后获得了更多的贴心服务，该客户就会想为什么自己没有从企业获得这种高价值服务呢？从而导致客户满意度的改变。客户是否表现出忠诚行为发生在重复购买的时候。在买方市场条件下，客户为了获取更多的客户价值，在购买决策时会对不同供应商提供的产品、服务、价格等进行比较，也就是说，对不同的供应商进行比较是进行购买决策的必要环节。而在客户满意中，这种比较却不是必要的环节。显然，客户忠诚受到竞争对手的影响程度大得多。

当今企业市场竞争的性质已经发生了革命性的变化。对于许多企业来说，重要的问题不是统计意义上的市场占有率，而是拥有多少忠诚的客户，即企业竞争的目标由追求市场份额的数量（市场占有率）转向市场份额的质量（忠诚客户的数量）。客户忠诚的数量决定了企业生存与发展，也是企业长治久安的根本保证。

客户忠诚对于企业生存和发展的经济学意义是非常重要的。获得新客户需要付出成本，特别是在供过于求的市场态势下，这种成本将会越来越昂贵。但新客户对于企业的贡献却是非常微薄的，在有些行业，新客户在短期内甚至是无法向企业提供利润的。

通过前面几节内容的分析，我们已经掌握了客户满意与客户忠诚的相关关系，并建立了相关模型。因此我们认为，客户满意与客户忠诚的关系主要有以下几点：

第一，由于受到随机因素的影响，客户满意与客户忠诚之间的关系是相关关系，但不是强相关关系。

第二，为客户提供优质的服务，并不意味着一定要为客户提供额外的或附加的服务，其所需要的只是在每一个服务过程中，给客户小小的“惊喜”，而不是对服务流程作多么大的变动。而这小小的“惊喜”，对于提高客户对服务质量的感知，对于提高客户的忠诚度具有极其重要的意义。

第三，对于服务提高者来说，一次优质的服务并不能说明什么，重要的是在每次服务中，都要让客户感到愉悦。必须与客户建立起长期的互动关系，这是客户高保持率的根本之所在。

第四，我们需要注意的是，提高客户满意度和忠诚度，并不是指提高所有客户的满意度、忠诚度。正确的做法是，在对客户进行细分的基础上，采取有针对性的策略，最大限度地使具有价值的客户满意，而不是取悦于所有的客户。

持久的客户满意度意味着企业持久、快速的发展，而保持客户忠诚，从而提高企业的绩效，则是企业追求的目标。因此，正确处理好企业客户满意和客户忠诚之间的关系是企业立于不败之地的关键。

7.5 客户让渡价值

根据科特勒的定义，客户让渡价值是指整体客户价值与整体客户成本之间的差额部分(如图7-5所示)。其中，整体客户价值是指客户购买产品或服务所获得或期望获得的利

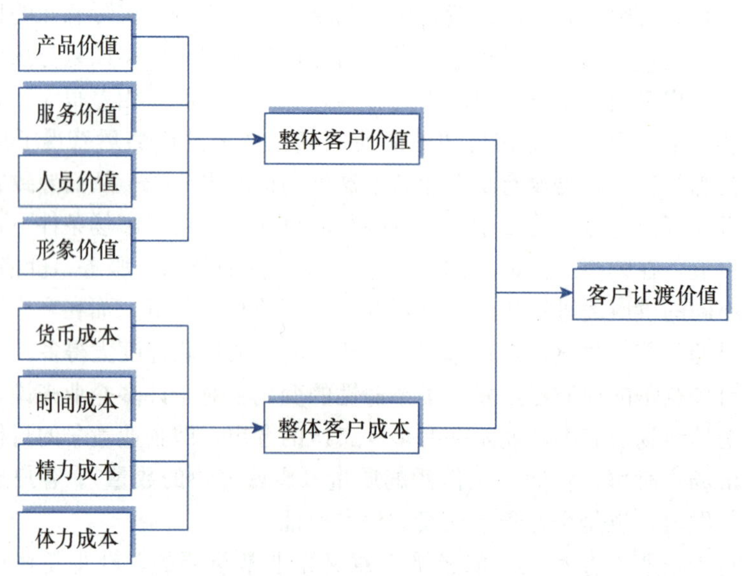

图7-5 客户让渡价值

益总和，包括产品价值、服务价值、人员价值和形象价值四个方面。产品价值是指产品的质量和功能；服务价值反映了企业从售前、售中到售后的整个过程所提供的服务水平；人员价值是员工与客户互动过程中所体现出来的知识水平和责任感；形象价值与企业品牌和公众形象有着直接的联系。整体客户价值是上述四个价值要素的综合体现。整体客户成本是指客户为购买该项产品或服务消耗的货币、时间、精力和体力等成本的总和。

企业只有实现了客户让渡价值，才能保证客户真正的满意，也才能提高客户的忠诚度。因此，客户让渡价值也成为建立、维持和增进高质量的客户关系的基础。由于客户将购买他们认为能提供最高客户让渡价值的商品，因此，只有那些能够针对具体客户群提供比竞争对手更令客户满意的商品、实现客户让渡价值更大增值的企业，才能长期保持住客户。正是由于每一个客户在他购买商品的过程中总是力争得到最大的客户让渡价值，客户满意和客户忠诚因素变得非常重要，企业对于建立、维持和增进互相信任、交流便捷、利益共享的客户关系才充满了积极性。

7.6　客户终身价值

7.6.1　客户终身价值的定义

客户终身价值（Customer Lifetime Value，简称 CLV）是指企业在与某客户保持客户关系过程中从该客户处所获得的全部利润现值。对于现有客户来说，其终身价值可分成两部分：一是当前利润，即到目前为止客户为企业创造的利润总现值；二是未来利润，即客户在将来可能为企业带来的利润总现值。

7.6.2　客户终身价值矩阵

依据客户的当前利润和未来利润可以给出如图 7－6 所示的客户终身价值矩阵。

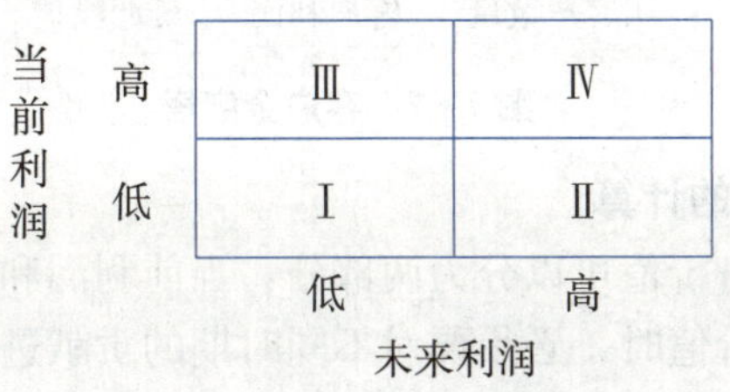

图 7－6　客户终身价值矩阵

Ⅰ类客户，当前利润低，未来利润也低，被称为“铅质客户”，是最没有吸引力的一类客户。从该类客户中可获得的当前价值和未来增值潜力都很低，这类客户是企业的负担，一般不宜投入较多的资源去维持这类客户。当然，如果这类客户的当前利润不高是由于企业过高的服务成本和营销成本造成的，那么可以通过寻求降低成本的途径来提高客户的价值，使无利可图的客户成为有价值的客户。在企业能力有富余时，只要边际客户收益大于边际客户成本，企业就可以采取维持策略。

Ⅱ类客户，当前利润低，但未来利润高，被称为“铁质客户”。该类客户有很高的未来利润，但企业当前尚没有成功地获取他们的大部分价值。这类客户属于有潜力的客户，若是企业能够继续同这类客户保持稳定的联系，在未来这些客户将有能力为企业创造可观的利润，他们将来极有可能转化为Ⅲ类或Ⅳ类客户。对这类客户，企业应当投入适当的资源，促进客户关系从低阶段向高阶段发展，从而不断获得客户的增量购买、交叉购买和新客户推荐。

Ⅲ类客户，当前利润很高，未来利润较低，是企业的“黄金客户”。这类客户有很高的当前价值，但增值潜力不大。从客户生命周期来看，这类客户可能是已进入成熟期的高度忠诚客户，他们为企业提供非常稳定的利润。因此，企业应投入足够的资源，千方百计地保持与这类客户的关系，决不能让他们转向竞争对手。当然，要与这类客户保持长期稳定的关系，企业必须持续不断地向他们提供超期望价值，让他们始终坚信本企业是他们最好的供应商。

Ⅳ类客户，当前利润很高，未来预期利润也很高，是企业的“白金客户”。这类客户既有很高的当前利润，又有巨大的增值潜力，是企业最有价值的一类客户。这类客户与企业的关系一般已进入稳定期，他们不仅已将其当前业务的很大份额给予了本企业，而且其自身的业务总量还在不断扩大。这类客户是企业利润的基石，如果失去这类客户，后果将不堪设想。因此，企业应将主要资源投入到保持和发展与这些客户的关系上，针对每个客户设计和实施一对一的客户策略，持续不断地向他们提供超期望价值，长期保持双赢关系。

这四类客户在数量上形成一个正金字塔，Ⅳ类、Ⅲ类客户数量少，位于塔尖；Ⅱ类、Ⅰ类客户数量多，位于塔基。而四类客户实现的利润和企业的资源投放则正好相反，形成两个倒金字塔。这三个金字塔称为“客户金字塔”，如图 7-7 所示。

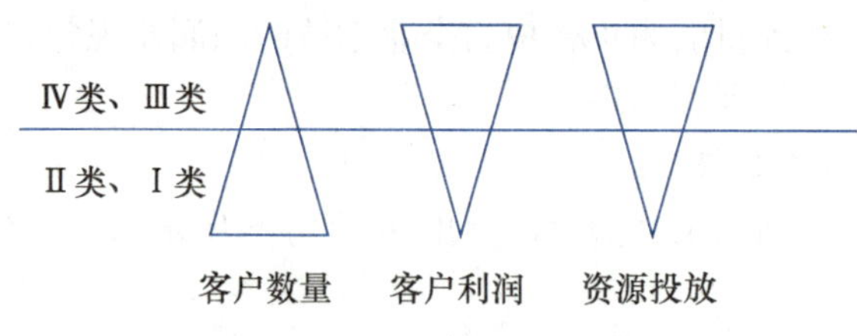

图 7-7 客户金字塔

7.6.3 客户终身价值的计算

如前所述，客户的终身价值可以分为两部分：当前利润和未来利润，由于时间价值的存在，所以计算客户终身价值时，必须要对不同时期的贡献进行贴现，计算出客户终身价值的现值。

设客户的生命周期为 T，在第 t 年为企业所作的贡献为 Q_t，而企业在客户身上的投入为 C_t，利率为 i，那么该客户的终身价值 V_k 可表示为：

$$V_k = \sum_{t=0}^{T} [(Q_t - C_t) \times (1+i)^{-t}]$$

即将客户生命周期内每年给企业带来的利润净额进行贴现。

本章小结

按照客户终身价值对客户进行管理是客户关系管理的基础，从客户终身价值和客户生命周期的角度去理解客户将有助于企业分析客户的得与失。客户满意是建立客户关系的基础，而客户忠诚则是客户满意的表现。客户满意与客户忠诚并非简单的线性关系，而是受到竞争环境的影响，只有较高的客户满意才能建立起客户忠诚，也正是这些忠诚客户为企业带来了巨大收益。

案例

道氏公司的“沟通，以客户为中心”

提供信息的多少往往是判断企业客户端服务好坏的一个标准。道氏化工公司在全球化浪潮中，始终围绕客户这个中心进行改革，以求得竞争当中的有利地位。其结果是，道氏化工由最早的产品供应商变成了某种意义上的“24 小时不间断的信息供应商”。

建立信息与沟通系统，不仅可以为客户提供所需要的信息，同样也可以反过来了解客户的真实需求。按道氏化工的看法，“与其公司自己决定要推广什么产品和服务，倒不如让客户来决定他们需要什么”。这样企业在当今激烈的竞争当中，就有可能立于不败之地。集开发、生产化工、塑料和农用产品为一体的道氏化工公司，同时也是在世界范围内为客户提供服务的全球化科技公司，并至少在 32 个国家设立了 121 个生产点，生产 3 500 多种产品。20 世纪 80 年代，道氏化工发现，他们的客户与公司一样，对质量越来越关心，包括制作工艺和产品的改善、产品质量的提高、差错的减少、对客户要求的快速反应等，都成了他们所关心的问题。在这场产品质量运动中，Deming、Juran 和其他质量运动的先驱所得到的经验教训对道氏化工现有和潜在的客户如何经营和管理业务产生了巨大的影响。

对道氏化工的许多客户来说，这场质量运动的主要成果就是企业的工艺流程、管理系统和物流实现了标准化。对道氏化工而言，产品和工艺流程的标准化还存在一个如何使之与现有和潜在客户相适应的问题。以往，道氏化工会依据处在不同地理位置的不同市场的需要提供各种个性化的产品和服务，但不久就发现，客户的需求和行为变得越来越全球化。道氏化工开始感到自身的业务受到了影响。

全球化的实例

与道氏化工一样，许多公司认为它们已经是在全球市场中进行运作了。它们在国外从事生产和分销，并建立了相应的营销系统为某些客户服务。就市场沟通而言，典型的做法是，设一个总部集中处理沟通发展工作。经过努力，通常是基于某种“用同一个声音说话”的沟通方式，它们建立了自称为“全球推广”的计划，甚至还任命了“全球经理”来实施监督。

但是，这些做法离实现以全球客户为中心、整合营销与沟通、发展客户关系的要求还有距离。从真正意义上的全球营销沟通来讲，这些公司还没有进入诸多关键的营销和沟通领域。这包括：鉴别和评估企业能够为之服务的客户；针对最重要的客户配置相应的企业资源；与能够为双方带来利益的现有和潜在客户建立动态的关系；将企业的营销以及营销沟通活动，从内到外进行彻底的整合。

许多自诩为已全球化的企业还没有达到完全的全球化程度，在营销和营销沟通方面更是如此。它们只是简单地将客户按地理区域划分为几个群体，如欧洲、非洲以及中东、亚太和美洲地区的客户等，或者以某种方式将这种划分协调一下，然后就此来开展客户工作。一般情况下，这种形式的“全球化”对现有和潜在客户帮助不大或根本没有价值，而企业常常也只是简单地组建一个管理层来应付这一类工作。

时至今日，全球化企业的营销活动必须围绕客户及其运作特点来进行，而不是围绕客户所在的地理位置。

对道氏化工来说，实施全球化的第一步是将自己的内部运作系统标准化，即要求每位员工、每个工厂、每个部门，简而言之，整个企业在同一个内部流程和方法的基础上进行运作。对于一个当时业务遍及168个国家、有39 000名员工、向客户提供3 500多种产品的公司来说，这绝不是一件容易做到的事。

为进行标准化改造，道氏化工与IBM公司合作，由IBM提供一个公共信息和沟通系统，使整个企业机构紧密地联系。有了这样一个涵盖内部交流、生产、工艺流程和管理系统的公共信息技术平台，道氏化工就可以更像一个现代化的全球性企业那样思考和行动了。

与客户紧密联系

道氏化工所做的第二步是将这个标准化体系扩展至客户那里，考虑如何让客户与企业联系得更加紧密。道氏化工员工必须学会如何面对进入公司系统的潜在客户，这些客户的目的各有不同，有些是为了获取产品信息、下订单，而另一些是来获取技术支持、查阅报告、看看手册，或仅仅就有些问题来听听道氏化工的意见。而道氏化工的目标也正是要使所做的事情对客户更加透明。

同时，道氏化工开始考虑如何改善和加强营销和沟通信息的传送方式。以往，道氏化工也将营销沟通看作是客户工作中的一个重要但不是必要的关键因素。与许多从事商对商业务的企业一样，道氏化工曾将重点放在强调技术和产品优势上，当时的营销沟通侧重于支持市场销售和技术队伍。

由于新做法更重视客户与市场，也促使营销沟通管理体系从根本上重新思考自身的作用和采用的方式、方法。与其公司自己决定要推广什么产品和服务，倒不如让客户决定他们需要什么样的信息，在什么时间、什么地点、以什么方式需要。

为此，道氏化工开始将大部分的沟通信息资料转换成各种数据或电子文本。基础工作是先建立信息数据库，这样，客户和营销沟通专员就能得到任何他们想要的信息和文本。比如，某个客户需要一份拷贝，只需简单地在办公室打印出来即可。对客户来说是举手之劳，而道氏化工也不用再费神去猜测客户到底需要什么。

让客户得到所有他需要的数据资料，借此，道氏化工开始了其迈向全球化的进程。传统的时间、空间、地域和文化障碍消失了，道氏化工成为一个每天24小时不间断的信息供应商。

随着全球化进程的推进，道氏化工意识到需要有一个新的组织架构和管理方法。1997年，道氏化工进行了根本性的结构重组。之后它建立了15个基本的业务板块，致力于客户工作及提供解决方案，而不再只关心工厂、产品或客户在哪个地区。全新的道氏化工定位于为全球化客户提供全球化解决方案，针对每一位客户，都会相应出现一个小组，满足其全球化需求、解决其全球化问题，而不管其身在何处。

从产品、物流、营销和沟通的角度看，道氏化工正在全球化进程中不断前进。全球化使道氏化工正在发生着重大变革，产生了全新的营销沟通方案，改变着管理层的职能和作用，赋予每个运作流程新的生命。

思考题

1. 简述提高客户满意度和客户忠诚度的意义。
2. 分析客户不满意的原因。
3. 客户忠诚有哪些类型？
4. 客户满意与客户忠诚是什么关系？
5. 客户终身价值矩阵是什么？

教学方法建议

学生在学习本章内容时，应该说已经初步具备了分析客户的基本技能，应引导学生自主学习搜集素材，发表自己的观点，因此，建议本章内容采用问题教学法，也可以称之为扩展小组法。

一、问题教学法（扩展小组学习法）

问题教学法是以学生为中心的教学法，目的在于刺激学生的思考能力。问题教学法的优点如下：

1. 可引起学生主动学习的兴趣或好奇心；
2. 可激发与集中学生的思考；
3. 可激发学生继续去解决下一个问题的兴趣；
4. 可增加学生参与讨论的机会；
5. 可提供复习的机会；
6. 可加深学生对问题相关知识的了解；
7. 可强化学生在生活中应用知识的能力；
8. 可借此考核学生的领悟与吸收的情况。

二、问题教学法的基本环节

具体进行课堂教学可以分成以下几个环节：

第一步：提出问题，每个学生写自学小结。提出学生较为感兴趣的问题，例如：如何提高客户的满意度、如何提高客户的忠诚度。初始阶段，让学生利用课堂时间进行自学，自学材料可以指定教材的几个段落，鼓励学生从网上查找相关资料，鼓励学生从图书馆或相关杂志查找资料。培养学生的自学能力、自学意识，并且把能否提出问题作为自学水平的一种检验标准。

第二步：教师课堂上接受学生提问，并就关键点进行讲解，整理学生提出的问题，找出典型问题，对这些问题进行全面思考，探求学生之所以提出这些问题的根源，并且能从较高层次来理解这些问题。

第三步：自学小结交流。这个环节的主要目的是培养学生语言表达能力，具体做法是按照小组组织交流，两个同学相互用五分钟交流学习小结，进而两人进行商议，整理出一份共同认可的学习小结。

第四步：问题讨论。接下来全组同学针对每两个同学形成的意见进行交流，让学生大胆、快乐地发表自己的观点，让学生尽量畅所欲言，让提出问题的学生说明原因、介绍提出问题的全过程，并形成以小组名义的小结报告。

第五步：小结论文。每组安排一名同学上讲台做五分钟自己小组小结报告，要求他们尽量生动、简洁、清晰地表达自己的观点，然后其他同学补充说明或提出不同的观点，培养同学间互相协作精神。不仅要求同学课堂上（或课后）对所学知识进行小结，了解知识结构，使学生的认识不断提高，更重要的是针对学生提出的问题，引导学生进一步探索问题的本质，组织学生进行探究性研究活动，鼓励学生选择自己感兴趣的问题、课题进行研究。让学生熟悉科学的研究方法，并培养学生写小论文的能力，从而发展学生的个性，培养学生的创新能力。

运用问题教学法，有三个特点：

1. 重视学生智力的发展。教师在教学过程中，不是把现成的结论告诉学生，而是设置问题情景，引导和启发学生思考，激起学生探索研究的热情，使学生的认识在原有的基础上逐步提高，逐步地得出结论。

2. 重视培养学生的自学能力。由于问题是围绕教材而又不拘泥于教材，学生只有仔细地、认真地钻研了教材，才有可能提出问题、解答问题。学贵有疑，有疑才能促使学生进一步思考，这样就促使学生更认真地读书、进一步去读书。

3. 师生的感情得到充分的交流。思维总是从问题开始的，问题摆在学生面前，他们总想寻求答案。如果这些问题对于他们的知识储备来说，相距并不太远，互相间的争论研究，就常常会撞击出思维的火花，使他们获得思维的乐趣，课堂的气氛就比较活跃。而教师是讨论的主持人，他总在矫正航线，使问题的讨论不致偏离中心、扯得太远。从学生的发言中，教师能及时了解学生理解的缺陷，并给予启发引导，教师对学生的指导也必然会切合学生的需要，帮助学生得到正确的答案。

问题教学法的要求

一、问题的深度要适宜

问题太浅或太难，都激发不了学生的兴趣。问题浅是指完全无“认知冲突”，无一定程度的“思考困惑”，学生可以不假思索地回答。这样的问题不仅不能激发学生的学习兴趣，而且不能激活学生的思维。过分深奥的问题，同样激发不了学生的学习兴趣。就如同小孩子摘苹果一样，树上的苹果很高，孩子即使跳得再高，离目标也还是很远，那么他就可能会对苹果失去信心。

二、问题的拥有者应当是学生，问题的解决者也应当是学生

现在的“问题教学”最常见的模式或套路是：教师出示幻灯片、书面提出或口头提出一系列问题—学生分组讨论—每组先派代表交流—教师对学生的讨论结果做一番评价或小结。这样一来，课堂表面看起来是以“问题”为中心，是学生在自主地解决问题，但实际上，这些问题绝大多数是教师课前设计好的。因而这些问题往往也脱离了学生的实际，根本不能激发学生的问题意识。或者所提问题的思维强度太小，没有张力；或者问题的理性色彩太强，难度太大；或者由于学生没有参与教学目标的设置，教和学常常分离，教师讲的学生已掌握，学生的疑点教师不涉及。从“满堂灌”到提问教学是教学的一大进步，一定程度上调动了学生学习的积极性。但有一种现象不可忽视：相当一部分课堂只将问题当作组织教学的线索，主要教学内容仍由教师讲解完成，就整个思维过程看，学生仍是被动的接受者。或者有的教师把问题紧紧攥在手中，引导学生围着自己的思维转，看起来学生在积极思考回答，实际上被老师“牵了一回牛鼻子”，课堂的主人仍是教师。有人称之为“问题霸权”。

三、防止唯“标准答案”是从，无视学生思维活跃现象的存在

学习应该有“标准答案”，但一味强调“标准答案”，削足适履，只能使学生创造力萎缩，最终将导致学生走向思维僵化。

四、就地取材，多角度、多范围地设置问题

问题的设置可以范围很广，也很随意（指内容的选择上），只要教师的头脑中存在用问题教学法的观念，可以说，在教学中随时都会涌现出很多问题。简单归纳一下，可以概括为以下几个方面：就课本的具体内容进行提问；就手头的一些资料进行提问；就社会的热点问题进行提问；就学生的实际情况进行提问。

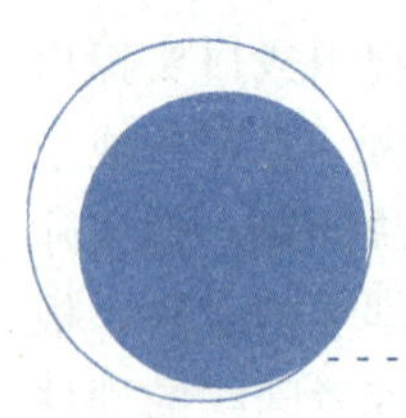

项目八
客户投诉处理

引例

“晨光酸奶中有苍蝇”的顾客投诉案例处理

2001年某日，在某购物广场，顾客服务中心接到一起顾客投诉，顾客说从我商场购买的“晨光”酸奶中喝出了苍蝇。投诉的内容大致是：顾客李小姐从我商场购买了晨光酸奶后，马上去一家餐馆吃饭，吃完饭李小姐随手拿出酸奶让自己的孩子喝，自己则在一边跟朋友聊天，突然听见孩子大叫：“妈妈，这里有苍蝇。”李小姐寻声望去，看见小孩喝的酸牛奶盒里（当时酸奶盒已被孩子用手撕开）有只苍蝇。李小姐当时火冒三丈，带着小孩来商场投诉。正在这时，有位值班经理看见便走过来说：“你既然说有问题，那就带小孩去医院，有问题我们负责！”顾客听到后，更是火上加油，大声喊：“你负责？好，现在我让你去吃10只苍蝇，我带你去医院检查，我来负责好不好？”边说边在商场里大喊大叫，并口口声声说要去“消协”投诉，引起了许多顾客围观。

该购物广场顾客服务中心负责人听到后马上前来处理，赶快让那位值班经理离开，又把顾客请到办公室交谈，一边道歉一边耐心地询问了事情的经过。

询问重点：1. 发现苍蝇的地点（确定餐厅卫生情况）；2. 确认当时酸奶的盒子是撕开状态而不是只插了吸管的封闭状态；3. 确认当时发现苍蝇是小孩先发现的，大人不在场；4. 询问在以前购买“晨光”酸奶有无相似情况。在了解了情况后，商场负责人提出了处理建议，但由于顾客对值班经理“有问题去医院检查，我们负责”的话一直耿耿于怀，不愿接受道歉与建议，使交谈僵持了两个多小时之久，依然没有结果，最后商场负责人只好让顾客留下联系电话，提出换个时间与其再进行协商。

第二天，商场负责人给顾客打了电话，告诉顾客：我商场已与“晨光”酸奶公司取得联系，希望能邀请顾客去“晨光”酸奶厂家参观了解（晨光酸奶的流水生产线：生产、包装、检验全过程全是在无菌封闭的操作间进行的），并提出，本着商场对顾客负责的态度，如果顾客要求，我们可以联系相关检验部门对苍蝇的死亡时间进行鉴定与确认。由于顾客接到电话时已经过了气头，冷静下来了，而且也感觉商场负责人对此事的处理方法很认真严谨，所以态度一下缓和了许多。这时商场又对值班经理的讲话做了道歉，并对当时顾客发现苍蝇的地点——并非是环境很干净的小饭店，经过——大人不在现场、酸奶盒没封闭、已被孩子撕开等情况做了分析，让顾客知道这一系列情况都不排除是苍蝇落入（而非酸奶本身带有）酸奶的可能。

通过商场负责人的不断沟通，顾客终于不再生气了，最后告诉商场负责人：他们其实最生气的是那位值班经理说的话，既然商场对这件事这么重视并认真负责处理，所以他们也不会再追究了，他们相信苍蝇有可能是小孩喝酸奶时从空中掉进去的。顾客说：“既然你们真的这么认真的处理这件事，我们也不会再计较，现在就可以把购物小票撕掉，你们放心，我们会说到做到的，不会对这件小事再纠缠了。”

处理顾客投诉是非常认真的工作，处理人当时的态度、行为、说话方式等都会对事件的处理有着至关重要的作用，有时不经意的一句话都会对事情的发展起到导火索的作用。

我们对待顾客投诉的原则是：软化矛盾而不是激化矛盾，所以这需要我们处理投诉的负责人要不断提高自身的综合素质，强化自己对于顾客投诉的认识与理解，尽量避免因自己的失误而造成的不良后果。

学习重点

本章内容是本课程的核心，也是客户关系管理操作的核心，通过学习，了解客户投诉的心理状态及要求，掌握客户投诉处理的原则和步骤，掌握投诉处理的技巧。

8.1　客户投诉的心理状态分析

客户投诉时心里是怎么想的，他们希望通过投诉获得什么？通常来说，客户投诉时的心理状态主要有以下六种。

8.1.1　发泄心理

客户遭遇不满而投诉，一个最基本的需求是将不满传递给企业，把自己的怨气、抱怨发泄出来。这样，客户不快的心情会得到释放和缓解，恢复心理上的平衡。

耐心的倾听是帮助客户发泄的最好方式，切忌打断客户，让他的情绪宣泄中断，淤积怨气。此外，客户发泄的目的在于取得心理的平衡，恢复心理状态，在帮助客户宣泄情绪的同时还要尽可能营造愉悦的氛围，引导客户恢复良好的情绪。客户服务管理大师约翰·肖曾在演讲中揭示了美国商业银行的制胜秘诀——做强大的零售商，做服务的楷模，而非仅仅是银行。如何做到呢？该行总裁维农·西尔的策略是：招聘外向的、使别人开心的员工，然后对他们进行系统的培训。作为投诉处理人员，即便有着过硬的业务能力和极强的责任心，如果整天愁眉苦脸或紧张兮兮，这给客户的感觉必然会大打折扣。但是，营造愉悦氛围也要把握尺度和注意客户的个性特征，如果让客户感到轻佻、不受重视，那宁可做一个严肃的倾听者。

8.1.2 尊重心理

所有的客户来投诉都希望获得关注和对他所遭遇的问题予以重视，以达到心理上的被尊重，尤其是一些感情细腻、情感丰富的客户。在投诉过程中，企业能否对客户本人给予认真接待，及时表示歉意、及时采取有效的措施、及时回复等都被客户作为是否受尊重的表现。

如果客户确有不当，企业也要用聪明的办法让客户不要感到尴尬，这也是满足客户尊重心理的需要。

8.1.3 补救心理

客户投诉的目的在于补救，因为客户觉得自己的权益受到了损害。值得注意的是，客户期望的补救不仅指财产上的补救，还包括精神上的补救。根据我国法律的规定，绝大多数情况下，客户是无法取得精神损害赔偿的，而且实际投诉中客户提出要求精神损害赔偿金的也并不多，但是，通过倾听、道歉等方式给予客户精神上的抚慰是必要的。

8.1.4 认同心理

客户在投诉过程中一般都努力向企业证实他的投诉是对的和有道理的，希望获得企业的认同。投诉处理人员在了解客户的投诉问题时，对客户的感受、情绪要表示充分的理解和同情，但是要注意不要随便认同客户的处理方案。如客户很生气时，投诉处理人员可回应说："您别气坏了身体，坐下来慢慢说，我们商量一下怎么解决这个问题。"这个回应就是对客户情绪的认同、对客户期望解决问题的认同，但是并没有轻易地抛出处理方案，而是给出一个协商解决的信号。

客户期望认同的心理得到回应，有助于拉近彼此的距离，为协商处理营造良好的沟通氛围。

8.1.5 表现心理

投诉处理人员应该注意到客户既是在投诉和批评，又是在建议和教导，这就是客户表现心理的作用结果。一方面，客户坚持自己的观点，或者转向与最初投诉观点不一致的问题上，他们通过这种方式只是表示自己并没有过错。另一方面是客户在投诉的过程中一般不愿意被人做负面的评价，他们时时注意维护自己的尊严和形象。

根据客户的表现心理，投诉处理人员在进行投诉处理时要注意夸奖客户，引导客户做一个通情达理的、理智的人。另外，投诉处理人员还应考虑性别差异，有针对性地接待前来投诉的客户，如男性客户由女性投诉处理人员来接待，因为在异性的面前，人们更倾向于表现自己积极的一面。

8.1.6 报复心理

客户投诉时一般对于投诉的所失、所得有着一个虽然粗略却是理性的经济预期。如果不涉及经济利益，仅仅为了发泄不满情绪、恢复心理平衡，客户一般会选择抱怨、批评等对企业杀伤力并不大的方式。当客户对投诉的得失预期与企业方的相差过大，或者客户在宣泄情绪的过程中受阻或受到新的"伤害"，某些客户会演变成报复心理。存有报复心理的客户会不计个人得失，不考虑行为后果，只想让企业难受难办，出自己的一口恶气。

自我意识过强、情绪易波动的客户更容易产生报复心理。对于这类客户要特别注意做好工作。客户出于报复心理状态，要通过各种方式及时地让双方的沟通恢复理性。对于少数有报复心理的人要注意收集和保留相关的证据，当客户做出有损企业声誉的事情时，可适当提醒一下客户这些证据的存在，对客户而言也是一种极好的冷静剂。

8.2 处理投诉的要求

客户投诉是每一个企业都可能遇到的问题，它是客户对企业管理和服务不满的表达方式，也是企业有价值的信息来源，它为企业创造了许多机会。因此，如何利用处理客户投诉的时机而赢得顾客的信任，把客户的不满转化为顾客满意，锁定他们对企业和产品的忠诚，获得竞争优势，已成为企业营销实践的重要内容之一。

现代市场竞争的实质就是一场争夺客户资源的竞争，但由于种种原因，企业提供的产品或服务会不可避免地低于顾客期望，造成客户不满意，因此客户投诉是不可避免的。向企业投诉的顾客一方面是要寻求公平的解决方案，另一方面说明他们并没有对企业绝望，希望再给企业一次机会。

相关研究发现，50%～70%的投诉客户，如果投诉得到解决，他们还会再次与公司做生意，如果投诉得到快速解决，这一比重会上升到 92%。因此，客户投诉为企业提供了恢复客户满意的最直接的补救机会，鼓励不满客户投诉并妥善处理，能够阻止客户流失。

8.2.1 态度积极

当有客户投诉的时候，企业和投诉处理人员要抱着积极的态度去处理。如果一个企业对投诉采取消极态度，就会打击客户的积极性，从而失去客户对企业的信任。

例如，海尔集团前些年推出一款叫“小小神童”的洗衣机。该款洗衣机刚推向市场时，由于设计存在一些问题，使得这款洗衣机的返修率相当高。海尔是怎么处理的呢？公司调集了大量的员工，然后向客户承诺“接到投诉电话后 24 小时之内提供上门维修”。很多客户的洗衣机都是经过海尔连续三四次甚至更多次上门维修才解决问题的。

最终这件事的结果是很多的客户反映说：“任何新的产品都会存在这样那样的问题，但对海尔的服务我们是满意的。”因为，他们看到了一个企业对客户的尊重和重视。

8.2.2 尊重客户

企业要懂得尊重客户，进行换位思考，站在客户的立场上看问题。为此，企业要经常提高全体员工的素质和业务能力，树立全心全意为客户服务的思想和“客户永远是正确的”的观念。面对愤怒的客户时，投诉处理人员要始终牢记自己代表的是企业的整体形象，因而一定要克制自己，避免感情用事，要注意倾听，让客户发泄不满，并从中发现客户的真正需求。

8.2.3 及时处理

处理投诉时切记不要拖延时间、推卸责任，各部门应通力合作，迅速做出反应，向客户正式、清楚地说明事件的缘由，并力争在最短时间内全面解决问题，给客户一个圆满的结果。否则，拖延或推卸责任，会进一步激怒投诉者，使事情进一步复杂化。

8.2.4 专业、规范

作为企业，不单要提供产品，更要提供专业的服务，甚至是专业的指导。所以企业要有专门的制度和人员来管理客户投诉问题，规定明确的处理程序和时间标准，以及标准的用语规范，保持服务的专业、统一、规范。

8.3 客户投诉的处理步骤

8.3.1 了解客户投诉的原因

客户为什么要投诉呢？简单地说，客户是基于不满才投诉的。不满的直接原因在于客户的期望值和服务的实际感知之间的差异，也就是预期的服务和实际感知的服务之间的差距。我们暂且不对差异本身进行价值判断，它可能是合理的、为社会所接受的，也可能是不应该出现的，企业要对此承担责任或消费者要调整期望值。之所以在企业服务与客户期望两者之间出现了差异，绝大多数是企业方面的原因。

1. 产品质量存在缺陷

产品缺陷是指产品存在危及人身、他人财产安全的危险。产品质量缺陷具体可分为：假冒伪劣产品、标识不当的产品、质量瑕疵产品。产品有缺陷，不仅消费者要向企业投诉、索赔，国家有关的质量监督部门还要处罚企业，并可能承担刑事责任。

2. 服务质量

国内一些优秀的产品品牌，都意识到服务的重要性，在做好产品的同时确立了“服务制胜”的战略，以周到、优质的服务作为自己的竞争优势。服务既包括有形产品，又包括无形产品，如电信、金融、保险、出租车服务、旅游等与人民群众生活息息相关的服务。常见的服务问题如下：

(1) 应对不得体。

1) 态度方面。如销售人员一味地推销，不顾客户的反应；对顾客以貌取人、差别对待；只顾自己聊天，不理客户；紧跟客户，像在监视客户；客户不买时，马上板起脸。

2) 言语方面。如销售人员不打招呼，也不答话，说话过于随便。

3) 销售方式方面。如销售人员不耐烦地把展示中的商品拿给客户看；强制客户购买；对有关商品的知识一无所知，无法回答客户的咨询。

(2) 给客户付款造成不便。算错了钱，让客户多付了钱；没有零钱找给客户；不收客户的大额钞票；金额较大时拒收小额钞票。

(3) 运输服务不到位。

送大件商品时送错了地方，送货时导致商品污损，送货周期太长让客户等太久。

(4) 售后服务维修质量不达标。

没有严格按照操作流程作业，或者夸大故障现象，增加维修成本等。

(5) 客户服务人员工作的失误。

由于工作能力所限，造成服务质量大打折扣，极大地伤害消费者利益。

3. 宣传误导

企业有了好的产品，还需要运用各种手段广泛地进行宣传，以赢得客户的关注和认可。但是广告宣传过了头、包装过度，或者不兑现广告承诺，就变成了误导消费者，甚至变成欺诈。宣传误导具体表现在以下几个方面：

(1) 广告承诺不予兑现。

(2) 效果无限夸大，广告内容虚假。

(3) 只讲有好处、优势、优惠，不讲限制条件。

4. 企业管理不善

美国管理协会研究客户投诉的原因得出：8%的客户投诉是由于产品本身的质量或价格问题，40%的客户投诉是由于服务和沟通问题。引起客户投诉的原因首先体现在客户对企业的接触点上，或者体现在所购买的产品或服务上，或者体现在与购买行为的有关的信息上。不过这些都是表面的原因，探究原因的背后，根源是企业管理不善，具体表现为：

(1) 企业机制问题。由于企业运行机制的不完善，致使企业工作人员只是对上负责，对任期考核负责，不对市场和客户负责。

(2) 职能部门各行其是，业务流程混乱。

(3) 人力资源危机。

5. 投诉管理缺失

投诉管理缺失包括：企业缺乏完善的投诉管理机制、办法、流程，一线接待人员的工作能力和基本素质较差，部门之间沟通、协作不畅；已有投诉不能通过正常的反馈机制，有针对性地形成闭环管理，造成大量的重复投诉，耗费资源；对公关、传媒危机不能有效应对，造成投诉面扩大和升级。

8.3.2 正确看待客户投诉

对于企业来说，投诉的客户本身存在着合作的积极面，代表着一种极高的潜在价值。

(1) 投诉是一种“关系调整的机会”。向企业进行投诉的客户能够使企业了解他同客户的关系为什么会出问题，由此，企业就可以找到解决办法来维持这种关系。

(2) 投诉使企业能够扩大对客户了解的范围。在倾听客户投诉的过程中，企业能够了解更多客户的需求，从而可采取措施去增加客户的价值。

案例

海尔从消费者的抱怨中找到商机

“冷冻肉解冻难”是消费者十分头痛的问题，海尔集团一位设计师在商场听到正在挑选冰箱的客户说：“解冻最麻烦了！”这位设计师以特有的敏感认为这句抱怨的话有文章可做。三个月后，比普通冰箱多设置了一个软冷冻室的海尔快乐王子007冰箱，经过反馈调查和反复调试后上市了，储存在此温度下的肉类食品可直接切割，深受消费者的青睐。

(3) 投诉提供了企业的产品或服务的数据采集点。在倾听客户投诉的时候，企业能够更好地了解如何去校正或改进其原来为客户提供的产品或服务的缺陷，并以这种反馈意见为基础进行进一步的改进。

美国“技术协助研究项目”的研究表明，如果一个企业的客服中心能够以一种对客户最有效的方法来解决客户的问题，由此把一个不满意的客户改变成一个满意的客户，那么，企业就能够把客户的忠诚度提高 50 个百分点。从总体上看，如果客户不得不给企业打电话，或者这个客户不得不再打一次电话给企业，客户的满意度和忠诚度就会减少 10 个百分点，而企业的成本也会增加一倍。美国“技术协助研究项目”的研究还表明，对于其问题解决的结果表示满意的客户，通常会比从来没有经历过任何问题的客户，对企业表现出更高程度的忠诚。

案例

一位客户的自述

因为台风马上就要到来了，在检查家里的备用品时，我发现手电筒的电池没电了。为了做好万全准备，我亲自去了一趟超市，顺便买了食品之类的杂物。但当我回到家里打开购物袋时，发现电池竟不在里面，于是我打电话给那家超市，接电话的是女营业员，她很公式化地对我说：“你再次来的时候我们再补给你好了。”便挂上电话。“但我今晚就要用啊！”我叫着，然后气愤地挂上电话。风雨越来越大了，我开始担心如果停电，或是要避难时该怎么办。这时门铃响了，是谁在这个时候来？我一开门便十分惊讶，原来是那家超市的客服人员，他的头发都湿透了，在这样糟糕的天气他竟然前来把电池送给我，当时我虽然觉得他的举动愚蠢，但却十分感动。后来每当我提起这件事时，这名客服人员都笑着阻止我不要再说了。从那以后，即使看到其他超市的打折宣传，我仍然坚持做这家超市的忠实客户。

8.3.3 态度诚恳，耐心倾听客户投诉

投诉处理人员要先听清楚客户说什么。倾听的过程对于客户来说是一个发泄不满和宣泄情绪的过程。作为客服人员，必须学会倾听，并且在倾听的过程中要有必要的回应，如“噢”“嗯”等表明自己在用心倾听，不能随便打断客户讲话或者主观臆测客户的想法，要让客户自己完整地说清楚，态度认真，尊重客户。很多的投诉在客户发泄完之后，他的情绪也基本平复了，此时，问题已经解决了一半。甚至有一些投诉，客户仅仅是想找一个人耐心地听取自己的抱怨。

倾听能够传递出的理解和尊重也将会营造一种理性的氛围，感染客户以理性来解决问题。倾听要注意了解客户的真正意图，了解他所认为的真正问题是什么，他这次投诉真正要达到的目的是什么。千万不要主观地认为客户是遇到了什么问题，也不要从其语言表面进行判断。

8.3.4 把握客户的真正意图

只有把握客户投诉的真正意图才能对症下药，最终化解矛盾。但是，客户在反映问题的时候常常不愿意明白地表达自己内心的真实想法。这种表现有时是因为客户碍于面子，有时是过于激动的情绪而导致的。因此，投诉处理人员在处理客户投诉时要善于抓住客户表达中的“弦外之音、言外之意”，掌握客户的真实意图。以下三种技巧可以帮助投诉处

理人员处理投诉。

1. 注意客户反复重复的话

客户或许出于某种原因试图掩饰自己的真实想法，但又常常会在谈话中不自觉地表露出来。这种表露常常表现为反复重复某些话语。值得注意的是，客户的真实想法有时并非其反复重复话语的表面含义，而是其相关乃至相反的含义。

2. 注意客户的建议和反问

留意客户投诉的一些细节有助于把握客户的真实想法。客户的希望常会在他们建议和反问的语句中不自觉地表现出来。

3. 注意客户的反应

所谓客户的反应，就是当客服人员与客户交谈时，对方脸上产生的表情变化或者态度、说话方式的变化。

就表情而言，如果客户的眼神凌厉、眉头紧锁、额头出汗、嘴唇颤抖、脸部肌肉僵硬，这些表现都说明客户在提出投诉时情绪已变得很激动。在语言上，他们通常会不由自主地提高音量、语义不清、说话速度加快，而且有时会反复重复他们的不满。这说明客户处在极度兴奋之中。就客户身体语言而言，如果身体不自觉地晃动，两手紧紧抓住衣角或其他的物品，则表明客户的心中不安及精神紧张。有时客户的两手会做出挥舞等激烈的动作，这是客户急于发泄情绪，希望引起对方高度重视的不自觉的身体表现。

8.3.5　做好记录，归纳客户投诉的基本信息

客户投诉的基本信息包括记录投诉事实、投诉要求、投诉人的姓名和联络方式。记录投诉人的姓名和联络方式是非常必要的。同时，记录本身还有双重的功效，既让客户感受到企业对他的重视，起到安抚情绪的作用，又能通过记录、询问将客户的注意力引向客观的描述和解决问题本身，起到移情的作用。

处理客户投诉，其要点是弄清客户不满的来龙去脉，并仔细地记录客户投诉的基本情况，以便找出责任人或总结经验教训。记录、归纳客户投诉的基本信息更是一项基本的工作。因为企业通常是借助这些信息来进行思考、确定处理的方法。如果这些报告不够真实和详细，可能会给企业的判断带来困难，甚至产生误导作用。

记录投诉信息可依据企业的“投诉处理卡”逐项进行填写。在记录中不可忽略以下要点：(1) 发生了什么事情；(2) 事情是何时发生的；(3) 有关的商品是什么，价格多少，设计如何；(4) 当时的业务人员是谁；(5) 客户真正不满的原因何在；(6) 客户希望以何种方式解决；(7) 客户是否通情达理；(8) 这位客户是否为企业的老主顾。

8.3.6　回应客户，对投诉内容表示理解

首先向客户表明自己的身份，当然视情况也可以在倾听客户投诉前就表明。回应客户投诉的一个重要内容是向客户确认投诉事实和要求，目的在于确保正确地理解客户的意思。回应时，要注意让客户感觉到他的想法得到了你的共鸣。如客户讲“企业应该如何提供优质服务”，那么可以引导客户谈服务的话题，不知不觉地让客户转移注意力。如果能够成功转移到客户感兴趣的其他话题上，双方将从一种敌对关系转化为一种交换信息、交流情感的平等关系上了。拉近与客户的心理距离，处理投诉就要容易得多。客户的情绪比较稳定后，要及时抓住机会重新回到当前的纠纷话题。

但是要注意，对于不善言辞或者没有兴趣谈其他问题而一心就想解决投诉的人来说，不要轻易转移话题，否则客户可能会觉得你在回避问题。

8.3.7 及时答复或协商处理

首先向客户适当表示歉意。即使错不在企业也要致歉，因为道歉是平息客户不满情绪的有力武器。同时感谢客户的投诉，因为客户是企业的朋友，他们在提醒企业解决其忽略的问题。

对于投诉的问题，能够立即答复的，应马上给予答复，并征求客户的意见。如果需要进一步了解情况的，应向客户说明，并与客户协商答复的时间。

8.3.8 处理结果上报

给客户圆满答复以后，投诉处理并未完成，这是许多企业容易忽视的地方。投诉处理情况一定要上报。根据企业的情况，以适当的方式和频度，对一定周期的投诉要及时上报，上报时可以进行必要的分类、分析。企业只有重视小的细节，才能及时避免重大的危机；同时，日常的投诉也是企业寻求改进的契机，甚至是企业的商机所在。

8.4 处理客户投诉的原则

美国有一家汽车修理厂，他们有一条服务宗旨很有意思，叫作“先修理人，后修理车”。什么叫“先修理人，后修理车”呢？客户的车坏了，他的心情会非常不好，你应该先关注这个人的心情，然后再关注汽车的维修。可是很多服务代表都忽略了这个道理，往往只修理车，而不顾人的感受。所以我们要强调，正确处理客户投诉的原则首要的就是“先处理情感，再处理事件”，这是处理客户投诉的总原则。再进一步细化，处理客户投诉的原则可以归结为以下几个方面。

8.4.1 客户永远都正确

这是一项很重要的原则。只有有了“客户永远都正确”的观念，才会有平和的心态处理客户的抱怨，这包括三个方面的含义：第一，应该认识到，有抱怨和不满的客户是对企业仍有期望的客户；第二，对于客户抱怨行为应该给予肯定、鼓励和感谢；第三，尽可能地满足客户的要求。

8.4.2 不与客户争辩

这其实仍是第一条原则的延伸，就算是客户的失误，也不要与之争辩，心中要始终存有这种观念：客户是上帝，他们的一切都是正确的。即使是客户在与企业的沟通中，因为存在沟通障碍而产生误解，也绝不能与客户进行争辩。当客户抱怨时往往有情绪，与客户争辩只会使事情变得更加复杂，使客户更加情绪化，导致事情恶化。结果是赢得了争辩，却失去了客户与生意。

8.4.3 耐心倾听客户的抱怨

投诉处理人员只有认真地倾听客户的抱怨，才能发现实质原因，进而想方设法平息抱怨。客户的抱怨必须让他讲完，投诉处理人员要做好笔记、认真听、认真记，这是解决客户抱怨的基础。

8.4.4 要站在客户立场上将心比心

漠视客户的痛苦是处理客户投诉的大忌。服务工作非常忌讳客服人员不能站在客户的立场上去思考问题。服务代表应该站在客户立场上将心比心，诚心诚意地去表示理解和同情，承认过失。因此，对于所有的客户投诉，无论其合理性是否已经被证实，都不要急着分清责任，而是先表示道歉，这也是很重要的。

8.4.5 迅速采取行动

既然客户已经对公司产生抱怨，那就要快速反应，及时处理他们所提的意见，最好将问题迅速解决或至少表示有解决的诚意。

拖延时间只会使客户的抱怨变得越来越强烈，使客户感到自己没有受到足够的重视，使不满意程度急剧上升。例如，客户抱怨产品质量不好，企业通过调查研究，发现主要原因在于客户的使用不当，这时应及时通知客户维修产品，告诉客户正确的使用方法，而不能简单地认为与企业无关，不加理睬。虽然企业没有责任，但如此，同样也会失去客户。如果经过调查，发现产品确实存在问题，应该给予赔偿，并尽快告诉客户处理的结果。

8.4.6 留档分析

对每一起客户投诉及其处理结果都要做出详细的记录，包括投诉内容、投诉原因、处理方式、处理过程、处理结果、客户满意程度等。通过分析记录、吸取教训、总结经验，为以后更好地处理客户投诉提供参考。

8.5 一般投诉处理

8.5.1 一般投诉的处理技巧

再规范、优秀的企业，也不能百分之百保证自己的商品或服务没有任何差错。绝大多数的投诉都是比较好处理的，我们称之为一般投诉。但一般投诉也不可以随便对待，否则就会上升为重大投诉了。处理一般投诉也是有一定技巧的，主要表现在以下几个方面。

1. 态度诚恳

凡客户出现投诉情况，多数态度不友善，有些甚至骂骂咧咧、怒气冲天，不管客户态度多么不好，作为企业都应该热情周到，以礼相待，待如贵宾，如请到办公室、请到贵宾座、倒茶、敬烟等。如此，一则体现了企业处理投诉的态度，二则体现了“客户是上帝”的原则，三则可以舒缓客户的愤怒情绪，减少双方的对立态度。

2. 耐心倾听

作为企业首先是要以谦卑的态度认真倾听，并翔实记录《客户投诉登记表》。对客户要和颜悦色，无论客户说的对与错、多或少，哪怕言辞激烈难听，都不要责难、诘问。客户言谈间更不要插话，要让客户把想说的一口气说出，客户把想说的说出了，客户内心的火气也就消了一半，这样就伸十下一步解决具体问题。倾听时，注意千万不能跟客户争吵，也不能打断客户的口述，更要尊重客户。

3. 认真道歉

听完客户的倾诉，要真诚地向客户道歉，比如说：对您使用本产品（服务）带来的不便，我代表公司向您表示歉意，或者大热天让您从大老远跑来实在不好意思，等等。道歉要恰当合适，不是无原则的道歉，要在保持企业尊严的基础上道歉，道歉的目的一则为了承担责任，二则为了消除客户的“火气”。

4. 科学分析

根据客户的口述分析客户投诉属于哪一方面，比如是质量问题、服务问题、使用问题、价格问题等，更要从客户口述中分析客户投诉的要求，同时分析客户的要求是否合理，以及具体问题属于哪个部门，解决投诉前是否有必要跟相关部门沟通或者跟有关上层请示。

5. 积极解决

积极解决是要根据客户的投诉内容和投诉分析，依据本企业相关制度，参考《消费者权益保护法》等相关法律规定，决定是经济赔偿、以旧换新、产品赔偿、更换配件、上门维修，还是培训客户指导使用等。把解决方案告知客户，如客户同意，则把处理意见登记在《客户投诉登记表》上并让客户签名确认。如果客户不同意，看争议在哪里，同客户协商解决，不卑不亢，以“息事宁人，保护名誉”为最高原则，尽量满足客户要求。如果自己确实无法解决客户投诉，则立即引荐给上层领导解决，以期圆满解决客户投诉。当然客户要求确实“太离谱”的话，可以走法律途径，通过法律来解决客户投诉。客户投诉如当时无法立即解决，需要说明原因和确切解决的时间，到时主动约见客户。对于一些盲目投诉（本来不应该投诉）的客户要详细解释，或操作示范，或专家答疑，或领导接待，要动之以情晓之以理，使其口服心服，同时展示企业的良好形象。

8.5.2 接待投诉客户的技巧

作为一名优秀的客户服务人员，只有了解、掌握并灵活运用多种应对的技巧，才能在处理客户投诉时得心应手。常用的技巧包括以下几种。

1. 平抑怒气法

通常客户会带着怒气投诉或抱怨，这是很正常的现象，此时，客户服务人员首先应当态度谦让地接受客户的投诉或抱怨，引导客户讲出原因，然后针对问题解释和解决。这种方法适用于所有抱怨和投诉处理，是采用最多的一种方法。这种方法有三个要点需要把握：

其一是倾听，认真倾听客户的投诉或抱怨，搞清楚客户的不满所在；其二是表态，表明你对此事的态度，使客户感到你有诚意对待他们的投诉或抱怨；其三是承诺，能够马上解决的就当时解决，不能马上解决的给客户一个明确的承诺，直到客户感到满意为止。

2. 委婉否认法

这种方法就是当客户提出自己的投诉后，客户服务人员先肯定对方的投诉，然后再陈述自己的观点。这种方法在澄清客户的错误想法、鼓励客户进一步提出自己的想法等处理上常能起到出人意料的显著效果。委婉否认法特别适用于主观自负且自以为是的客户。这种方法的表达句型是“是的，但是……”。这种句型暗示着极强的否定性，因此，应用时可将其改为较委婉的“是……而……”的句型，或者尽量避免出现“但是”。此外，还可以使用“除非……”的句型。

3. 转化法

这种方法适用于误解所导致的投诉，因此处理这种投诉时应当首先让客户明白问题所在。当客户明白是因为误解导致争议时，问题也就解决了。采用转化法的客户服务人员必须经验丰富，精通服务技巧，因为只有这样的客户服务人员才能察言观色，当机立断，适时巧妙地将客户的误解转化。这种方法运用恰当，客户会理解；若转化不当，则会弄巧成拙，使客户更生气，反而会增加阻力。同此，客户服务人员在用此法时应当心平气和，即使客户投诉明显缺乏事实依据也不能当面揭穿，而应旁敲侧击、启发和暗示。

4. 承认错误法

如果产品或服务质量不能令客户满意，就应当承认错误，并争取客户谅解，而不能推卸责任或者寻找借口，因为理在客户，任何推诿都会使矛盾激化。承认错误是第一步，接着应当在明确承诺的基础上迅速解决问题，不能拖延时间，在事发的第一时间解决问题，成本会最低，客户会认可；时间过长，则会另生事端。

5. 转移法

转移法是指对客户的投诉可以不予理睬而将话题转入其他方面。有时客户提出投诉本身就是无事生非或无端生事，比较荒谬，这时最好不予理睬，而应当迅速转移话题，使客户感到你是不想与他加深矛盾而采取的一种回避态度。

8.5.3 回复客户的技巧

对于客户投诉，有三种回复方法。

1. 立即答复

对于那些信息充分、可以确定无疑地做出判断，并且有足够权限采取行动的投诉，客服人员应立即回复客户，越快越好。

2. 延期答复

对于那些投诉的信息还需要进一步调查或验证才能做出的判断，或者没有足够权限采取行动的投诉，客服人员应告诉客户延期答复的时限，并将通过何种媒介来及时通知他们进展的情况。

3. 转移答复

被人由一方转移到另一方可能是令客户感到最感沮丧的事。针对这种情况，投诉处理人员应尽量减少此种情况的发生，对于不在职权范围内处理的投诉，需要转移给规定的专业人员或专业机构进行答复。如果转移接待人后，无须客户重新解释，他们一般都会接纳一次“善意”的转移。如果进行转移，投诉处理人员要确保自己将投诉转移给了适当的人员或机构处理，并向这些人员或机构扼要叙述全部的相关情况，转交相关材料，然后才能让客户与这些人员或机构进行沟通。

8.5.4 为客户投诉提供方便

企业应该和客户成为朋友，最好的增加利润的“金点子”有可能就来自客户。一线客服人员是征求客户对改进生产方法和服务品质意见的最佳人选。明智的公司总是运用来自客户的信息来提高质量和服务。如有几家日本公司在产品包装上印上这样的标语来鼓励客户抱怨：“默默忍受质量低劣的产品并非一种美德。”

投诉处理人员可以请求客户提出意见，鼓励他们帮助你提高服务质量。那么，企业应使用以下方法使客户方便地说出自己的真实想法：

(1) 使用投诉问卷或免费电话。

(2) 随机寻找一些客户，询问他们的想法。

(3) 以客户的身份去向客户了解情况。

(4) 倾听。倾听时不要带着对抗的态度，要向客户征求建议，询问在客户眼中你做得怎么样，询问与其他公司相比较，你们的差距在哪里，客户对你的期望又是什么?

通过上述措施，公司可以很快地了解客户的意见，并迅速采取有效措施，为客户迅速地解决问题。

8.5.5 处理客户投诉的注意点

对于客户投诉的地点与层级，要注意避免在公开场所。受理投诉坚持谁受理谁负责，实行“首诉负责制”，如因权力限制可以向领导请求授权批准，严禁推诿扯皮，这一点对办事处、分公司等分支机构尤其应加以注意。当然，当地如有售后服务等专门处理客户投诉的部门，投诉处理人员需直接把客户投诉交由专职部门来处理。对于恶意的投诉，投诉处理人员要义正词严，令其立即放弃恶意投诉。如果恶意投诉情节恶劣，或对企业造成不良影响，或对企业的销售造成损失，则企业应直接拿起法律武器，通过法律渠道来解决。

企业对待客户投诉切忌躲、拖、哄、吓，“躲”躲不住，“拖”拖不掉，“哄”哄不好，“吓”吓不跑，只有认真负责、及时处理，才能让客户满意，真正解决客户投诉问题。客户投诉从一定意义上说并不是坏事，有投诉就说明有差距或不足，而以此为方向，企业可以改进产品、提高技术、加强管理、完善服务，提高自身的竞争力和效益。因此，企业应以谦卑、负责、宽容、求进的态度，欢迎客户的一切善意投诉。

8.6 重大投诉处理

8.6.1 重大投诉的识别

与一般投诉相比，重大投诉比较难处理，需要投诉处理人员具有更多的耐心和技巧。对于重大投诉，投诉处理人员首先要进行识别。正确的识别主要依赖投诉处理人员的经验，但也有规律可循。是否属于重大投诉，投诉处理人员可以从投诉者的身份、投诉激烈程度和投诉要求等几个方面来加以确定。

1. VIP 投诉者的投诉

凡具有 VIP (Very Important Person，贵宾) 身份的投诉者提出的投诉，均应视为重大投诉。这一点是显而易见的。但关键在于对 VIP 身份的认定，消费量大的客户属于 VIP，消费量小但影响力大的客户也属于 VIP。后一种 VIP 主要包括以下三种类型的客户。

(1) 社会名流。他们很看重社会声誉，一般不会轻易投诉。如果他们进行投诉，很可能是比较严重的问题，这类客户的社会影响力可能给企业带来较大的负面影响。

(2) 政府官员。因为他们特殊的身份和社会地位，即使他们作为一个普通消费者进行投诉也必须引起企业特别的注意，在处理过程中，如果处理不当可能给企业带来较大损失。

(3) 传媒记者。记者的特殊身份，尤其是其对媒体的影响力，是企业不可低估的对象，其对企业的负面影响更是不可低估，许多投诉经过媒体的报道可能变得更为复杂。同时，很多消费者乐意通过媒体进行投诉，有媒体曾做过调查，该媒体收到的投诉量与实际存在的投诉平均有1∶1 000的关系。这个比例在不同的媒体是不同的，与媒体的读者（观众/听众）定位发行量（收视率/收听率）有关，但从整体上来看，媒体收到的投诉有一定的代表性。

2. 激烈的投诉和要价高的投诉

有时候，有的投诉来势汹汹，其实客户的本意只是想提个建议，看似漫天要价的投诉，其实客户只是为了解决当下的问题。之所以表现出来势汹汹或者漫天要价，客户的目的其实仅仅是让企业重视自己所提出的问题。针对来势汹汹或漫天要价的投诉，投诉处理人员进行正确识别的窍门在于回应客户的环节，即直截了当地明确客户需要解决的问题，不涉及客户漫无边际提到的其他问题，请客户确认是否正确地了理解了投诉处理人员的意思，试探客户的真意，真假重大投诉立即可见分晓。

3. 一般投诉转为重大投诉

相当一部分的重大投诉是由一般投诉转变来的。那么，投诉为什么会升级呢？在讨论如何处理各类重大投诉之前，我们先来研究这个问题，目的在于尽可能地避免一般投诉转为重大投诉；同时，了解一般投诉的升级过程，企业也可以有针对性地进行处理。一般投诉升级的原因主要如下：

（1）投诉无门，遭遇“踢皮球”；

（2）每次投诉都要重复一遍投诉问题，不胜其烦；

（3）跑了好几趟，仍然没有解决问题；

（4）一人一个说法，矛盾百出，令人疑窦丛生；

（5）不受尊重，不当回事，丧失信心；

（6）效率太低，丧失耐心。

以上六种情况大部分是由于投诉处理人员处理不当造成的，这些现象有可能极大地激怒客户，使问题更加复杂化，从而使原本是一般投诉升级为重大投诉。

8.6.2 处理重大投诉的原则

下面讲到的原则对于一般投诉也是适用的。只是重大投诉处理过程中，“乱花渐欲迷人眼”，很容易忽视这些原则，所以在这里特别强调。

1. 善待投诉者：投诉是个体力活

一般来说，投诉是一件大家都不希望发生的事情。且不说投诉涉及的商品或服务因为不尽人意而令人烦恼，投诉本身也不是一桩愉快的事情，需要费时费力地打电话，甚至要到店面去，增加了消费成本。因而善待投诉者、尊重投诉者是妥善处理投诉的第一原则。重大投诉给予我们很大的压力，在处理投诉时，心理上容易产生对投诉客户的对立情绪。因此，要提醒自己，重大投诉的客户一定要善待。

2. 以法律为基础，以合理为标准，以满意为目标

投诉处理，既是一个倾听和安抚的交流过程，又是一个此消彼长、牵涉利益的谈判过程。因而投诉处理方案，一定要寻求客观的依据，否则企业和投诉者双方将难以达成共识。而处理投诉最好的依据就是法律，但是，处理客户投诉不是“以法律为准绳”，而是

“以法律为基础”，以满意为目标，在参考法律的基础上双方协商，达到满意是最佳答案。面对一个投诉，企业是否有过错，是否应当承担责任和承担责任的范围，都应当以法律的规定为依据。企业在处理投诉时主要涉及的法律有《消费者权益保护法》《产品质量法》，商品或服务所属行业的相关法律规定，民事基本法律如《中华人民共和国民法典》《中华人民共和国合同法》等。企业依法提出投诉处理方案，即便客户不接受，执意要对簿公堂，最后可能仍然获得同样的结果。

8.7 重大投诉的处理技巧

8.7.1 情绪激动的客户

投诉处理人员在客户情绪激动的情况下很难与其进行理性的面谈，同时客户也可能会做出一些不理智的事情。面对这种情况，投诉处理人员化解情绪激动的客户的技巧有以下几种方法。

1. 音量控制

客服人员要避免客户与因投诉而引发冲突，要从细节做起，比如讲话音量：声音小，客户会听不到；声音太大，又会被认为态度不好。讲话音量应确保能清晰传递到客户耳中，同时要语气亲切、平和。

2. 性别差异化

研究表明，差异化的性别服务效果最好。对男性客户，以女客服人员接待为佳；女性客户，则尽可能由男客服人员接待。在异性面前，人们更倾向于展示个性中积极的一面，更容易消除心理戒备，以礼相待，融洽配合。这一点，在男性客户身上表现得更为明显。

3. 及时换人

如果客户与某一名员工发生口角，应当及时换人。对商家而言，及时更换当事员工，并不意味着承认当事员工做得不对；而对客户而言，当争端发生时，客户已经无意识地将争端问题从投诉本身延及到了和他打交道的特定员工身上。因此，企业及时更换人员，会使客户有一种心理上的获胜感，使其情绪得以舒缓，从而有利于投诉及时解决。

4. 及时转换情境

有的时候，客户会在投诉现场大吵大闹，引来众人围观，此时商家生意不但没法做下去，还影响了企业的声誉，非常令人头疼。这类客户一般比较自我，对他人的控制欲强。表演欲强，有着不达目的不罢休的执着个性。他在商家大吵大闹，是知道商家不希望发生这种情况，而故意制造这种状况，以胁迫商家为息事宁人而接受他的要求。吵闹喧哗就是他的筹码。这个时候，除了及时换人，更重要的是要及时巧妙地转换情境，变被动为主动。

8.7.2 “醉翁之意不在酒”的客户

消费投诉绝大多数是为了解决商品或服务的具体问题，如退货、修理、更换、重做或赔偿。但有些投诉者却另有诉求：拉广告、拉赞助、推销商品、推荐供应商甚至为了解决亲属的就业等问题。在这类投诉的处理过程中，尤其是投诉者的意图未明朗前，投诉人往往给投诉处理造成很大困扰和压力。因此我们有必要尽早地识别出这一类型的投诉，以便能有针对性地予以回应。

1. “醉翁之意不在酒”投诉的特点

（1）夸大其词。借投诉另有所图的投诉者往往夸大投诉问题和该问题对企业的影响。一般来说，相当一部分的投诉者都会夸大所投诉的问题，以期获得重视和及时处理。而另有所图的投诉者与一般投诉者的区别在于，不仅夸大问题，而且特别强调问题对企业的影响。比如会说，你们这个问题如果曝光，企业的声誉会受多大的影响，某某部门来查处，会停业整顿，企业会有多少经济损失等。投诉者夸大问题的目的在于为其随后的要求做铺垫。

（2）要求企业负责人出面商谈投诉处理。一般的投诉人有时也会要求投诉处理人：我不和你谈，请你的领导来！但一般投诉人所说的领导是泛指的，指比投诉处理人层面高、有话语权的领导。而另有所图的投诉者往往直指企业负责人。另一个区别是，一般投诉人要求领导出面时，往往比较急躁，因为他不满意当前的投诉处理情况，请领导出面是他在无奈之中想到的、也许能尽快得到处理投诉问题的一个手段。而另有所图的投诉者在要求企业负责人出面时，往往气定神闲，因为他早有盘算。

（3）迟迟不提投诉要求。“醉翁之意不在酒”的投诉者往往在摆出投诉事实以后，夸夸其谈投诉问题对企业的影响，而不提投诉要求。如果投诉处理人员征求他的意见，他们往往会提出让企业的负责人来谈判。

2. 处理技巧

处理好这类投诉有以下几个关键点。

（1）最初接到投诉时不要被吓倒。企业经营过程中出现问题是正常的，只要不是原则问题，只要企业能针对性地及时解决，对企业并不会构成致命的威胁，没有必要害怕。问题既然已经出现了，企业就须依法承担责任，既然这个责任由法律说了算，那还害怕什么？如果一接到投诉就被唬晕了，那正好让投诉者觉得有可乘之机。

（2）一定要让投诉者先提解决方案。投诉者提出解决方案以后，投诉处理人视情况可以请投诉者提出书面的要求，理由要合理，如拿给领导批示。如果投诉者不同意提出书面的，也要把投诉者的要求记录下来，请他签字认可。很多时候，投诉者如果不愿意提出书面要求，也是不会签字的。

（3）从程序上争取主动。取得投诉者的真实意图以后，下一步就要争取程序上的主动。投诉问题与其他问题要分开处理，先处理投诉问题，接着可以按企业正常的规定处理投诉赔偿等其他问题，处理结果一定要让投诉者签字认可。

（4）设置程序障碍，处理投诉者提出的非分要求。如果“醉翁之意不在酒”的客户提出了超出一般索赔的要求（如招工、推荐广告等），投诉处理人员要按照企业规定的原则答复投诉者。比如招工，要按企业的录用要求进行考试、面试；若推荐广告，要按企业的宣传计划进行甄选。对于投诉者对企业的监督和支持，投诉处理人员要表示感谢；对于投诉者推荐的广告、商品的甄选情况，投诉处理人员要对本次不能合作表示遗憾，希望日后有适当的机会再合作等。

（5）视情况与投诉者的上级沟通。在以上四个步骤都无法解决问题的情况下，投诉处理人员还可以设法找到“醉翁之意不在酒”的客户的上级进行沟通，向其表明投诉情况和企业提出的解决办法，如实反映问题，请求对方领导协助解决问题。

8.7.3 超出正常索赔要求的客户

投诉者开天价进行索赔，这种情况在投诉处理中并不少有，相关报道也不时地出现在新闻媒体中。这里涉及一个赔偿标准的问题，而赔偿标准的依据是相关的法律规定。

1. 赔偿标准

向消费者赔偿是企业因为提供的商品或服务有瑕疵，而依法承担的一种民事法律责任。在处理具体赔偿投诉时，要注意把握以下要点。

(1) 企业赔偿首先是以消费者的实际损失为限度。消费者的实际损失必须是因为瑕疵商品或服务直接引起的，也就是法律术语所说，损失与瑕疵商品或服务具有“直接的因果关系”。有消费者投诉，因使用某种商品，造成家庭不和，最后夫妻离异，要求企业赔偿他因为夫妻离异造成的损失，商品与夫妻离异之间显然不具有“直接的因果关系”。

消费者的实际损失必须是客观现实的，而不是想象的。比如，购买了有质量隐患的商品，实际损失主要是购买商品的价款，而不是因将来可能发生的质量事故而遭受的损失。消费者的实际损失除了直接购买商品或服务的价款、税费，还包括为购买、索赔所支付的合理费用，比如交通费用等，但不包括律师费。消费者的实际损失应有相关的证据，口说无凭。如果不能提供发生费用的证据，原则上企业可以不纳入实际损失进行赔偿。企业赔偿额要与企业的过错相适应。比如，在一个投诉中，确定消费者的实际损失为 1 万元，而造成这一损失是因为企业和消费者互有过错，如果确定责任为三七开（企业占 70%，消费者占 30%），则企业应支付的赔偿额为 7 000 元。

在上述大原则之下，各省的消费者权益保护条例和《中华人民共和国消费者权益保护法》还有一些具体的细致规定，在与客户谈赔偿问题时，可以以这些规定为基础，制定适当的赔偿方案。

(2) 客户提出间接损失处理。某些消费者在投诉时，会要求赔偿间接损失。如因某个商品出问题，在某项商业活动中造成项目失败，要求赔偿项目损失费；因某商品或服务瑕疵，影响投诉者正常生活、工作，造成业务损失，要求赔偿业务损失费。

如前所述，企业对消费者的赔偿责任仅限于直接损失，间接损失不在法律保护之列。直接损失赔偿包括直接财产损失赔偿、人身伤亡赔偿和精神损害赔偿。后两项在下面专题讨论，这里我们先讲直接财产损失。直接财产损失赔偿主要涉及以下三个方面。

第一，瑕疵商品或服务本身的价款。如果不退货，赔偿额还应扣除商品或服务本身的价格。

第二，瑕疵商品或服务直接造成的其他财产损失或人身损害。如电热壶爆炸，炸坏了茶几，则一并赔偿茶几的损失。

第三，因瑕疵商品或服务支付的必要费用，如修理费、交通费等，但不包括律师费。按我国有关法律规定，律师费是由消费者自行承担。

(3) 双倍赔偿。如果企业在提供商品或服务时有欺诈行为，按照《消费者权益保障法》规定，进行双倍赔偿。

(4) 从企业违约的角度要求赔偿。谈论赔偿问题，根据法律有关规定，可以选择从两个角度着手，一个是侵权，另一个是违约。这两个角度只能选择其一，不能并行或叠加。

下面是从违约的角度介绍一下企业应承担的几种违约责任。

第一，按合同约定承担赔偿责任。如果企业在与消费者的合同中有特别约定，如约定“无效退款”等，则企业应当按照合同的约定承担赔偿责任。

第二，按合同法的规定承担预期利益损失。根据合同法的规定，因违约给对方造成损失的，损失赔偿额应相当于因违约所造成的损失，“包括合同履行后可以获得的利益，但不得超过违反合同一方订立合同时预见到或者应当预见到的因违反合同可能造成的损失”。在消费领域，企业方应当预见到的因违约可能给消费者造成的损失，实际上也就是商品或服务本身价款以及必要的其他费用，正是上面所说的直接损失的范围。

第三，扣除因消费者未及时采取措施造成的扩大损失部分。如果因企业违约造成消费者损失的，消费者有义务避免损失的扩大；否则无权就扩大损失的部分要求赔偿。

2. 精神损害赔偿

现在越来越多的消费者喜欢提起“精神损害赔偿”，目前我国法律是支持精神损害赔偿要求的，但有严格的范围。

（1）未造成严重后果的精神损害赔偿要求，法院“一般不予支持”。根据 2001 年 3 月 10 日实施的《最高人民法院关于确定民事侵权精神损害赔偿责任若干问题的解释》，精神损害赔偿包括以下方式：残疾赔偿金、死亡赔偿金和其他损害情形的精神抚慰金。“其他损害情形的精神抚慰金”也就是通常消费者提到的“精神损害赔偿”，根据该解释的规定，“因侵权致人精神损害，但未造成严重后果，受害人请求赔偿精神损害的，一般不予支持，人民法院可以根据情形判令侵权人停止侵害、恢复名誉、消除影响、赔礼道歉”。

（2）获赔精神损害赔偿，适用于特定的手段和情节。除了残疾赔偿金，死亡赔偿金以外，在消费领域，法院支持精神损害赔偿的情况主要是消费者遭受殴打、搜身、限制人身自由等。例如，2003 年 2 月 1 日实施的《云南省消费者权益保护条例》虽规定了最低一万元的精神损害赔偿额，但同样给出了限制，仅适用于“经营者以侮辱、诽谤、搜查、限制人身自由等手段”侵害消费者人身权利的情况，并且对情节有要求。

（3）精神损害赔偿数额受六个因素影响。《最高人民法院关于确定民事侵权精神损害赔偿责任若干问题的解释》规定，精神损害的赔偿数额根据以下因素确定：

1）侵权人的过错程度，法律另有规定的除外；

2）侵害的手段、场合、行为方式等具体情节；

3）侵权行为所造成的后果；

4）侵权人的获利情况；

5）侵权人承担责任的经济能力；

6）受诉法院所在地平均生活水平。

法律、行政法规对残疾赔偿金、死亡赔偿金等有明确规定的，适用法律、行政法规的规定。该解释还规定，受害人对损害事实和损害后果的发生有过错的，可以根据其过错程度减轻或者免除侵权人的精神损害赔偿责任。

3. 敲诈勒索问题

作为企业，对于客户的索赔要求，一般首先认定是正当、合理的，但是当某些客户提出不切实际的索赔条件，谈判态度过于强硬时，企业要自问：是不是碰到敲诈勒索了？

《中华人民共和国刑法》规定，敲诈勒索公私财物，数额较大的，处三年以下有期徒刑、拘役或者管制；数额巨大或者有其他严重情节的，处三年以上十年以下有期徒刑，并处罚金。根据权威的学术观点，敲诈勒索罪是指以不法所有为目的，对他人实行威胁，索取数额较大的公私财物的行为。

总之，赔偿投诉是比较复杂的问题，也是专业性比较强的问题。要成功处理赔偿投诉，不仅需要高超的化解投诉技巧，还需要掌握必要的法律知识。

8.8 企业向消费者道歉技巧

企业在经营过程中向消费者道歉的情况经常出现。这是企业本着客户至上的精神而为，事实上，来自企业的一句“对不起”也使投诉处理容易了很多。但是有时客户对道歉有要求，如登报道歉、上门道歉，这就需要客服人员必须把握道歉技巧、灵活运用道歉手段。

8.8.1 依法赔礼道歉的范畴

侵犯消费者的人身权利（而不是财产权利），需要承担“赔礼道歉”的法律责任。在消费投诉中，涉及的人身权问题绝大多数是名誉权问题。需要注意的是，法律所说的侵犯名誉权与日常生活中人们的一般理解有所不同。根据法律有关规定，以书面、口头等形式宣扬他人的隐私，或捏造事实公然丑化他人人格，以及用侮辱、诽谤等方式损害他人名誉，造成一定影响的，应当认定为侵害公民名誉权的行为。也就是说，法律上的侵犯名誉权是指这里列出的几种行为。

此外，《中华人民共和国消费者权益保护法》还有相关的补充规定，经营者不得对消费者进行侮辱、诽谤，不得搜查消费者的身体及其携带的物品，不得侵犯消费者的人身自由。如果经营者违反了这一规定，侵害消费者的人格尊严或者侵犯消费者人身自由的，应当停止侵害，恢复名誉，消除影响，赔礼道歉，并赔偿损失。

综上所述，根据现行的法律规定，企业依法须承担“赔礼道歉”法律责任的情况如下。

（1）对消费者进行侮辱、诽谤。

（2）搜查消费者的身体及其携带物品。

（3）侵犯消费者的人身自由。

（4）捏造事实公然丑化消费者的人格。

（5）以书面、口头等形式宣扬消费者的隐私。

（6）侵犯消费者的姓名权、肖像权、荣誉权。

8.8.2 赔礼道歉的形式、技巧

赔礼道歉作为一种民事责任，是对侵犯人身权利的补救措施，因此，赔礼道歉的形式是以能够达到对人身权利的补救目的而确定，在什么范围内侵犯了消费者的人身权利，就在什么范围内进行恢复。比如，通过公开发行的报刊侵犯了消费者的人身权利，那么就要在同样的报刊、同样的版面向消费者公开道歉。但是，当消费者提出登报公开道歉的要求时，只要企业并非在报刊发行所及范围内侵犯消费者的人身权利，企业完全可以通过适当

的方式予以拒绝。赔礼道歉的形式主要有以下几种。

1. 登报公开道歉

一般来说，企业除了发布传媒广告侵犯了他人的肖像权、姓名权，以及在同样范围内刊登致歉公告以外，不宜在媒体上公开书面道歉。这主要出于两方面的考虑：一方面是企业形象很可能受影响；另一方面是出于法律后果的考虑，致歉公告一旦刊登出来，所有涉及的客户在理论上都可以拿着致歉公告向企业索赔。如果由于涉及客户众多，企业必须通过传媒通知客户并表示歉意的话，可以通过以下方式使公开认错软性化。

- 不以企业名义，而使用报道口吻，记者采访某问题，企业负责人向客户表示歉意等。
- 将焦点集中在问题的解决上，如问题是如何出现的、如何善后、今后如何避免等，顺带向客户表示歉意。

2. 上门道歉

对于客户意见很大、难以沟通的，以及客户地位尊贵的情况，上门道歉是一种比较好的投诉处理方式。

上门道歉的人员中应有具有一定级别的员工，如主管以上。上门道歉除了带齐与投诉有关的资料以外，还应准备一些企业的公务礼品。

由于上门道歉的成本比较高，企业应对上门道歉进行合理的控制，不要动辄就上门道歉，否则会降低上门道歉的质量。

3. 口头道歉

商品或服务有瑕疵或令客户误会，收到客户的投诉后，向客户口头表示歉意，这是商家工作人员常见的表现。这种道歉在商家更多的是传递客户至上的态度，而对于客户，企业道歉使他们感到了受重视、受尊重，道歉拉近了双方的距离，双方进一步的交流会顺畅很多。因此，口头道歉需要注意的是，道歉的态度要真诚，如果流于形式，也起不到道歉的作用。

4. 书面道歉

企业给出的书面道歉从形式上、内容上都要规范。从形式上，企业的书面道歉应当以企业的名义，或者企业下属业务单位（如店面）的名义出具。从内容上，企业的书面道歉应客观表述所涉及的相关事实，不要拉扯到责任问题，致歉的表态也不要涉及法律责任。为了确保书面道歉的形式、内容的规范，企业应当建立相关的流程，致歉函要经过法律人员的审核通过。

8.9　群体性投诉的处理

群体性投诉对企业的影响就像一场强台风登陆，事发突然，破坏力强，即使最后成功平息，企业也往往被搞得焦头烂额、灰头土脸。前两年的东芝笔记本电脑事件、砸奔驰车事件就是例证。遭遇群体性投诉，企业应对要注意以下几个方面。

8.9.1　危机预警

一线接受投诉处理的人员，在接到比较频密的同一类型投诉时，就要拉响群体性投诉的警报，为应对群体性投诉赢得宝贵的时间。然后，企业要紧急制订应对方案，包括调查商品或服务涉及的客户数量、预测可能出现的投诉量、客户可能提出的投诉要求、企业回应客户的投诉处理方案、企业回应客户的方式（一对一、传媒公开或兼而有之）等。

8.9.2 取得政府、传媒和消费者协会的支持

企业应对方案确定后，要立即取得政府和传媒的支持。作为企业的主管部门和监管部门的政府部门，要准备好报告书和相关资料，派出专人进行沟通。传媒方面要视情况召开新闻发布会，视情况确定是否请记者发稿。如果企业的掌控能力有限，不能确保所有媒体都不报道，最好准备统一的新闻通稿。在消费者权益保护协会方面，企业要准备好方便消费者权益保护协会工作的资料，视情况需要可以在消费者权益保护协会临时派驻企业代表。此外，企业应主动与政府、传媒、消协沟通，讲清情况，可以使他们工作更主动，取得他们的理解和同情，还可以从他们那里获得一些有益的建议。

8.9.3 监控事态发展

企业要安排专人对事态发展进行监控、报告，包括每日的投诉情况、投诉个案的发展情况、媒体和公众的舆论动态。通过监控获得的信息，适当调整企业的应对方案。

8.9.4 各个击破

对已出现的投诉，要实行各个击破。如果投诉数量众多，可以按照投诉的类型、地域等因素分成组群，分别处理。在对投诉进行各个击破时，特别要注意的是，企业要有整体的、统一的处理方案，以免投诉人互相攀比。如果确实需要有差别，比如，客户因装修问题而产生的投诉，会因为投诉人的装修标准造成补偿金不同，那么应与投诉人签订严格保密协议，并特别约定如果投诉人违反协议应当支付的违约金额。

8.9.5 攻心为上，奖励配合

在企业统一的投诉处理方案基础上，可以根据情况制定奖励条款。比如，对于在某段时间内接受投诉处理方案的人，给予最高额的奖励；随后一段时间内，奖励略低。在企业给出最高奖励的阶段，观望的客户还在多数，而在随后的略低奖励阶段，客户看到企业确实不会加码、反而降低了奖励幅度，会对企业的处理方案产生认同，绝大多数客户会在这个阶段配合解决投诉。

8.9.6 避免群体性事件

遇到群体性投诉，企业要注意避免投诉者闹事。如果投诉者现场聚集、集会、游行，那么群体性投诉就已经演化成“群体性事件”，企业要在第一时间通知警方，由公安机关负责治安维护，企业应协助疏散。

8.10 重大投诉中的有关问题

8.10.1 法律顾问在投诉处理中的角色

有的投诉中，客户会不满地说：“你们都是法盲，让你的法律顾问和我谈！”于是，投诉处理人员请法律顾问出场。但实践证明，法律顾问出面并不一定有利于投诉的处理。由法律顾问与客户谈投诉处理，客户往往会陡生戒心，处处防备，而且会有意无意地往打官司的路上想，谈判气氛会越来越紧张。其中的缘由在于法律顾问的身份对于客户起着很强的暗示作用。

其实很多时候，客户提出要法律顾问来谈，是表达他与投诉处理人员在法律问题上的分歧，以及他希望能有法律专业人士发表一下对问题的看法。因此，当客户提出希望与法律顾问谈的时候，投诉处理人员不应将整个投诉踢给法律人员，而应妥善安排，请法律顾问解答某个问题，将回答传递给客户，或者请法律顾问就某个法律问题向客户进行解释，随后，还是应由投诉处理人员与客户继续谈判投诉处理。如果某个投诉涉及较多的法律专业问题，那么也可以由法律顾问处理，但这时他向客户表明的身份就不再是法律顾问，而是一名投诉处理人员了。

8.10.2　企业高层什么时候出面

应该说，企业高层亲自处理投诉，对于投诉的及时处理，以及了解具体的业务情况，都有积极的作用。但是，从资源的合理分配以及从投诉处理的规律考虑，对企业高层亲自出面处理的投诉量，应适当地加以控制。对于一般投诉，企业高层不宜亲自出面处理，也没有必要。当然，高层检查和体验业务是另外一回事。

对于社会地位较高的投诉者，出于对等原则及为企业营造良好的社会关系的目的，企业高层可以适当出面，如致电、拜会等。对于其他投诉者的投诉，如果投诉者要求见企业高层，可先由秘书出面处理。对确实需要安排高层与客户会面的情况，高层应着重谈宏观原则，不宜深入投诉细节；同时高层可当着客户的面指定跟进人员，后续事务由该员工负责处理。这些安排的目的是给企业高层留下回旋余地，避免投诉僵局的发生。直接负责处理投诉的人员应注意及时向高层汇报处理情况，必要时，企业高层再亲自参与投诉的处理。

8.10.3　与消费者协会合作

消费者协会（以下简称“消协”）是一个民间团体，没有行政权力，这是消协与政府监管部门的区别。消协的职能是代表消费者利益，对企业实施监督。但对企业来说，消协是一个合作的好伙伴。

消协每天受理大量的投诉，他们要帮助消费者向企业要一个说法。但另一面，消协实际上非常需要企业的配合，以便给消费者一个交代。这样，消协更像一个中间机构，连接着企业与消费者。消费者没有找企业（很多时候是找企业没有得到解决）而找消协，企业可能会感到一定的压力；但另一方面，企业通过消协与消费者协商，其实也增加了企业的谈判力量，并且消协有充分的投诉解决经验，能够给企业提出有益的解决建议。因此，消协是企业需要很好维护、珍惜的合作伙伴。

对于消协转给企业的投诉，企业要优先处理，这对企业有利，也是对消协的支持。对于投诉，企业有不同的看法，也可全面地沟通，获得消协工作人员的认同。

本章小结

客户投诉是每一个企业都会遇到的问题，它是客户对企业管理和服务不满的表达方式，也是企业有价值的信息来源，同时为企业创造了许多机会。因此，如何利用处理客户投诉的时机而赢得客户的信任，把客户的不满转化客户满意，锁定他们对企业和产品的忠诚，获得竞争优势，已成为企业营销实践的重要内容之一。通过本章的学习，我们了解了客户投诉的心理状态，掌握了处理客户投诉的流程和原则及不同类型投诉事件的处理技巧。

案例

客户办理网银案例

某日，一位客户要求到我行开通网上银行，柜员在帮其办理时很善意地告知客户网上银行办理时会一同开通手机银行。客户立即表示自己不需要手机银行，风险太大。根据之前的操作经验，理财柜员告知客户可以先一同办理，然后回家用手机发短信注销手机银行。但是由于之前系统做过升级，客户在用手机短信注销手机银行时，将网银一同注销。客户发现后非常愤怒，拨打95588投诉。

投诉处理：接到投诉后，我们首先重新查询了流程，发现确实是我行流程变更造成的问题。之后拨打该客户电话，向客户承认确实是我们的问题，并向客户做出了解释。同时给客户提供了一个补救的方案，我们派员工上门去接客户来网点重新办理该业务，并通过其他的途径帮他注销了手机银行。在处理过程中我们专门指派了一名员工全程陪同客户，在办理网银后陪同客户当场登录网上银行并确认登录成功，客户事后表示满意。

在日常业务中遇到系统升级等不可控因素时，如何向客户解释是关键。在客户看来，系统和我们的员工是银行的一个整体，客户只求业务办理完成，并不会深究其中细节。但有时我们的员工很无辜，系统升级造成的变化并不是员工个人的问题。在这种情况下，我们需要运用智慧，用我们比较好的其他的增值服务来给客户做出补偿（在本例中就包括车辆接送和专人陪同），让客户获得重视感。

1. 客户投诉时的心理状态主要有哪几种？
2. 处理投诉的要求有哪些？
3. 客户投诉的处理步骤有哪几步？
4. 处理客户投诉的原则有哪些？
5. 重大投诉的处理技巧是什么？
6. 企业向消费者道歉技巧是什么？
7. 重大投诉中的有关问题有哪些？

教学方法建议

一、情境教学法的定义

情境教学法是指把课文中讲述的事情的场景再现于课堂，贯穿于课堂。通过教师的引导，让学生置身于课本所讲的环境当中，调动学生的想象力、思维力和感受力，再经过教师巧妙设问，使学生得到预期教育效果的教学手段。

二、情境教学法的基本环节

1. 选择案例。首先，所选案例要同学生所学内容接近；其次，案例要力求简洁，使之能在上课时间内完成；最后，案例应当是不完整的、缺少最终结果的。这可使学生根据自己对案例的理解提出自己的见解，锻炼他们分析问题、解决问题的能力，有利于学生之间的相互学习。

2. 课外准备。首先，根据教学班的情况将学生分为三到四个模拟演练小组。其次，各组要在组长的领导下对案例进行深入分析，并对本组活动的各个步骤进行安排。

3. 课堂演练和答疑。当各小组经过一段时间的准备之后，就可以按照事先的安排进行正式的模拟演练。每组演练结束后，其他小组和教师均可针对演练内容和提出的方案进行质疑，演练小组答疑，双方都充分发表自己的见解和观点。

4. 分析总结。首先，各演练小组要对本组的演练进行介绍、分析和总结，以便相互了解。其次，教师要对案例进行深入分析，并对各演练小组的方案和演练内容进行总评，尤其要找出学生在演练过程中的闪光点和创新之处，及时予以鼓励和表扬。

本章教学过程操作

一、创设情景，揭示课题

1. 事先指定两组学生（这两组不是平时的学习小组，重新指定同学）扮演客户服务方和客户投诉方，以简单产品质量投诉为宜，最好提前一周告知学生。例如，A 同学家里购买的空调，制冷效果不好，经过几次协商维修后效果依然不好，到公司投诉。另一组 B 同学接待处理投诉。

2. 上课时在教室里摆设现场接待室，其他同学围绕接待室就座。

二、回忆旧知，感悟新知

回顾前面学习的处理投诉的知识和方法，提出新的解决问题的策略。

三、尝试成功，应用新知

让同学们将准备的投诉过程进行展示，老师提出需要解决的问题，所有同学给出解决问题的策略和措施。

四、实践应用，巩固新知

让每个学习小组的同学给出解决问题的答案，老师将问题细化，也可以稍做变通（不是举一反三），让同学们进行解决。

五、师生小结，聚焦课堂

老师和学生共同总结，小组之间相互点评。

六、延伸课堂，举一反三

在大部分同学掌握基本知识和技能后，老师将问题拓展。例如，多个家庭来投诉，让学生提出解决方案。

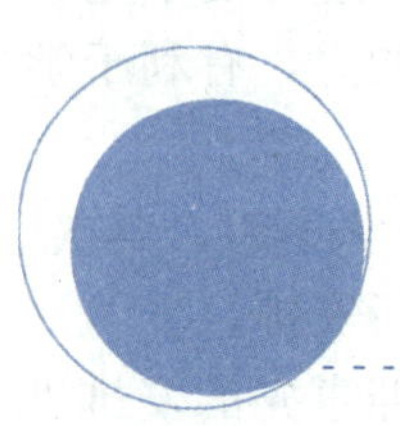

项目九
客户关系管理的策略分析

引例

罗布的秘密

肯·罗布是迪克连锁超市的高级营销副总裁，这是一家在威斯康星州乡村地区拥有八家分店的超级市场。

罗布的秘密是当他的顾客来商场采购时，他十分了解这些顾客想要买些什么。这一点连同超市所提供优质服务的良好声誉，是迪克连锁超市对付低价位竞争对手及类别杀手的主要防御手段。迪克超市采用数据优势软件（DataVantage）——一种由康涅狄格州的关系营销集团所开发的软件产品，对扫描设备里的数据加以梳理，即可预测出其顾客什么时候会再次购买某些特定产品。接下来，该系统就会恰到好处地推出特惠价格。

它是这样运行的：在迪克超市每周消费25美元以上的顾客每隔一周就会收到一份订制的购物清单。这张清单是由顾客以往的采购记录及厂家所提供的商品现价、交易政策或折扣共同派生出来的。顾客购物时可随身携带此清单，也可以将其放在家中。当顾客到收银台结账时，收银员就会扫描一下印有条形码的购物清单或者顾客常用的优惠俱乐部会员卡。无论哪种方式，购物单上的任何特价商品都会被自动予以兑现，而且这位顾客在该店的购物记录会被刷新，生成下一份购物清单。

“这对于我们和生产厂家都很有利，因为你能根据顾客的需求订制促销方案。由此你就可以做出一个与顾客商业价值成正比的方案。”罗布说。

迪克超市还依靠顾客特定信息，跨越一系列商品种类把订制的促销品瞄准各类最有价值的顾客。比如，非阿司匹林产品（如泰诺）的服用者可以被分成三组：服用全国性品牌者、服用商店品牌者和摇摆不定者。这些组中的每组顾客又可以根据低、中、高用量被分成三个次组。用量就代表着在某类商品中顾客对迪克超市所提供的长期价值（仅在这一个产品种类中，就有6个“模件”，产生出总共9种不同类型的顾客——这足以发动一次批量订制营销活动了）。

假设超市的目标是要把泰诺用户转变成商店品牌的用户，那么罗布就会将其最具攻击性的营销活动专用于用量大的顾客，因为他们最有潜在价值。给予大用量顾客的初始折扣优惠远高于给予低用量和中等用量的顾客。促销活动的时间会恰好与每一位顾客独有的购买周期相吻合，而对这一点，罗布通过分析顾客的以往购物记录即可做出合理预测。

“顾客们认为这太棒了，因为购物清单准确地反映了他们要购买的商品。如果顾客养狗或猫，我们就会给他提供狗粮或猫粮优惠；如果顾客有小孩，他们就可以得到孩童产品优惠，比如尿布及婴幼儿食品；常买很多蔬菜的顾客会得到许多蔬菜类产品的优惠，”罗布说，“如果他们不只在一家超市购物，他们就会错过我们根据其购物记录而专门提供的一些特价优惠。很显然我们无法得知他们在其他地方买了些什么，但是如果他们所购商品中的大部分源于我们商店，他们通常可以得到相当的价值回报。我们比较忠诚的顾客常会随同购物清单一起得到价值为30～40美元的折价券，我们的目标就是回报那些把他们大部分的日常消费都花在我们这儿的顾客。”

有时可以通过获取其他相关单位的赞助来尽量减少折扣优惠所造成的经济损失；反过来，这些单位可以分享你不断搜集到的信息资讯。以迪克超市为例，生产厂商会给予绝大多数的打折商品补贴。作为整个协议的一部分，生产厂家可以获得从极为详尽的销售信息中所发现的分析结果（消费者名字已去除）。这些销售信息的处理加工均是由关系营销集团进行的，这家公司不但提供软件产品，而且还提供扫描数据采掘服务。

学习重点

通过本章学习，掌握客户关系生命周期以及与客户生命周期的区别，掌握不同阶段应采取的策略；了解关系营销、数据库营销、精确营销的基本概念及其与市场营销的关系。

9.1　关系营销

关系营销（Relationship Marketing）是在“社会学时代”的大背景下，于20世纪90年代伴随着“大市场营销”概念衍生发展而来的，是以科学理论和方法为指导的新型营销观念。1984年，科特勒提出的所谓“大市场营销”概念，目的在于解决国际市场的进入壁垒问题。在传统的市场营销理论中，企业外部环境是被当作“不可控因素”来对待的，其暗含的假设是，当企业在国际市场营销中面临各种贸易壁垒和舆论障碍时，就只得听天由命。因为传统的4P组合策略，在贸易保护主义日益盛行的今天，已不足以打开封闭的市场。要打开封闭的市场，企业除了需要运用产品、价格、分销及促销四大营销策略外，还必须有效地运用政治权力和公共关系这两种营销工具，这种策略思想称为“大市场营销”。

虽然关系营销概念直接来自科特勒的“大市场营销”思想，但是它的产生和发展同时也大量得益于对其他科学理论的借鉴、对传统营销理念的拓展以及信息技术浪潮的推动。

关系营销自产生以来就得到了迅速的发展。贝瑞率先提出并讨论了如何维系和改善同现有客户之间关系的问题。随后，杰克逊提出要与不同的客户建立不同类型的关系。

北欧诺迪克学派的代表人物葛劳罗斯·舒莱辛格和赫斯基则论证了企业同客户的关系对服务企业市场营销的巨大影响。今天，人们对关系营销的讨论和关系营销的实践，已从单纯的顾客关系扩展到了企业与供应商、中间商、竞争者、政府、社区等的关系。这样，关系营销的市场范围就从顾客市场扩展到了供应商市场、内部市场、竞争者市场、分销商市场、影响者市场、招聘市场等，从而大大地拓展了传统市场营销的含义和范围，被西方舆论界视为“对传统营销的一次革命”，也被看作是21世纪市场营销的一大发展趋势。随着世界经济一体化、国内市场国际化和竞争全球化的发展，关系营销的理念在我国企业界得到了传播，并被运用到各类市场活动中。

9.1.1 关系营销的定义

客户关系管理本身的含义其实已经清楚地告诉我们，要特别关注“关系”。通过与客户建立良好的关系，无论是销售关系还是服务关系，来实现扩大市场份额的发展目标。所谓关系营销，是把营销活动看成是一个企业与消费者、供应商、分销商、竞争者、政府机构及其他相关者互动，并建立起长期、信任和互惠关系的过程。

关系营销是建立在长期交往而产生信任的基础上，使企业能够长远地保持客户的忠诚度，维持有盈利的业务和在竞争激烈的市场上取得成功。营销大师科特勒说：“在这个新的、变化的世界里，企业唯一可以持续的竞争优势是它与消费者、商业伙伴及公司员工的良好关系。”要做到这一点，企业通常需要向这些个人和组织承诺并提供优惠的产品、良好的服务以及适当的价格，从而与这些个人和组织建立和保持一种长期经济和社会关系。关系营销的核心是建立和发展同相关个人和组织的兼顾利益的长期联系。企业作为一个开放的系统从事活动，不仅要关注顾客，还应注意大环境的各种关系：企业与客户的关系、与上游企业的关系、企业内部关系以及与竞争者、社会组织和政府之间的关系。

关系营销与传统的交易营销相比，在对待客户上的不同之处主要在于：

(1) 交易营销关注的是一次性交易，关系营销关注的是如何保持客户。

(2) 交易营销较少强调客户服务，而关系营销则高度重视客户服务，并通过客户服务来提高客户满意度，培育客户忠诚。

(3) 交易营销往往只有少量的承诺，关系营销则有充分的客户承诺。

(4) 交易营销认为产品质量应是生产部门所关心的，关系营销则认为所有部门都应关心质量问题。

(5) 交易营销不注重与客户的长期联系，关系营销的核心就在于发展与客户的长期、稳定的关系。关系营销不仅将注意力集中于发展和维持与顾客的关系上，而且扩大了营销的视野，它涉及的关系包含了企业与其所有利益相关者间所发生的所有关系。

9.1.2 关系营销的特征

关系营销的本质特征可以概括为以下几个方面：

(1) 双向沟通。在关系营销中，沟通应该是双向而非单向的。只有广泛的信息交流和信息共享，才可能使企业赢得各个利益相关者的支持与合作。

(2) 合作。一般而言，关系有两种基本状态，即对立和合作。只有通过合作才能实现协同，因此合作是“双赢”的基础。

(3) 双赢。即关系营销旨在通过合作增加关系各方的利益，而不是通过损害其中一方或多方的利益来增加其他各方的利益。

(4) 亲密。关系能否稳定和发展，情感因素也起着重要的作用。因此关系营销不只是要实现物质利益的互惠，还必须让参与各方能从关系中获得情感的需求满足。

(5) 控制。关系营销要求建立专门的部门，用以跟踪顾客、分销商、供应商及营销系统中其他参与者的态度，由此了解关系的动态变化，及时采取措施消除关系中的不稳定因素和不利于关系各方利益共同增长的因素。此外，通过有效的信息反馈，也有利于企业及时改进产品和服务，更好地满足市场的需求。

9.1.3 关系营销梯度推进的三个层次

企业提供给客户的价值是建立和维系客户关系的基础。这种价值可以用客户从拥有和应用某种产品、服务中所获得的收益与取得该产品所付出的成本之差来衡量。产品、服务质量以及良好的客户满意度和口碑等，都是增加客户价值、吸引新客户的重要手段，同时在增进老客户关系方面也非常有效。关系营销梯度推进的过程实际上就是一个不断增加客户价值的过程。

如何最大限度地建立和增加客户价值，贝瑞和帕拉苏拉曼归纳了三种创造客户价值的关系营销层次，即一级关系营销、二级关系营销和三级关系营销。

1. 一级关系营销

一级关系营销在顾客市场中经常被称作频繁市场营销或频率市场营销。这是最低层次的关系营销，它维持顾客关系的主要手段是利用价格刺激增加目标市场顾客的财务利益。随着企业营销观念从交易导向转变为以发展客户关系为中心，一些促使顾客重复购买并保持顾客忠诚的战略计划应运而生，频繁市场营销计划即是其中的一例。所谓频繁市场营销计划，是指对那些频繁购买以及按稳定数量进行购买的顾客给予财务奖励的营销计划。如香港汇丰银行、花旗银行等通过它们的信用证设备与航空公司开发了“里程项目”计划，按积累的飞行里程达到一定标准之后，共同奖励那些经常乘坐飞机的顾客。又如，由新加坡发展银行有限公司 VISA 和高岛屋公司联合发起的忠诚营销也是希望与顾客建立长期的关系，智能卡（Smart Card）的持有者能享受免费停车、送货服务、抽奖活动等一系列优惠，具体形式则取决于顾客用智能卡购买商品的累积金额。一级关系营销的另一种常用形式是对不满意的顾客承诺给予合理的财务补偿。例如，新加坡奥迪公司承诺如果顾客购买汽车一年后不满意，可以按原价退款。

2. 二级关系营销

关系营销的第二种方法是既增加目标顾客的财务利益，也增加他们的社会利益。在这种情况下，营销在建立关系方面优于价格刺激，公司人员可以通过了解单个顾客的需要和愿望，并使服务个性化和人格化，来增加公司与顾客的社会联系。因此，二级关系营销把人与人之间的营销和企业与人之间的营销结合起来了。公司把顾客看作是客户，多奈利、贝瑞和汤姆森是这样描述两者区别的：对于一个机构来讲，顾客也许是不知名的，而客户则不可能不知名；顾客是针对一群人或一个大的细分市场的一部分而言的，客户则是针对个体而言的；顾客是由任何可能的人来提供服务，而客户是被那些指派给他们的专职人员服务和处理的。二级关系营销的主要表现形式是建立顾客组织，以某种方式将顾客纳入企业的特定组织中，使企业与顾客保持更为紧密的联系，实现对顾客的有效控制。

3. 三级关系营销

第三种方法是增加结构纽带，与此同时附加财务利益和社会利益。结构性联系要求提供这样的服务：它对关系客户有价值，但不能通过其他来源得到。这些服务通常以技术为基础，并被设计成一个传送系统，而不是仅仅只依靠个人建立关系，从而为客户提高效率和产出。良好的结构性关系将提高客户转向竞争者的机会成本，同时也将增加客户脱离竞争者而转向本企业的利益。特别是当面临激烈的价格竞争时，结构性联系能为扩大现在的社会联系提供一个非价格动力，因为无论是财务性联系还是社会性联系都只能支撑价格变动的小额涨幅。当面对较大的价格差别时，交易双方难以维持低层次的销售关系，只有通过提供买方需要的技术服务和资金援助等深层次联系才能吸引客户。特别是在产业市场上，由于产业服务通常是技术性组合，成本高、困难大，很难由客户自己解决，这些特点有利于建立关系双方的结构性合作。

如果企业有志于和客户建立长期稳定的关系，就要改变那种每一笔交易都力求利润最大化的做法。在前面提到的三级关系营销里面，我们可以看到企业对于部分利益的放弃。客户关系管理的目标是和客户建立长期的可盈利关系，完成这种转变要由企业的决策层来推动，因为销售人员总是舍不得到手的每一个交易的盈利机会，而且销售人员单靠个人力量也无力完成“伙伴关系”的决策和推动。

9.1.4 关系营销中的双赢策略

1. 关系营销的双重价值

关系营销实际上是一个双赢的策略，企业和客户之间是互相依存的关系，存在着共同的利益：客户支付价值获得使用价值，企业让渡产品使用价值，获得价值。因此，企业与客户之间是一种合作关系、双赢关系。关系营销的核心是保持客户，为客户提供高度满意的产品和服务价值，通过加强与客户的联系，提供有效的客户服务，保持与客户的长期关系，并在与客户保持长期关系的基础上开展营销活动，实现企业的营销目标。实施关系营销并不是以损伤企业利益为代价的，根据研究，争取一个新客户的营销费用是维系一个老客户费用的五倍，因此加强与客户的关系并建立客户忠诚度，可以为企业带来长远的利益，关系营销提倡的是企业与客户的双赢策略。

对实施客户关系营销的企业而言，通常可以得到以下好处：

(1) 销售量增加。当客户感到企业提供的产品和服务比企业的竞争对手所提供的产品和服务更令人满意时，就会增加采购量。

(2) 成本降低。开发新客户的成本要高于维持老客户的成本。

(3) 口碑效应。可以带来对产品和服务的免费广告。

对客户而言，关系营销可以带来以下可体验的利益：

(1) 信任利益。这种利益包含了信任的感觉或对供应商的信心，是一种减少焦虑和对期望较为了解的舒适感觉。

(2) 社会利益。经过长期往来，客户同企业之间会形成一种家庭式的感觉，同时建立一种社会关系，这些关系使得客户很少更换供应商。

(3) 特殊对待利益。包括获得特殊的交易价格、优先接待等。

2. 实施关系营销的具体策略

（1）建立质量和品牌优势，树立企业市场形象。质量是一个产品或服务的特色和品质的总和，这些特色和品质将影响产品满足所显明的或所隐含的各种需要的能力。质量应是全面的质量，全面的质量包括三个组成部分：

第一，产品和服务本身的质量，包括功能完善程度、舒适程度、美观程度、安全程度等，这是质量的外在表现。

第二，公司每一项活动的质量，包含从市场需求、设计、生产、销售到售后服务等各个过程的质量，这是产品和质量的内在保证。

第三，"速度"质量，质量是在以客户为核心的策略思考下以价值创新为保证的质量，因此速度将是企业未来经营不可忽略的因素，企业除快捷地获取客户期望、推出客户满意的产品外，还必须不断地进行价值创新。

随着市场经济的发展，产品质量"同质化"程度增加，品牌的力量开始显现，已成为区域和企业综合实力的象征。美国可口可乐公司总裁曾说："即使可口可乐公司在一夜之间毁灭，我可以凭借其品牌，在世界任何一家银行贷出款项而重振雄风。"由此可以看出品牌的威力。面对现代市场条件下的竞争，企业必须创建自己的品牌。

（2）借助现代网络技术和电子商务技术建立与客户的全面互动的关系。现代网络技术和电子商务技术为企业建立与客户全面的互动关系提供了良好的工具和手段。企业可以通过网络把企业和客户联系在一起，并对服务流程进行整合，从而为客户提供一个集成性、一体化、互动式的高效服务。IBM公司将传统的以电话为主的呼叫与互联网相结合，通过Web界面和电话服务系统把客户与市场营销、技术支持、客户关系、硬件保修等部门联系在一起，为客户提供集成的一体化服务及支持，大大提高了客户满意度。2000年IBM销售收入的40%来自服务。与客户建立互动关系正在引起国内企业的重视。在国内企业中，联想、海尔等企业都投资安装了呼叫中心。

（3）建立客户价值让渡系统，从多方面培养企业与客户的关系。客户让渡价值是总客户价值与总客户成本之差，即客户期望从特定产品或服务中获得的全部利益。客户将从提供最高让渡价值的公司购买产品。营销就是提高客户价值、建立一个卓越的客户价值让渡系统。关于提高客户价值，有三种方法：

其一，通过增加财务利益来加强与客户的关系。如给予常客赠送奖品及各种形式的价格优惠，但这些措施极易被模仿。

其二，增加社交利益以及财务利益。即公司服务个性化、私人化。

其三，增加结构性联系以及财务和社交利益。如公司提供特定设备、应用软件、营销调研、培训等。一定意义上相当于构筑了一种转换壁垒，易形成竞争优势。

企业应积极建立多种与客户沟通的渠道，建立多种关系管理，加强与客户的沟通、互动，利用一切有利于加强关系的方法，如联谊会、周年庆典会、顾客俱乐部、会员制等加强关系营销。

建立这种关系的基础是满足客户真正的需要，实现客户满意。离开了这一点，关系营销就成了无源之水、无本之木。要与关联企业建立长期合作关系，必须从互惠互利的角度出发，并与关联企业在所追求的目标认识上取得一致。1998年8月深圳万科的"万客会"

招募会员，成为国内第一家以关系营销为目的的会员组织，加强了与老客户、潜在客户的沟通和交流，倾听他们的声音，使会员人数不断增加，潜在客户的90%成为现实客户。目前全球盛行的品牌捆绑销售成为许多不相干企业加强联系的手段，也不失为企业加强与客户之间关系的一种好方法。

9.2 数据库营销

9.2.1 从关系营销到客户关系管理

从关系营销到客户关系管理的发展过程中，数据库营销（Database Marketing）的出现意义十分重大，起到了桥梁的作用。事实上，数据库营销是直接营销或目标营销的一种高级形式，同时又吸收了关系营销的某些成分。尽管在关系营销和数据库营销的关系问题上存在许多争论，但有一点是肯定的，数据库营销的根本目的也是为了提高营销的针对性和有效性，在了解顾客需求的基础上去满足顾客需求，以构建长期的主顾关系。数据库营销吸收了关系营销、直接营销和目标营销的一些观念和做法，在实现技术和手段上朝前迈进了一步。

数据库营销是建立在准确的顾客信息、竞争对手信息和公司内部信息基础之上的一种互动的营销沟通方式。数据库营销主要由三种子系统组成：直接响应营销、计算机辅助销售和顾客信息服务。

（1）直接响应营销。这是数据库技术与目标营销的结合，用数据库辅助与现有顾客或潜在顾客的沟通，如直接邮寄、电话营销和直接响应广告等，以激发顾客的迅速响应——发出订货要求或进一步的信息索求。

（2）计算机辅助销售。允许分处不同地域的销售队伍或销售支持队伍通过桌面电脑或手提电脑直接访问公司的数据库，获取顾客或潜在顾客的信息、竞争对手信息和公司信息。该子系统也可以用于内部的电子沟通，以辅助销售管理。

（3）顾客信息服务。允许顾客与企业之间的便捷沟通，为顾客提供尽可能多的信息支持，如账单查询、质量抱怨、技术问题咨询、产品服务信息查询等，使其加深对本企业的了解，更好地使用本企业的产品。在如今的客户关系管理中，我们仍然能够隐约看到数据库营销的三个子功能或子系统，只不过在存在形式或实现方式上已经脱胎换骨。数据库营销的出现无疑使关系营销朝着客户关系管理的方向大大地迈进了一步，其运用信息技术来支持对关系的管理也是客户关系管理的基本思想。如果说关系营销是客户关系管理的理念基石，那么数据库营销则可堪称客户关系管理的技术基石。

与数据库营销相比，客户关系管理的技术手段更加先进，不仅运用了更为先进的数据库技术，还包括其他新兴技术如数据仓库技术、联机数据处理技术、知识发现技术和数据挖掘技术等，这些技术的引入有效地促进了企业对各种数据的获得、分析和运用，使得企业对关系的管理更加科学化和智能化。随着信息技术的发展和实践探索的不断深入，人们对信息的把握或运用能力越来越强，对关系问题的研究逐渐突破营销的范围，开始考虑如何从企业整体的角度出发，通过有效地设计组织流程和信息系统，实现对各种信息的有效识别、搜集、分析和共享，从而有效地支持关系营销和关系管理。客户关系管理正是在这种背景下产生的，不过，目前对客户关系管理的研究，应用层面的发展多于理论层面的探讨。在应用层面，一些知名软件企业如 Siebel、Oracle、SAP、SAS 等，纷纷开发 CRM 软件产品，用于辅助企业的客户关系管理。1999 年，CRM 产品和服务的全球市场销售总额就已达 340 亿美元。而在理论方面，客户关系管理所坚持的根本理念无异于传统的关系营销和关系管理，只是在实现技术和形式上朝前大大地迈进了一步。

9.2.2 数据库营销

数据库营销并不是一种新的营销方式。20 世纪 80 年代中期，西方发达国家市场经济体制发育得已比较成熟，市场基本特点是供给大于需求，形成买方市场，企业之间的竞争日趋激烈，企业短期利益减少。竞争的结果是，追求利润最大规模经营目标逐渐被以追求适当利润和较高市场占有率的经营目标所替代。以客户需求为导向的销售观念已被大部分企业所接受。这样，在实践中就提出了一个如何加强客户管理，及时捕捉和反馈客户需求，以便稳定和提高市场占有率的问题。随着信息技术的迅猛发展，尤其是路机技术的发展，数据库强大的数据处理能力逐步被应用到客户关系营销管理当中。企业通过数据库及时掌握现有客户群的需求变化，再把信息反馈到决策层，以便做出正确的生产投资决策。数据库营销就这样诞生了。

1. 数据库营销的定义

数据库营销是企业通过搜集和积累消费者的大量信息，经过处理后预测消费者有多大可能性去购买某种产品，以及利用这些信息给产品以精确定位，有针对性地制作营销信息，以达到说服消费者去购买产品的目的。

从定义中可以看出，数据库营销的特点主要包括：

第一，数据库营销的本质是提供一个关于市场行情和客户信息的数据库，它主要在于强调运用市场营销策略的目的性和结果，即加强现有客户的品牌忠诚度和发现潜在客户。

第二，客户数据库是客户与营销部门之间沟通的桥梁，营销部门通过客户数据库才能开展有目的的营销策划活动。

第三，公司的现有客户和潜在客户（指还没有对本企业树立品牌忠诚的那部分客户）的基本资料都被储存在营销数据库里，这些基本资料包括：

（1）客户身份和联系方式；

（2）客户的需要（品种、款式、颜色等）及特征（人口和心理方面的信息），对于集团性消费者还包括其行业类型及其主管部门方面的决策信息；

（3）客户对公司营销计划的反应；

（4）客户与你的竞争对手的交易情况。

第四，企业定期通过电话、调查问卷、信件、销售人员等营销媒介和渠道及时了解客户需求变化及产品改进建议，并迅速反馈给市场营销政策的制定者。最后，数据库营销能够代替许多市场调研工作，并且能迅速获得比较充分的客户信息，客户也能对企业的产品有充分的了解，基本上解决了企业与客户之间信息不对称的问题，一定程度上减少了市场的交易成本。

通过数据库的建立和分析，各个部门都对客户的资料有了全面的了解，能进一步给予客户更加个性化的服务支持和营销设计。数据库营销为每一位目标客户提供了及时作出反应且可测定和度量的反馈机会，使客户能够从被动接收转为“信息双向交流”。数据库营销以客户的满意率作为营销目标，通过维持客户关系来实现客户终身价值的最大化，为“一对一的客户关系管理”提供了坚实的基础。同时，通过数据库营销，我们能在最佳时间内、以最佳方式把信息发送给需要这些信息的群体，以方便客户，增加每单位营销费用的反应率，降低取得每个订单的成本，开拓市场并建立增加企业利润的可预测性模型，通过这个模型，可以对储存了客户详细信息的计算机数据库进行实时的管理，以区分高反应率客户，从而达到建立一种稳定、长期的客户关系的目的。

2. 数据库营销的过程

数据库营销实际上就是利用计算机强大的数据存储和处理能力，建立客户数据库，利用客户数据库辨别出最有价值的客户，并以此为目标市场，向客户提供专门的产品和服务，由此提高客户满意度和忠诚度的过程。数据库营销是随着时代的进步和科学技术的发展，通过数据库技术和市场营销的有机结合而形成的。通过数据库的建立和分析，企业能准确了解客户信息，确定企业目标消费群，同时使企业促销工作具有针对性，从而提高企业营销效率。没有数据库营销，企业的营销工作就只能停留在理论上，而不是根植于客观实际，因为没有数据库，企业对市场的了解往往只是经验，而不是实际。

数据库营销的主要特征为：

(1) 数据库营销是信息的有效应用；

(2) 成本最小化，效果最大化；

(3) 顾客终身价值的持续性提高；

(4)“消费者群”观念，即一个特定的消费者群对同一品牌或同一公司产品具有相同兴趣；

(5) 双向个性化交流，买卖双方实现各自利益，任何顾客的投诉或满意都可以通过这种双向信息交流进入公司顾客数据库；公司根据信息反馈改进产品或继续发扬优势，实现产品和服务的最优化。数据库营销是一种以客户为出发点的营销方式，其主要特点就在于通过借助计算机和通信技术手段，在一个既定的框架内，通过数据库中的数据信息来确认企业的目标客户和潜在的长期客户，并与之进行交流和沟通，从而建立一种与客户的长期持久的关系。数据库营销在我国才刚刚开始，但是随着信息技术、通信技术的发展及计算机技术的普及应用，我们坚信将会有越来越多的企业采用数据库营销这一现代化的营销方式，因为在未来激烈的市场竞争中，没有什么比了解消费者习惯和爱好更为重要的了。

9.2.3 数据库营销的主要作用

1. 重点客户管理

重点客户管理就是有计划、有步骤地开发和培育那些对企业的生存和发展有重要意义的客户。与从区域和产品的角度出发进行销售管理不同，重点客户管理提倡将企业有限的销售和销售支持资源投资于对企业有重大关系的客户。事实上，为在激烈的市场竞争中保持竞争优势，企业必须积极地与这些能够给企业带来大部分营业收入和利润的重点客户发展亲密、稳固的关系。因为竞争对手也是瞄准这些客户发动竞争性攻击的。数据库营销可以从以下几方面为重点客户提供支持：

(1) 确定重点客户。利用各种模型对客户数据库进行深层次的挖掘，从不同的角度分析客户对企业业务带来的贡献，并通过投入—产出分析，计算出客户的价值和盈利率，最后用分类和关联分析就可以确定哪些客户对企业而言是最宝贵的，是需要重点发展的。

(2) 提供客户化的推荐。通过对客户购买行为的分析，了解客户的购买习惯和偏好，并预测出那些可能会吸引此客户的企业产品和服务，增强重复销售和交叉销售的可能性。

(3) 提高客户满意度和忠诚度。通过对重点客户反馈信息的分析，可以为其制订专门的产品和服务改进计划，不断提升奉献给这些客户的价值，由此促进他们对企业产品的满意度和忠诚度，保持这些重点客户并阻止竞争者的进入。

2. 挖掘潜在客户

潜在客户是企业产品未来的购买者，是企业利润增长的源泉。数据库营销可以利用数据挖掘、商业智能分析、知识发现等技术从客户数据中比较准确地辨识出目标客户。

首先，根据客户数据库中的资料和信息，将客户进行分类，然后再根据产品的特点确定营销目标和对象，做到有的放矢。例如，有些客户一向对新事物感兴趣，就可以把他们作为新产品的潜在客户进行挖掘，因为他们会带着极大的兴趣去了解新产品的功能、性能、优点及与之有关的一切情况。

其次，营销人员还要对所有可能的潜在客户进行筛选，挑选其中一部分最有可能成为现实购买者的客户进行重点营销。这是因为仅仅根据数据库信息对客户进行分类，得到的潜在客户范围往往很大，且不同的潜在客户成为现实购买者的可能性大小是不一样的。确定目标客户后，就可以利用客户数据库跟踪客户来源，并将其分配给适当的营销人员。营销人员接到任务后，可以利用客户数据库中相关信息，针对不同类型的潜在客户进行不同的后续跟踪，例如，对于那些购买意向大的潜在客户，可以先向其发送有关产品的基本信息。如果他的感兴趣程度在一至两周后仍没有变化，可以在今后的三个月内每月向他发送有关该产品的相关信息，不断提高其感兴趣程度，最终促成其购买行为。

9.2.4 数据库营销的战略意义

数据库营销可以帮助企业准确地找到目标消费者群；可以降低营销成本，提高营销效率；可以使消费者成为企业长期、忠实的用户，使企业形成稳定的顾客群；可以为营销和新产品开发提供准确的信息；可以运用数据库与消费者建立紧密关系，企业可使消费者不再转向其他竞争者，同时使企业间竞争更加隐秘，避免公开、自然化的对抗。企业实施数据库营销，可以从下面的几个方面帮助企业获取巨大的市场竞争优势。

1. 帮助企业准确找到目标消费者群

通过客户数据库分析，准确找出某种产品的目标消费者，进行精确的市场定位，识别战略优势，改进营销战略部署，用针对性更强的促销方式代替昂贵的大众传播媒体。在生产观念指导下的营销，各种类型的消费者接受的是相同的、大批量生产的产品和信息；而在市场细分化理论下的营销，是根据人口统计及消费者共同的心理特点，把不知名的客户划分为某一类别。而现在，计算机和数据库技术可以使企业能够集中精力于更少的人身上，把最终目标集中在最小消费单位——个人身上，实现准确定位。

2. 帮助企业降低营销成本，提高营销效率

数据库营销通过准确掌握每位客户的 RFM，即最近购买期（Recency）、购买频率（Frequency）和购买的货币价值（Monetary Value）等信息，准确划分客户等级后，企业

就可以将促销活动缩小到那些最有可能获得最佳成绩的业务领域，从而降低营销成本，提高营销效率。《华尔街周刊》这样写道："读书俱乐部永远不会把同一套备选书籍放在所有会员面前。"现在的俱乐部都在进行定制寄送，他们根据会员最后一次选择和购买记录以及最近一次与会员交流活动中获得的有关个人生活信息，向会员推荐不同的书籍。效果是很明显的：一方面减少了损耗，而另一方面会员购买的图书量却提高了。数据库营销者减少了不恰当的寄送带来的无谓浪费，还提高了公司企业的形象。因为客户有种感觉，这个公司理解我，知道我喜欢什么并且知道我在什么时候对什么感兴趣。据有关资料统计，没有动用数据库技术进行筛选后而发送邮寄宣传品，其反馈率只有2%～4%，而用数据库进行筛选，其反馈率可以高达25%～30%。

3. 通过个性化的客户交流，维系客户忠诚

根据客户数据库中客户的兴趣爱好以及行为数据，针对不同的客户制订相应的个性化交流计划，维持和增强与客户的感情纽带，得到这种一对一关照的客户，会在心里逐渐形成对企业的偏好，从而提高企业的口碑，增加其重复购买的可能性。越来越多的企业投资建立数据库，以便能够记录客户最新反馈，利用公司最新成果分析出针对性强的稳定消费群，"锁定"目标客户。例如，某航空公司，内存80万人的资料，这些人平均每人每年要搭乘该公司的航班次数之多，占该公司总营业额的65%，因此该公司每次举行促销宣传活动，必须以他们为主要对象，极力改进服务，满足他们的需要，使他们成为稳定的客户。

4. 为营销、新产品开发和市场预测提供信息

企业通过对特定客户购买产品的种类、满意情况的调查分析，以及对客户需求和欲望的追踪，从中发现新的市场机会，进一步明确新产品的研发方向，从而为客户提供独一无二的产品和服务。

5. 选择合适的营销媒体

企业根据客户数据库确定目标，从客户所在地区着手，对消费者的购买习惯、购买能力、商店数目做出大致销售的估计，这些是做营销媒体分配决定、充分传达广告内容、使消费者产生购买行为必须要考虑的。在制订媒体计划阶段，有关消费者所有的情报更是营销人员必须了如指掌的。数据库营销的着眼点是个人而不是广大群众，所以根据数据库提供的信息要谨慎考虑以何种频率来与个人沟通才能达到良好的效果。

6. 与消费者建立紧密关系，防止客户转向竞争者

传统营销通常运用大众媒体进行大规模的促销活动，容易引起竞争者的对抗和模仿，从而削弱了促销的效果。而数据库营销的促销活动，可针对特定客户进行隐蔽的、针对性强的一对一促销，大大抬高了竞争者进入的壁垒。那些致力于同消费者保持紧密联系的企业都认为，没有什么东西比拥有一个忠诚的消费者更重要了，而且与寻求新客户相比，保留老客户更便宜、更经济。因此运用邮件库经常地与消费者保持双向沟通，可以维持和增强与消费者的感情纽带，从而增强抵抗外部竞争的能力。运用数据库营销，无须借助大众传媒，比较隐秘，一般不会引起竞争对手的注意，容易达到预期的促销效果。

9.2.5 实施数据库营销的步骤

企业实施数据库营销战略，必须广泛搜集客户和市场信息，并把它们有效地保存起

来，通过加强和改善与客户之间的联系，使这些信息迅速转化为企业利润。

实施数据库营销的步骤如下：

1. 广泛搜集有价值的客户信息

这些客户信息主要包括：客户的姓名、年龄、职业、家庭地址、电话号码等；客户的偏好及行为方式；公司与客户之间的业务交易，如订单、退货、投诉、服务咨询等；客户购买了什么产品，其购买频率和购买量如何，最后一次购买的时间及从哪儿购买等方面的信息。搜集信息时要注意避免信息的非结构化问题，否则信息杂乱无章，将会影响组织和输入信息的效率。

2. 建立营销数据库

在充分掌握客户信息的基础上，必须以最有效的方式保存这些信息。要有效地组织和利用这些信息，就要建立客户数据库。客户数据库要能用来分析客户提供的数据信息，并能够在此基础上产生更多的决策信息，能够直接接受订货、开展直接邮购、评估市场营销的成功程度，还要具有一定的需求预测功能等。

3. 信息入库

定期从企业内部和外部搜集信息，及时掌握客户需求变化，并尽快输入客户数据库。对数据库中的需求信息要定期进行汇总分析，找出客户需求变化的趋势，以便企业调整经营方向，及时抓住市场商机。

4. 针对性营销

在掌握客户需求特点的基础上，有目的地运用市场营销手段，或者是加强客户的品牌忠诚，或者是刺激客户需求，挖掘潜在客户。根据消费心理学的有关规律，客户在购买企业某一品牌的产品之后，总会有意识地与其他企业同类产品在价格、性能等方面进行比较，以评估自己买的产品是否“物美价廉”。客户强烈需要自己购买的品牌得到大家的认可，以取得心理上的平衡。因此，企业在产品顺利地卖出之后，还要继续对本企业产品进行宣传、广告等，塑造名牌形象，满足客户的消费心理，加强客户对本企业产品的依赖和信任。

综上所述，数据库营销在支持营销者进行营销决策和战略发展方面的确具有十分重要的意义。这种功能的发挥与否，一方面与数据库营销自身的特点和成本有关，另一方面又取决于营销者的意识。随着信息技术的高速发展和全面渗透。技术对企业营销的贡献率愈来愈高，而技术的使用成本则相对愈加便宜。面对着激烈的大众市场竞争，全面导入数据库营销的观念和技术将是营销者明智的选择。

9.3 精确营销

9.3.1 精确营销的由来

精确营销（Precision Marketing）就是在对客户精确细分定位的基础上，依托现代信息技术手段建立个性化的顾客沟通服务体系，实现企业可度量的低成本扩张之路。

1. 市场竞争加剧是精确营销的前提

随着市场竞争的加剧，企业过去所生存的“红海”将变得异常拥挤，同时，消费者需求不断变化，都需要企业去开辟产品及服务的“蓝海”，去创造新的价值。价值创造构成企业蓝海战略的目标，而科学的客户细分就将成为蓝海遨游的指向标，对消费者需求差异的理解和满足就显得十分关键。

2. 追求效益是精确营销的诱因

当大众广告和促销活动盛行的时候，很多营销经理都感到迷茫：“有一半的广告费用我不知道浪费在哪里。”当消费者不再容易被蛊惑的时候，企业就不能再依靠地毯式的轰炸来攫取市场，这样只能收效甚微。面对激烈的竞争环境和挑剔的消费者，企业要想生存就必须考虑成本收益。

3. 技术进步是精确营销的推动力

信息技术正经历着天翻地覆的变化，数据挖掘技术、大容量存储技术、非结构化和半结构化查询技术以及已经普及的网络技术的广泛应用，使得关系营销、网络营销、数据库营销在技术上成为现实。借助众多的技术手段，企业则可以真正了解到消费者所需要的产品、服务，并最大限度满足其需求。

9.3.2 精确营销的基础——数据挖掘

精确营销的基础是拥有大量的相关客户信息，在对这些信息挖掘整理的基础上发现客户特性，进行有效的营销推广，提供个性化的产品和服务。这里不难发现，精确营销的成功取决于对客户信息的充分发现，也就是科学的数据挖掘。

所谓数据挖掘（Data Mining）就是从大量的、不完全的、有噪声的、模糊的、随机的数据中，提取隐含在其中的人们事先不知道的但又是潜在有用的信息和知识的过程。其过程如图 9－1 所示。

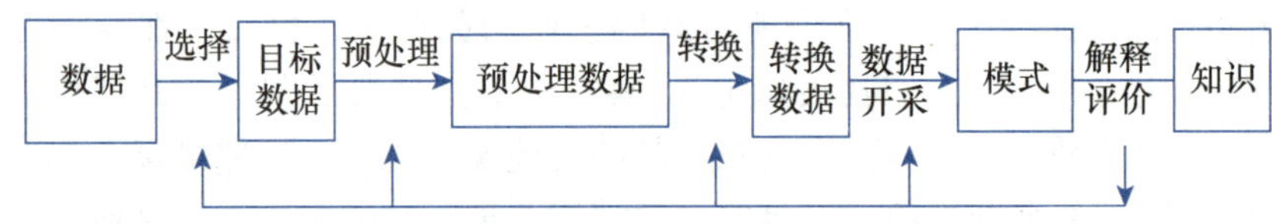

图 9－1 数据挖掘流程图

数据挖掘主要有六项任务：关联分析、时序模式、聚类、分类、偏差检测、预测。其对象主要是关系数据库，并随着数据挖掘技术的发展，逐步进入到空间数据库、时态数据库、文本数据库、多媒体数据库、环球网 Web 等。数据挖掘方法是由人工智能、机器学习的方法发展而来，结合传统的统计分析方法、模糊数学方法以及科学计算可视化技术，以数据库为研究对象，形成的数据挖掘方法和技术。

9.3.3 基于数据挖掘的精确营销应用

精确营销的主要目的就是降低营销成本，提高营销效率，发现不同客户的需求差异，进行针对性较强的组合营销。那么，发现客户的不同需求和不同消费倾向，仅仅依靠人是无法在客户海量信息中完成的，必须依靠数据挖掘技术，利用数据仓库、联机事务分析等手段，利用类聚法、关联分析法、决策数法以及神经网络法等发现和预测客户消费倾向，找到客户消费规律，协助制定营销策略。

因此，基于数据挖掘的精确营销有以下四个步骤：（1）搜集和整理客户相关信息，并进行基本预处理（剔除不合规则的数据），建立客户数据库；（2）通过数据挖掘，将不同特征的客户进行类聚，对不同客户群的特征进行剖析，找出不同客户群体的不同消费特征和消费差异特征；（3）依据客户特征设计不同的营销策略，从而提供不同的产品和服务，通过提供差异化产品和服务，满足客户差异化的需求；（4）营销活动的评价与反馈，通过对营销活动结果的分析，进一步深化对客户本质需求的了解，尤其是客户未来期望的理解，形成新的营销策略。

1. 客户数据收集与整理

客户数据收集与整理就是将经过预处理准确的客户数据收集和存储到一条逻辑记录中，该过程是实现客户细分和理解的必要条件，这项工作分为两个步骤：

（1）建立客户数据库。将分散在企业内部各个 IT 系统中的数据，以及企业外部数据（如市场调查数据、第三方数据等）分类后，以客户 ID 为关键字进行抽取、转换并装载到一个集中的数据库中，作为进行全面客户研究和分析的基础，为下一步进行数据挖掘所需的目标数据集提供可用的数据源。

（2）生成目标数据集市。一般来说，日常的运营数据的组织形式都是没有固定主题的，因此就需要将所有与客户相关的所有历史数据根据挖掘任务的不同，选择不同主题，并将相关数据有机地整合为一个整体，形成数据集市。例如，以客户为主题的所有用户的记录集合就称为以客户为主题目标数据集市。

目标数据集市的记录是由许多个字段组成，每个字段都反映了客户数据的某个方面的信息。在对目标数据集市记录的字段名、字段的数据来源、字段的逻辑进行设计后，通过各种工具（如 OLAP 联机事务分析）将原始数据转化为目标数据集市。

同理，根据分析需求的不同，可以生成不同主题的数据集市（如产品集市、价格集市、满意度集市等），从而构成数据挖掘的基础。

2. 数据挖掘（客户类聚）及对客户群的理解

（1）客户类聚。客户类聚就是把客户分成一个个具有某些相同特征的群体，在每个群体内部，客户的特征非常相似，而在群体与群体之间，客户的特征非常不相似。有了这样的客户类聚，企业就可以对每个客户群进行有效的管理并采取相应的营销手段，提供符合这个客户群特征的产品或服务，从而起到类似于“GPS”的精确营销作用。

（2）通过数据分析进行客户理解。形成客户群后，对客户群的描述直接影响到营销活动的策划和执行，因此我们还需要对客户的特征做进一步的了解和剖析。这些剖析可以有基本特征的剖析，也可以根据对不同的专题的深入刻画（如产品的关联度），有时还需要加入外部信息进行丰富。针对专题的剖析应根据主题情况而变，最终形成客户群特征描述，把很多枯燥无味的数据变成鲜活的客户特性体现，以帮助市场营销人员更好地理解客户群。

由于客户本身是不断变化的，因此客户群的构成和特征也是动态的，我们只有以灵活动态的指导思想理解客户群，才能得到正确的结论。一般来说，企业应根据客户关系生命周期进行不同阶段的客户类聚和理解，在生成客户营销策略后，需要对客户进行再次的细分和类聚，以设计产品、价格、渠道和广告等策略。这个时候，就需要其他的数据模式和维度。例如，设计广告策略，可能就需要以媒体习惯对客户群进行再次的划分，形成电视维、广播维、杂志维等；设计产品策略，就需要根据客户群的消费特征进行划分，形成基本功能维、包装维、送货安装维等。

3. 营销方案设计与实施

企业从客户营销策略和当前营销工作重点出发，筛选出适合自身的目标客户群。根据目标客户群的营销活动目标，可以采用头脑风暴法、专家访谈法，结合以往的营销经验，设计针对该客户群的营销活动创意（包括产品组合的选择以及渠道的选择等内容），制定产品组合定价，并对其可能造成的影响进行评估，根据评估结果挑选出最佳创意，然后形成最终营销方案（包括针对性的产品组合方案、产品组合价格方案、渠道方案）。

精确营销主要强调以数据来支撑营销决策和营销策划，比如通过数据的分析（建立交叉销售模型）支持产品关联假设，通过数据挖掘，提出支持理性的营销设计等。在营销方案设计完成后，为提高营销活动成功率，提高市场营销活动投资回报，还需要利用数据挖掘技术建立预测模型对客户进行评价，以选取购买可能性高并符合市场营销活动要求的客户。

营销方案制定后，就要按照营销活动计划，执行相关的市场营销活动和促销活动。从客户、市场接收输入信息，识别并利用交叉销售，升级销售机会，为产品和服务处理订单，获得反馈信息及额外的客户信息，提供针对客户的更为丰富的理解。

4. 营销结果评价与反馈

基于营销活动执行过程中收集到的数据，对营销活动的执行、渠道、产品和广告的有效性进行评价，寻找需要改进和优化的关键点，总结和获取在执行期间得到的相关经验和教训，为下一循环的营销活动打下良好的基础。营销结果的反馈是本次营销活动的终点，同时也是精确营销闭环的下个循环过程的起点，是对下一个循环的提升。

总之，精确营销是当今世界营销界的一个热点问题，对精确营销体系的理解也存在很大差异，由于实践的局限性和技术手段的限制，对精确营销的研究还处于初级阶段，尤其是对利用数据挖掘的精确营销研究涉及的很少，这在我国表现得更为突出。

9.3.4 基于数据挖掘的精确营销及构成

精确营销就是在对客户精确细分定位的基础上，依托现代信息技术手段建立个性化的顾客沟通服务体系，实现企业的利润最大化。

可以看出，精确营销的基础是客户细分类聚，但是，要做到科学地对客户进行细分，必须在掌握大量客户信息基础上，对这些信息内包含的客户特征进行类聚挖掘，发现不同客户群体的不同消费特征，制定不同营销策略，做到精细的“有的放矢”。这就是基于数据挖掘的精确营销。

基于数据挖掘的精确营销通常分为以下四个步骤：

（1）数据管理：搜集和整理客户相关信息，并进行基本预处理（剔除不合规则的数据），建立客户数据库。

（2）客户类聚及属性定义：通过数据挖掘，将不同特征的客户进行类聚，对不同客户群的特征进行剖析，找出不同客户群体的不同消费特征和消费差异特征。

（3）营销策略制定：依据客户特征设计不同的营销策略，从而提供不同的产品和服务，通过提供差异化产品和服务，满足客户差异化的需求。

(4) 营销活动的评价与反馈：通过对营销活动结果的分析，进一步深化对客户本质需求的了解，尤其是客户未来期望的理解，形成新的营销策略。

9.3.5 以短信增值业务为例的精确营销分析

显然，不同类型短信增值业务营销规律及模式具有明显差异，同时，短信增值业务又在许多方面区别于其他业务的营销策略。短信增值业务固定成本投入较大，用户数增加引起的变动成本增加较小，基于这一特征，应当发现大量相同特性的客户，这是短信增值营销的策略基础。其次，电信增值业务的使用工具（手机终端）与告知渠道具有较大一致性，电信企业可以充分利用手机终端渠道成本低、业务宣传针对性强的特点，进行电信增值业务推广，所以应当以手机消费特征发现短信增值客户的类聚群。因此，根据数据挖掘的步骤，基于短信增值业务的精确营销可以按照以下过程进行。

1. 数据管理

从电信企业内部及 SP 那里可以得到客户的相关数据，剔除不合规则的数据后，以客户 ID 为主键进行抽取、转换并装载（ETL）形成一个集中的数据库，然后把需要的数据通过 ETL 形成目标数据集市。

2. 短信用户的消费特征界定

根据短信用户的消费特征，可以根据客户的价值维度和行为维度将短信客户群体分为四大类。其中，价值维度主要包含以下一些类型变量：电信收入（如电话费、月租费、上网费、增值服务费等）、为客户提供服务所带来的成本（如网络费用、安装费用、客户拨打呼叫中心咨询业务所发生的费用等）、为了争取客户所进行的投资（如广告费用、促销费用等）；行为维度主要包含以下这些变量：使用量（各个产品和服务的使用量，如长话、市话、宽带、小灵通等的使用量）、根据使用量推导出的各种变量（如使用量变化率、长话和市话的比例等）、欠费情况（客户缴费的及时性）。客户的类型可以用以下特征进行描述：第一类为资费敏感类，这类客户月租费较低，年龄较低，漫游费用较少，IP 时长比例突出，平均每次通话时间较长，10086 等呼叫次数较多，较多使用续费卡缴费；第二类为新业务敏感类，喜好使用移动数据业务，且在网时长一般，彩信使用较多，短信费用较大，对新业务比较敏感，客户服务办理次数较低；第三类为服务提升类，年龄较大，较少使用续费卡缴费，较少使用 10086 等客服电话，平均每户每月通话时间较高，漫游费较高。

3. 使用数据挖掘工具进行价值和行为分群

采用数据挖掘工具从价值纬度将客户分为六个价值分群，从行为纬度将客户分为七个行为分群，如图 9-2 所示。从而形成基于不同价值和行为的客户群体，根据这些客户的 ID 信息选择不同的营销方式进行精确营销。为方便分析问题和制定营销策略，我们可以把具有近似特性的客户群体进行归类，分为资费敏感类、新业务敏感类和服务提升类以及特性相差较多的不在本营销策划范围内的其他类。

精确营销在我国的应用尚处于探讨阶段，但可以看出这种方式是基于网络的广泛应用和现代信息技术的大力发展之上，类似“GPS”精确定位的营销策略可以为企业节约大量营销成本，提升企业效益，因此必定有广泛的应用价值。

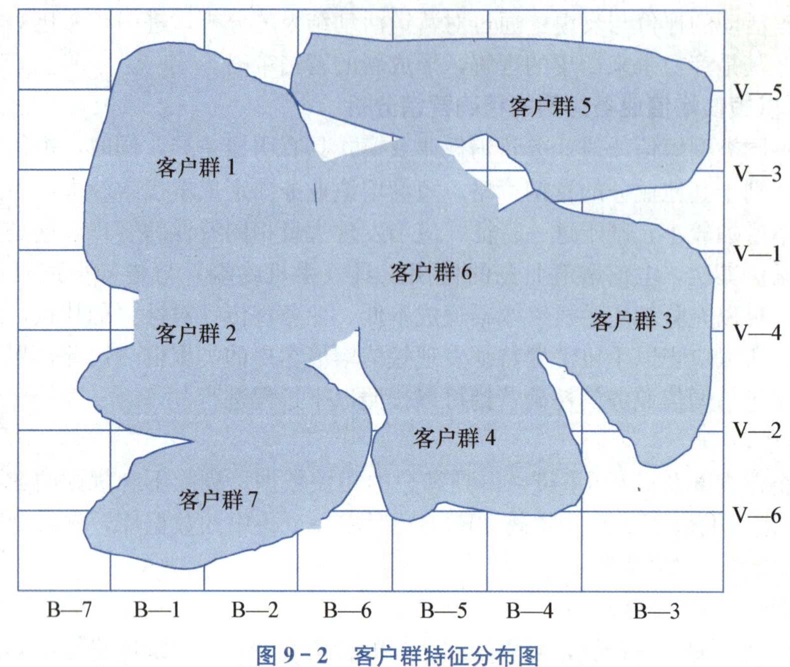

图 9-2 客户群特征分布图

本章小结

客户关系管理的营销策略不是一种新的营销策略，传统的营销策略在这里也同样适用。关系营销、数据库营销以及精确营销是信息时代的更为有效的营销策略，尤其是精确营销，通过数据挖掘发现准确客户，并根据不同客户的不同特征进行精确营销，从而达到节约成本、提高效益的目的。

案例

数据挖掘及其在信用卡风险控制中的应用

2002 年底，中国的银行卡数量已经超过了 5 亿张，然而，真正的信用卡却只有 100 多万张，可见当时中国的信用卡产业还处于初级阶段。不过，从各发卡机构热衷于推销信用卡的态势来看，国内信用卡产业发展的高潮即将到来。为了加大发卡量，各发卡机构推出了各种各样的优惠条件，却把风险控制机制的规范性忽略了。韩国信用卡产业的发展可谓是前车之鉴，2001 年，韩国信用卡产业在发卡机构及政府特殊政策的推动下达到了高潮。然而，好景不长，两年后，由于风险防范措施不到位，信用卡的“大窟窿”几乎颠覆了韩国的金融业。可见，风险控制对规范信用卡产业的健康发展是非常必要的。从技术上讲，建立在海量数据管理之上的数据挖掘技术（Data Mining，简称 DM）能够构建一个行之有效的风险控制体系。

数据挖掘是如何应用于信用卡风险控制的?

一般而言,组成风险的两个基本要素是敞口和控制,敞口可定义为导致金融损失的受制于一些效果或影响的条件;控制则是采用各种技巧、工具和技术减少敞口对金融损失的影响范围或严重性。因此,通过在信用卡发行过程中任意时点的结构性分析,对敞口进行量化、控制,便可以提供符合企业收益和资产质量目标的风险水平,而数据挖掘使分析工作进行得最为彻底。

在风险控制范围内,以下几个领域最为重要,而且只能通过有效的数据挖掘来取得。

(1)有效地瞄准那些表现出良好消费行为和还款行为的消费者,同时制定新的担保贷款指导方针,使公司资产质量和利润达到一个可接受的水平。另外,建立管理办法有效管理现有客户账户,以使利润最大化,并控制公司敞口损失。

(2)最大化地引进先进技术和量化敞口的工具,以及那些监督管理控制的工具。

(3)开展有效的结构性分析,提供结论性的证据和操作性很强的结果。

数据挖掘技术在信用卡风险控制中的应用案例

美国 Firstar 银行市场调查和数据营销部发现:公共数据库中存储着关于每位消费者的大量信息,关键是要透彻分析消费者投入到新产品的原因,在数据库中找到一种模式,从而能够为每种新产品找到最合适的消费者。于是 Firstar 银行通过使用数据挖掘工具,根据客户的信用卡消费模式进行分组预测,来确定何时向消费者提供哪种产品,从而让 Firstar 银行在信用卡市场取得了竞争优势。

在美国运通公司(American Express),它有一个记录信用卡业务的数据库,数据量达到了 54 亿字符,并仍随着业务进展不断更新。运通公司通过对这些数据进行挖掘,制定了“关联结算优惠”的促销策略,这样既可以增加商户的销售量,也可以增加运通卡的使用率。此外,运通公司根据运通卡的使用情况,对客户进行信用分级,这样既防范循环信贷中的透支风险,又可以抓住优质客户。

美国 Mellon 银行自 1995 年开始与 IBM 合作,重点研究一种称为数据智能挖掘者(Intelligent Miner for Data)的多平台数据挖掘工具,这对 Mellon 银行乃至美国银行业带来了深刻的影响。Mellon 银行将这个数据挖掘工具运用于市场营销和客户关系管理、风险管理、业务过程再设计,其中的风险管理更注重于对信用卡市场风险的监控,比如通过数据智能挖掘者构建信用卡损耗模型来预测未来几个月有哪些客户会停止使用 Mellon 银行的信用卡而转向竞争对手,从而采取有效措施来挽留这些客户。

正如 Firstar 银行、运通公司以及 Mellon 银行一样,美国很多信用卡公司和发卡银行都在利用数据挖掘技术管理客户生命周期的各个阶段,包括争取新的客户、在老客户的身上赚取更多的利润以及维护客户关系等,以便做好信用卡经营管理过程中的风险控制。

在国外,信用卡产业的利润十分丰厚,在银行业务量中占据很大的比重。以花旗银行为例,其年交易额 60%来自信用卡。由于国外银行广泛地将数据挖掘技术运用到信用卡客户关系管理以及风险控制中,使得信用卡业务在某种程度上比传统业务要更加安全而且具有更低的成本和更高的收益率。在国内,数据集中已经成为金融行业的风潮,然而，数据集中之后，我们要做什么呢？当然是数据挖掘，要从数据中挖掘利润，而且要利用数据挖掘技术来控制风险。正如Mellon银行副总裁Peter Johnson说的那样："如果您的业务策略依赖于现有的数据进行决策，并且您想要自己建立一个支持这一决策的模型，那么数据挖掘就是您所需要的工具。"在这方面，典型的案例就是2001年中国银行广州分行所实施的信用卡客户关系管理解决方案，其采用了Brio和IBM的数据挖掘技术和工具，是专门针对信用卡业务的商业智能应用。通过对客户信息的全面管理以及深层挖掘，从而很好地做到了风险管理和控制。

思考题

1. 如何运用关系营销取得双赢？
2. 简述数据库营销的主要特点。
3. 简述数据库营销的作用。
4. 简述精确营销与其他营销策略的优缺点。

教学方法建议

前面各章的教学方法，在本章节中可以依据教学内容和学生对方法的接受程度，重复选择使用前面的方法。

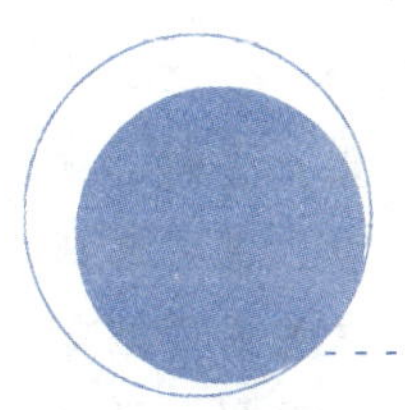

项目十 客户关系管理的实施

引例

苏宁电器的客户关系管理

苏宁电器是中国3C（家电、电脑、通信）家电连锁零售企业的领先者。以客户关系管理为核心的苏宁信息化平台在国内商业零售领域是首例。

基于ATM专网实现采购、仓储、销售、财务、结算、物流、配送、售后服务、客户关系一体化实时在线管理。为适应管理和处理日益庞大的市场数据的要求，苏宁建立了全面、统一、科学的日常决策分析报表、查询系统，有效控制物流库存，大幅提高了周转速度，从而使库存资金占用减少，盘点及时有效。电脑区域配送派工、完善的售后服务系统（送货管理、安装管理、维修管理）为客户服务中心提供强有力的基础服务平台。该平台通过多维分析模型、商品生命周期分析模型等现代分析手段，综合运用数据仓库、联机分析处理、数据挖掘、定量分析模型、专家系统、企业信息门户等技术，提供针对家电零售业运营所必需的业务分析决策模型，挖掘数据的潜在价值。

B2B、B2C、银企直联构筑的行业供应链，实现了数据化营销。苏宁与索尼、三星等供应商建立了以消费者需求和市场竞争力为导向的协同工作关系，知识管理和数据库营销成为其基本工作方式，标志中国家电和消费电子类产品供应链管理从上游厂商制造环节，延伸至零售渠道环节。苏宁与索尼、摩托罗拉率先实现B2B对接，与LG、三星、海尔等上游企业完成B2B对接，贯通上下产业价值链信息系统初具雏形。供销双方基于销售信息平台，决定采购供应和终端促销，实现供应商管理库存功能，加强产业链信息化合作；建立电子商务平台与现有的SAP/ERP系统完美结合，行业间B2B对接，订单、发货、入库和销售汇总等数据实时传递、交流，大幅度缩减业务沟通成本；建立完善的客户服务系统以及信息数据采集、挖掘、分析、决策系统，分析消费数据和消费习惯，将研究结果反馈到上游生产和订单环节，以销定产。

苏宁全国100多个城市客户服务中心利用内部VOIP网络及呼叫中心系统建成了集中式与分布式相结合的客户关系管理系统，建立了5 000万个客户消费数据库。苏宁建立了由视频、OA、VOIP、多媒体监控组成的企业辅助管理系统，包括图像监控、通信视频、信息汇聚、指挥调度、情报显示、报警等功能，对全国连锁店面及物流中心进行实时图像监控，总部及大区远程多媒体监控中心负责实时监控连锁店、物流仓库、售后网点及重要场所运作情况，全国连锁网络“足不出户”地全方位远程管理。

实现了全会员制销售和跨地区、跨平台的信息管理，统一库存、统一客户资料，实行一卡式销售。苏宁实现了20 000多个终端同步运作，大大提高了管理效率。苏宁各地的客服中心都是以客户关系管理系统为运作基础的。客户服务中心拥有客户关系管理等一套庞大的信息系统，客户关系管理系统将自动语言应答、智能排队、网上呼叫、语音信箱、传真和语言记录功能、电子邮件处理、屏幕自动弹出、报表功能、集成中文TTS转换功能、集成SMS短消息服务等多项功能纳入其中，建立了一个覆盖全国的对外统一服务、对内全面智能的管理平台。

依托数字化平台，苏宁会员制服务全面升级，店面全面升级为会员制（客户关系管理）销售模式，大大简化消费者的购物环节，方便客户。现在，累积积分可以冲抵现金，成为苏宁吸引消费者的一个重要因素。苏宁还针对会员消费者，推出了会员价商品、会员联盟商家、会员特色服务等专项服务内容。

比如，某一款产品限量特价之后，客户荣誉卡里记录着该客户的信息，苏宁可以提前通知这些有意向购买这个商品的客户，把优惠让给他们，而不需要他们排队。

另外，苏宁针对客户的个性化优惠变得切实可行，比如苏宁可以给某些有着良好购买记录的客户直接现金优惠，也可以根据对方的购买习惯打包进行捆绑式销售。这些都给客户带来实际效益，而且让利是可见的，是实时的，比大规模没有针对性的促销更有利。

学习重点

客户关系管理能否被正确地实施是CRM成功与否的关键，通过本章学习掌握客户关系管理的实施步骤，掌握实施CRM成功的因素，了解CRM产品选型步骤和需要考虑的因素。通过对实际案例的学习，了解CRM在实际具体操作中应注意的问题。

CRM的选择和实施是一项复杂的系统工程，尽管某些先进企业正在着手建立客户关系、关注客户需求以及综合业务流程并自动控制与客户相关的活动及过程，但它们所遇到的困难是多方面的。这是因为CRM的选择和实施将涉及整体规划、创意、技术集成内容管理等多个方面。在目前市场竞争激烈、客户关系突显重要的环境下，企业要想在短期内建立并实施一套高效的CRM系统，必然会遇到来自业务流程重组、组织再造、企业资源重新配置等各个方面的问题。或者说，企业如果不拥有十分强大的研发能力和咨询机构，而只是自己从头进行分析、研究、规划和开发，显然会被难以想象的难题所困扰。

10.1 客户关系管理的实施步骤

在信息系统方面，国内的软件商、咨询公司已经有了大量的实践经验。而CRM的实施在我国尚处于起步阶段，可以说 CRM 的实施还没有一套成熟定型的方法。但是从 IT 系统建立来讲，CRM 的实施符合信息系统的一般规律，可以分为五个阶段，如图 10－1 所示。

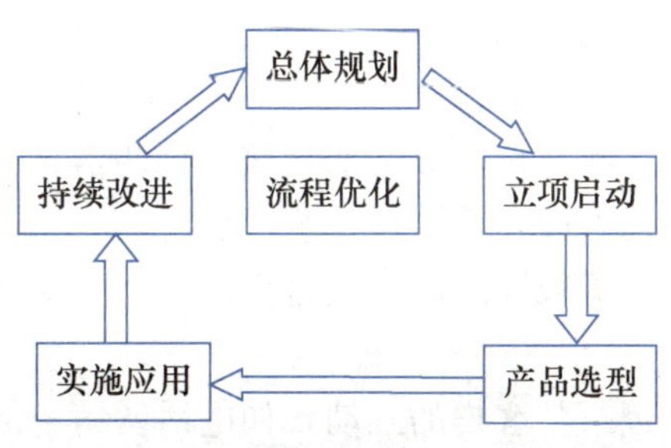

图 10－1 客户关系管理实施流程

10.1.1 总体规划

这个阶段主要是进行详细的需求分析，确定 CRM 项目的实施范围，确定对 CRM 系统的要求。对很多项目来讲，局部的系统，如销售自动化，可能是初期阶段关注的重点。但如果企业在初期就考虑到所有合适的系统应用，这对最终建设和交付的系统的先进性将非常有利。很多的风险投资家在向成长性的企业投资时，CRM 系统就经常被要求在系统列表中。因为，这些投资者会自然地期望有合适的系统来为企业提供会计核算的功能，那么，期望有处理公司的重要资产——客户的系统，也是合情合理的。

这时，我们要仔细审查企业的整体需要。单单考虑局部的应用，如销售自动化，可能导致所选择的系统不适合未来的企业需要。

总的要求是，软件的结构需要符合商业模式和商业战略的要求。无论企业大小，都不能把 CRM 作为 IT 工具，而应该明白它是集成的跨越整个企业的系统，从设计企业业务的时候就把这作为目标。经过一个历史的过程，将系统建设成型，并不断发展。这样，随着企业的发展，就有了一系列的管理标准和系统应用来支撑客户关怀，保持客户满意度。

在画出流程和有了客户信息后，再考虑 CRM 系统。例如，美国的一个咨询服务公司，提供培训服务，它是一个大咨询公司的分支，小而且发展很快。他们用项目 50%的时间，用于设计客户关怀、工作流、决策树、呼叫中心的脚本等业务流程。因为这个公司原来没有如何处理这些流程的知识。

大多企业都有一种不经对当前流程的仔细评估就直接进入软件选型阶段的倾向。实际上，如果没有识别企业业务流程存在的问题并制订改善方案，即使应用了 CRM 系统，也只会使得企业以更快的速度完成以前的效率不高和效果不好的工作。

在业务需求分析阶段，要同销售、营销和客户服务经理举行一系列的会议，就 CRM 系统的要求和策略进行讨论，最终达成对理想中的 CRM 系统的一致看法。这样做的目的是充分地识别每个部门对 CRM 的期望，并把各部门的需求整合起来，形成关于理想的 CRM 方案的总的看法。虽然在 CRM 项目以后的阶段中，可能会抛弃那些不切实际或不合理的想法，但 CRM 小组还是应该对所有的建议都抱着感激的心态，积极地对其进行评价。这样会使得参加会议的人感到他们是这个过程的重要组成部分。这些会议的结果将形成系统的基本框架。

为了了解企业当前存在的问题，确定对系统的需求，了解各部门对系统所持的期望，应该以一种正式的方式在企业内部搜集信息。下面是一个进行 CRM 业务需求调查的提纲：

（1）你所在部门的主要职责是什么？

（2）你主要利用哪些方面的信息？

（3）你是怎样与客户进行互动的？

（4）为了帮助你更好地了解客户，你当前能获得哪些信息？

（5）在加强与客户的沟通方面，请提供一些建议。

（6）在你看来，我们怎样能减少行政性或官僚性的时间浪费，从而把更多的时间交给客户？

（7）你主要以何种方式进行与客户的互动，如电话营销、信件、电子邮件等？

（8）你怎样对潜在客户进行跟踪，怎样进行数据的共享？你打算怎样逐步改善这些过程。

在进行调查时，牢记这一点很重要：尽量多地从系统的最终用户、销售人员、客户服务人员、营销人员、订单执行人员、客户管理人员中获取信息。引导那些每天与客户打交道、从事日常工作的系统用户讲出为了建立良好的客户关系所需的工具。他们最清楚为了改善客户关系，应该做出哪些改变。有人认为，随着管理层次的增高，信息的含金量逐渐降低。

通过 CRM 调查和业务分析，可以发现哪些业务领域最需要自动化，哪些领域需要业务流程的改善，在选择 CRM 解决方案时应该考虑哪些技术特点。

在考虑可扩展性和客户化前，首先要仔细思考一下怎样在业务需求和外加的功能之间寻求一个平衡点，这时就需要把那些系统中必须包含的高层次需求找出来，这些需求对应的功能需要存于所选购的软件中，而不需要做过多的集成和客户化的工作。虽然软件可扩展性的问题就在眼前，但是绝大多数供应商都将其视作额外的服务。在分析那些高层次需求和必备的功能时，要关注历史数据的处理问题，还要关注大面积的集成问题，有些 CRM 供应商提供与部分 ERP 集成的标准接口，如果连接的是其他的一些 ERP 软件，则需要自己开发接口。

应用 CRM 系统的目标是支持和推动优化过的销售、营销和客户服务流程，这意味着软件的选择应该建立在公司现有的流程和业务要求的基础之上。复杂的软件包含了一系列可以选择的模块来管理所有与客户的互动活动，基本上要提供下列功能：

（1）联系人和客户管理。

（2）潜在客户管理。

（3）销售管理。

（4）电话营销和电话销售。

（5）客户服务。

（6）营销管理。

（7）商业智能。

（8）电子商务。

企业可以首先根据需求分析的结果和项目小组的建议选择软件来满足已经识别的需求，然后对照软件供应商提供的软件功能，看其余哪些功能将有助于企业管理的改善和效益的提高。

在“CRM软件功能剖析”部分，我们已经详细分析了CRM系统所能提供的功能。例如，如果你的需求是客户服务/呼叫中心，你必须注意以下几点：

（1）可以处理呼入（语音、电子邮件等）。

（2）可以做出回答（减少响应时间）。

（3）可以联系到为呼叫安排合适资源的后台运作人员（呼叫指定）。

（4）对呼叫历史的管理。

（5）精确的本机或者远程维护。

（6）收费管理和业务信息。

（7）自服务应用程序的知识管理。

世界上没有两个公司是相同的，因此没有万能的CRM解决方案。在选择技术时，解决方案应该充分反映出公司的个性。也就是说，所选择的技术应该是为企业量身定制的、开放的，而且能够与企业现有的计算机系统相集成。主要有如下一些方面的要求：

（1）应用程序快速开发工具。允许用户方便地改变数据流和其他配置。这些应用程序根据用户的特定工作流程设计，能大大减少完成工作所需的键盘输入时间和鼠标移动时间。这些特色使得企业重新设计和改进客户关系的业务流程成为可能。

（2）支持多种SQL数据库。CRM系统应该支持多种数据库平台。随着便携电脑、移动通信工具的发展，越来越多的CRM系统用户要求提供现场销售应用软件，与企业范围的数据库相连。

（3）各平台间的数据同步化。应该能够支持多数据库平台，实现局域网、广域网、手持终端间的数据同步。

此外，还应有用户和数据安全措施、网络技术。总体规划阶段的主要工作如表10-1所示。

表10-1 总体规划阶段的主要工作

编号	本阶段主要工作	说明	示例
1	基于KPI（关键绩效指标）的企业运营诊断	即了解企业的现状如何，问题的重要性和迫切性集中体现在哪里，可以结合“业务流程现状描述”来进行。	“大客户服务流程”中把“平均客户响应时间”作为一个KPI，企业现状是4天，而国内最佳水平是2天，国际最佳水平是24小时。
2	信息化应用现状评价	即了解企业的IT现状如何，IT对业务、流程的支撑程度如何，现有问题是否是由于缺乏有效的IT工具而造成的。	某企业已经PC联网，基本达到网络集成层面，而在应用集成的层面只有一些局部MIS系统在使用，信息集成的层面基本没有实现。
3	现状问题分析	即归结出关键问题所在，对问题改进的效果和可行性进行分析，选择那些改进效果明显同时又可行的问题，作为突破的重点。	某企业的“大客户管理”亟须改善，大客户感受不到满意的服务。

续表

编号	本阶段主要工作	说明	示例
4	“机会页”分析	即不拘泥于对问题的修修补补，而是要前瞻性地分析问题，关注企业可以借助哪些有利机会开拓新的局面，“眼睛盯着球飞去的方向，而不是现在球的位置”。	对“客户经理制”“项目经理制”“产品经理制”等进行可行性分析。
5	明确总体	即描绘出企业所期望的规划的目标“愿景”及其量化指标，CRM 是实现此“愿景”的手段，而不是为了 CRM 而 CRM。	某企业的规划目标为：建立以市场为中心的营销机制，开展前后台业务。其中，CRM 只是一种达到运作无缝连接，为大客户提供及时满意的个性化服务。两年内，大客户收入增长 60%以上，大客户收入占全部收入比重达到 50%以上。
6	明确总体规划的 IT 系统支撑框架	即描述出为实现上述目标的整体 IT 框架和建设规模，为了“目标”而 IT，而不是为了 IT 而 IT。	某企业明确：建设 ERP、CRM 和 ELP（企业信息门户）系统，并有效集成，以支撑上述目标的实现。总体投资规模控制在 3 000 万元以内，CRM 也许只是其中一种系统。
7	总体切换策略安排	即给出朝向目标实现的总体时间表，明确 IT 建设的总体时间规划。	某企业明确：1 年内，完成 ELP 和 ERP 的实施；再用半年，完成 CRM 的实施；再用半年，进行集成磨合；两年以后，持续改进。

10.1.2 立项启动

一旦 CRM 项目获得了公司上下的支持，就可以从各部门选择适当的人员组成 CRM 项目小组。项目小组是 CRM 系统实施的原动力，他们要就 CRM 的实施作出各种决策，给出建议，就 CRM 的细节和带来的好处与公司的其他员工进行沟通。一般来讲，项目小组应该包括高层领导（一般为副总）、销售和营销部门的人员、IT 部门的人员、财务人员，还要包括所有的最终用户的代言人。他们作为 CRM 系统实施的具体人员各自有不同的任务。

（1）高层领导。他的作用是支持、领导和推动 CRM 的实现。高层领导可从如下一些方面对 CRM 的解决方案进行评价：此系统能否提供决策所需的信息？此系统能否大幅度地改善现有的流程？此系统能否很好地降低成本？同样的解决方案在其他企业是否获得了成功？此系统的投资收益率是否合理？

（2）IT 部门。IT 部门的主要工作是选择和安装 CRM 系统。他们应该对所选择的系统有充分的信心，并在系统实施的每个阶段提供技术上的支持。

（3）销售、营销和服务等部门的系统用户。当用户对系统感到满意和顺手时，CRM

的成功概率将大大增大。这一点，大家已经达成共识。这些部门的用户要从如下一些方面对 CRM 解决方案进行评估：是否容易学会？是否容易使用？能否节约时间和降低管理费用？能否简化客户和潜在客户与企业的互动？能否促进企业和客户的沟通？能否提升销售的效果？

（4）财务部门。财务部门可以从如下一些方面对 CRM 方案进行分析：对提高的生产效率的评价；对减少的运营费用的评估；以后的系统扩展所需的费用；系统的投资收益分析。

除了前述的人员外，项目小组还要包含一个重要的组成部分，那就是外部的顾问人员。一个合格的 CRM 咨询顾问具有丰富的项目实施经验，能在 CRM 实施之前和实施中提供企业所需的帮助。他们可以分析并确定企业真正的业务需求，改进对系统功能的设置。对顾问人员的选择、确定及何时和怎样引入顾问人员是项目成功与否的重要决定因素。

在软件实施时，关键在于选择项目队伍，而不是选择哪个公司。项目成员中，重要的是项目经理，项目经理在客户和项目队伍之间起着桥梁的作用。另外在实施时要注意考察软件公司或咨询公司是否具有此种经验的技术人员，在与其他系统集成的时候这一点十分重要。保持实施队伍的稳定性也很重要，在签订实施协议时，要求实施单位做出承诺，保证实施顾问按时到位并投入足够的精力。立项启动阶段的主要工作如表 10－2 所示。

表 10－2　立项启动阶段的主要工作

编号	本阶段主要工作	说明	示例
1	理念宣导	针对全员、中高层、项目参与人员开展相应的培训宣导工作，就“目标是什么”“为什么追求这样的目标”“怎样追求这样的目标”等问题达成思想共识。	全员开展“知识竞赛”活动、中高层研讨会等。
2	制定 SOA	明确项目的范围（Scope）、目标（Objective）和办法（Approach），为项目的总体控制打下坚实基础。	某企业的 SOA 明确了整个工作中，对哪些业务进行改善；以哪些部门为主体实施哪些系统应用；朝向总体规划目标，各职能单位的分解目标是什么；制订怎样的总体项目计划。
3	建立项目组织	明确各级项目小组的职责、工作制度、激励方法，建立各级项目小组的名单和通信方法。	某企业建立项目领导小组、项目推动小组、项目实施小组三级组织，明确小组工作职责、例会制度、文档管理制度、激励措施等。
4	召开启动大会	宣布项目启动，公布给各级项目小组的授权，介绍总体项目计划。	某企业领导做总动员，举行授牌仪式等。

10.1.3　产品选型

产品选型阶段的重要工作如表 10－3 所示。面临产品选型，有一个基本的原则：根据管理需要来选择功能，而不是软件功能制约管理。但企业同时还会碰到一些具体问题，列举如下：

表 10-3 产品选型阶段的重要工作

编号	本阶段主要工作	说明	示例
1	基本条件筛选（资金、技术等）	市场上的软件产品是分布在各个层次的，有些是第一层面，即面对大型企业和跨地域企业；有些是较低层面的，只在中小企业市场发展客户。所以，首先要明确自己需要的产品是哪一层次的，在这个层次上选择。如果企业拿出的厂商邀请名单数量众多、杂乱地分布在各个层次，其实是反映了企业对自身的需求尚不明确。	某企业是中型企业，没有跨国业务，项目投资规模适度，所以，选择了中型软件厂商 4 家，进行后续工作。
2	提出“行业/企业特殊需求”，选择进入下一轮比较的厂商	“看自己想看的，而不是看别人让你看的”，不是由各厂商介绍各自的标准功能和界面，很多标准功能是各厂商所共有的。给出“特殊需求”，控制在 5～6 个人，比较各产品针对这些特殊需求给出的解决方案，确定 2～3 家厂商进入下一轮比较。	某企业邀请社会上的 5 位专家来作为评委投票，避免内部的关系介绍。
3	提出目标流程需求的详细列表，进行功能选择	邀请此轮厂商进行详细功能说明：哪些目标流程是可以实现的，如何实现？哪些是部分实现，是否有二次开发工作？哪些是完全不能实现的？很难有现成的产品能够 100%地完全实现所有要求，所以，一定程度的二次开发往往是必须的。	某企业提交给各厂商一份《功能需求》文件，要求厂商逐条说明如何满足。
4	制定“功能”以外的选择标准	可以考虑如下标准：业务量负载、安全、维护成本、参考客户、供应商承诺、知识转移的能力等。	某企业去参观同行业的应用案例。
5	商业谈判，优选出产品及合作厂商，签订合同	不仅考虑合同价格，更加看重合同中的各项服务是否到位，可以采取一些方法来控制合同总额，如合并用户数、设置一些只读品种用户等，把价格控制落实在具体细节上，选择什么功能/服务，不选什么功能/服务，避免一刀切压价。	某企业比较科学地测定了用户数量和权限种类，选择了自己最需要的培训服务。

1. 部分问题及回答

Q：我所需要的部分功能是 ERP，部分功能是 CRM，是否要同时购买 ERP、CRM？

A：现在市场上的 ERP 和 CRM，都有很多子系统、几十个模块。所以，购买完全版本未必是明智的做法。可以打破系统之间的界限，根据自己的需求，进行“模块化”选购。应该说，随着中间商的逐步发展，“化整为零”“自搭积木”“模块化应用”将成为一种趋势。

Q：将来很可能打算上马 CRM 的系统，现在的选型要注意什么？

A：将来的事情很难具体估计，但现在做到一点总归是有利的：与产品系列宽的主流生产商建立长期关系。有些“背靠大树好乘凉”的意思。

Q：企业现在就已经上马了 IT 系统，再上马 CRM 或者 ERP 系统后，系统集成怎么解决？

A：有时，集成的代价（花费的精力，购买外部设备、顾问的费用）甚至大大超过各应用系统建立的代价。未必“大陆板块”就是一劳永逸的，而要允许适度“孤岛”的存在。现在，期望一个集成的系统能够解决企业的所有问题，几乎是不可能的了，在不同的领域都会有不同的子系统能发挥较好的功效。是不是集成难度很大，就统统不敢应用这些子系统呢？“因噎废食”总归不好，可以考虑的一个“土方法”是，在两个子系统之间，用人工来完成数据的传递，设置 1～2 个简单操作人员的岗位，用少量人工代替集成成本。

2. CRM 功能概览

CRM 软件功能可分类为：分析功能，主要注重分析数据；操作功能，致力于支持和优化日常工作流程，包括营销、销售、服务这样的前端业务和后勤、财务、人力资源管理这些后端业务；交互功能，主要用于优化设计客户交互流程。

要考虑 CRM 系统软件的以下一些方面：

（1）数据仓库：它包含一些工具，把企业的各种客户、销售或其他系统中的数据整合起来（主要是抽取转化和加载工具），还有数据仓库服务器工具，如 Oracle 或 SQL Server。

（2）营销自动化：这主要是帮助企业对直接邮件和电子邮件活动进行个性化和自动化的工具。一些 SFA 软件内嵌了这些功能，这个时候就要确认 SFA 提供的功能能否满足需要。很多厂商，如 E. piphany，Prime Response，Exchange Applications 和 Unica 都提供营销自动化系统。

（3）数据挖掘：这个系列又可以细分为客户报表传播工具、客户细分工具、客户对产品或服务的分析和预测工具等。MicroStrategy，SAS，Brio，Angoss 和 SPSS 都提供这些工具。

（4）个性化网页：网站管理用的内容管理软件，这类软件可能会提供网页个性化能力。厂商有 Broad Vision，Net Objects 和 Vignette。

（5）服务和呼叫中心软件：与通过呼叫中心提供的服务的内容密切相关，这可能仅仅是 SFA 工具的延伸。但有时，呼叫中心会需要另外的一系列功能，如对服务请求电子邮件的自动化分配、对服务请求的跟踪等，提供这方面功能的软件有 Bean，Broadbase，Kana，Clarify，E. piphany 和 You Centric 等。

上面类别的供应商，高端到低端的都有。上面提到的大多为高端的。

3. 如何决定 CRM 的范围

根本的问题是，哪种类型的软件最适合你现有的环境？你需要考虑下面这些问题：

（1）如何看待和处理客户关系？例如，是否要给每个客户指派一个客户经理，每周与客户联系一次？

（2）在一年中，有多少员工与一个特定的客户联系过？他们是否需要了解企业与客户的历史关系？

如果客户的量很少，与他们联系的员工也很少，那么用一些基本的 SFA 软件，如 Act！或 MS Outlook 就可以满足需求了。如果客户很多，与客户联系的员工来自销售、服务或其他部门，这个时候就需要用中端到高端的 SFA 工具。中端的 SFA 工具有 GoldMine 和 SalesLogix，高端的系统有 Siebel 和 Clarify。

（3）一、二、三年后，企业将会有多少客户？是什么样的数量级？如果任何时候客户的数量都很少（如少于 1 000），那么合适的 SFA 软件就可以提供绝大部分的 CRM 功能。如果客户的数量有 100 000 甚至更多，那么可能就要考虑更多功能的 CRM 软件（虽然刚开始时，不是都一起上马）。如果客户的数量处于中等水平，如 1 000 到 10 000，那么除了 SFA 软件外，可能需要也可能不需要其他软件。

（4）从利润的角度讲，一个特定的客户的价值是多少？丢掉一个客户的成本是多少？

（5）经常性地通过哪些手段，如电子邮件、直接邮件、呼入呼出电话营销等，与大量客户或所有客户联系？主要是直接销售人员还是专门的客户经理使用这些渠道？在通过这些渠道与客户沟通时，是否需要根据每个客户的特点对沟通的内容进行客户化？

如果客户关系价值非常大，对营销、服务、销售等领域对待客户的方式的客户化将有助于保持和改善客户关系，而且要是客户数量比较多或非常多，那么实施一个 CRM 而不仅仅是 SFA 是很有必要的。

4. 软件选择流程

前面的工作提供了理想化的客户关系管理系统的蓝图，下一步就是制订行动计划，把客户关系管理从理想变为现实。在制订行动计划时，有很多要考虑的问题。

（1）目前环境的绝大部分情况，自己开发软件不如购买现成的商业软件经济，但是，也要对管理软件实施进行评估，把交货期、短期许可费用、长期维护费用纳入权衡范围对作出正确的决策有着重大的影响。例如，一个公用事业部门进行管理软件实施的可行性研究时，发现他们要求的功能接口太多，以至于没有任何一家公司的产品符合要求，最多只能做中间插件。在这种情况下，他们放弃了购买现成软件产品，而是向主要的软件提供商招标，让这些软件供应商来分析公司需求，然后提出解决方案。在这种情况下，就应该聘请第三方的咨询公司站在中立的立场上客观地评价这些解决方案。除了软件公司外，第三方的咨询公司的参与将有助于系统顺利的实施。因为这些咨询公司拥有足够的技术人员和行业专家，这样客户就用不着为了系统实施而准备庞大的项目队伍，因为项目结束后的系统维护和推广将不需要这么多人。

（2）如何着手选择 CRM 解决方案。CRM 行业有很多专业的咨询人员和研究人员，他们的主要工作就是研究和评价各种 CRM 解决方案，可以提供对市面上主要的 CRM 解决方案的系统评价。

（3）怎样确定某一方案可能适合本公司。在对软件解决方案进行评价时，需要用户的参与，不断改进对 CRM 解决方案的要求。一个复杂的 CRM 解决方案有三个重要的要素：软件、技术和供应商。这三个要素紧密结合在一起，才有 CRM 的成功。单个要素的优势并不能弥补其他要素的弱势。

（4）如何缩小 CRM 解决方案的范围。这个过程需要很多细致的工作，它们都有助于缩短你手中的长长的解决方案列表。与软件供应商联系，询问自己关心的话题，要求软件供应商提供可行性报告，访问软件供应商的网站，这都是很有效的途径。还有重要的一点就是，别忘了要求软件供应商进行演示。很多的软件商在产品展示时，只展示他们的软件所具有的功能，或者大讲管理理念。要特别小心那些不愿意进行产品演示的软件商，因为他们所许诺的功能很可能代价昂贵，或用起来不方便，或在现有的技术条件下根本不可能实现。

（5）在与软件供应商打交道时，注意他们的言行。他们是否很自信，显得很内行，是否能够准确地回答你的问题。是否对他们的态度很满意。你在这个阶段所发现的问题，也是以后将要碰到的问题。最终要达到这样一个结果，那就是项目小组和 IT 部门的人对所选择的解决方案有充分的信心。

（6）从软件、供应商和技术方面对解决方案进行审查后，还要考虑的一个重要因素是费用。根据国外的经验，就整个 CRM 项目的费用而言，软件费用一般占 1/3，咨询、实施、培训的费用占 2/3。另外，特别要当心系统升级和改变系统所需的费用。有一些软件，在改变系统时，需要软件商的技术人员和咨询顾问的充分参与才能完成，会给企业带来了额外的费用。实际上，如果咨询、实施和培训进行得好的话，系统的变化可由用户自己来完成，而不需要额外的咨询顾问的费用支出。

在考虑系统的方案的费用时，要力争回答如下一些问题：

1）系统需要客户化工作吗？该软件是否为黑箱作业？

2）客户化的工作量大吗？费用如何？

3）这个项目的咨询费用是多少？

4）在系统上线后，此系统的配置和维护是否困难？是否不断需要外部力量的协助？

5）为了使得本企业的员工能使用该系统，所需要的培训费用是多少？

6）系统上线后，需要的维护工作多吗？本企业的员工能否完成这项工作？

7）为了配合该系统的实施，还需购买哪些软件和硬件？

8）系统实施的时间表是怎么样的？

回答了上面的问题后，基本上可以了解该解决方案所需的费用。下一步的工作是选择合适的软硬件和供应商。

（7）软件评估标准。有关 CRM 软件的评估标准：

1）特色和功能：软硬件的支持平台，例如是否支持 Web。

2）开发工具：可集成性（与后台的 ERP 系统、电话或接触中心的集成能力，集成的方法）。

3）客户资源：供应商是否曾经有过与本公司类似项目的经验。

4）软件价格。

5）客户化与软件升级：客户化软件是否能够无缝地从一个版本升级到另外一个版本。

6）可扩展性：当客户变多、单位时间访问次数增加、数据库中数据增大，如何保证系统性能不受损害。

5. CRM 供应商的选择

CRM 供应商的选择和 CRM 软件的选择同等重要。现在，CRM 是一个热门的话题，很多软件商都在利用这个理念，借 CRM 的东风打市场。各软件商的产品和服务的质量良莠不齐。在进行供应商选择时，供应商的已有经历是重要的评价因素。总体来讲，那些有多年的经验、诸多成功的案例、在未来的相当长时期内能生存下来的公司是值得信赖的。另外，这个公司还应该能够很好地沟通，对于企业的要求和需求能很快地回应，提供良好的售后、售中和售前服务。一个良好的供应商能：

（1）识别企业的业务流程需求。

（2）培训项目小组。

（3）设计、配置系统。

（4）提供实施和技术支持。

（5）培训系统用户、经理人员和系统维护人员。

（6）提供持续的技术支持服务。

有两个关键问题需要 CRM 软件供应商回答：

（1）贵公司在本行业曾经参与过多少个项目的实施工作？

（2）您能不能提供这些客户的详细信息以便我们验证？

解决方案供应商的选择决定了 CRM 项目的咨询、实施、安装和培训的有效性。如果他们不能为系统的持续改进和运行提供有力可靠的支持，那么最好的软件和最新的技术也只是一种财力的浪费罢了。

6. 软件合同和咨询合同

软件公司将对软件问题负责，而顾问公司将在项目结束后签署支持和维护的协议。应该仔细地阅读合同，很多合同有清楚的或样板式的条款说明所有权和支持条件。

如果合同表明客户拥有软件、编码等的所有权，那么就可以要求代码和文档。如果从合同上来看比较模糊，应该与顾问公司讨论后续的支持，讨论关于获得最后版本的代码和文档的可能性。如果所做的改进小的话，文档可能不正式，或根本不存在。

在某一具体的行业中服务时，软件商的合作伙伴经常会有在套装软件基础上所做的客户化方案，从这些方案中，这些合作伙伴可能会获利颇丰。这些方案可能会单独销售，也可能与主要的软件捆绑销售。这些也需要在合同中说明。

有时，软件合同和咨询合同之间有看上去容易混淆的条款。例如，软件合同中声明，软件公司拥有软件的所有权，包括利用软件公司的工具对软件所做的修改。咨询合同中声明，所有的成果都是在为客户服务的过程中产生的，为客户方所有。这表明，如果对软件所做的客户化不是利用软件公司提供的工具（如 VB extensions，Crystal Reports 等）进行的，那么这些成果归客户所有；如果对软件所做的客户化利用的是软件公司所拥有的开发工具，那么客户将不拥有这方面的知识产权。

不论对软件所做的提升是用的通用工具还是软件公司的具有知识产权的工具，都可以从咨询顾问那里得到客户化的代码和文档。这将提供在未来保护自己的证据，实际上，同顾问方所签订的合同或许已经包含了所产生的技术文档。如果没有的话，应该尽快要求顾问方在后续的项目中提供文档，或许，这要花更多的费用，但从长远来看，是值得的。

如果与顾问方签订的合同包含了书面的禁止出售的条款，那么将禁止将这些软件的提升出售给任何人。但是，这不能阻止他们利用在为 A 客户服务时产生的智力资产为 A 客户的竞争对手服务。这也就是软件公司坚持拥有软件的所有权及用软件公司的工具对软件所做的改进的所有权的原因。

总之，要注意以下几点：

（1）仔细检查合同，明确它们的确切含义。

（2）应该获得对软件所做修改的技术文档。即使多付一些费用，也是值得的。

（3）对于用软件商的工具所做的改进，不可能有知识产权。

（4）对于用 VB 或 Crystal Reports 等工具做的改进，将拥有知识产权。

（5）虽然顾问不能将这些改进成果销售给其他客户，但顾问可以使用在项目中获得的知识。客户方将无法阻止。

10.1.4 实施应用

在这个阶段，实现 CRM 系统的配置和客户化，满足大部分的各种各样的业务需求。应该就这个系统对企业员工进行培训，使得他们掌握尽量多的技术知识。所需的新的软硬件也要在这个阶段进行安装。

在这个阶段，建立系统的原型并进行测试。企业的员工应能够熟悉系统安装过程和所安装的系统的各个方面，数据转换的工作也将在这个阶段完成。为了保证数据转换工作的顺利进行，供应商方面的实施专业人员应该和企业的 MIS 人员进行充分的沟通。数据的转换过程包含很多工作，很多的 CRM 实施案例都表明，设计并严格遵循数据转换工作的时间表有很大难度。

在这个阶段进行培训工作，可以在各部门中选择几个员工参加由软件商提供的培训，然后再由他们负责对所有的系统用户和管理人员进行培训。为了使得这种方法有效，这些培训人员应该通过参加软件供应商提供的培训，变成新系统方面的专家。

局部实施的系统应该是一个良好的系统原型。有一个用户小组利用该系统进行工作和测试，写出质量保证测试报告，并送交项目小组经理。

最终实施和项目的铺开，是系统实施的最后阶段，这个步骤对项目组人员提出了时间要求。给每个成员一份实施时间表，在表中说明项目实施的每个阶段所应完成的工作和在此阶段之前该完成的工作。

对所有用户的正式培训也发生在这个阶段。首先设定对培训的期望，然后通过正式的培训来实现这些期望。只有用户意识到使用该系统可带来切实的好处，系统实施的阻力才会少一些。这个培训是在计划阶段所确定的需求的基础上进行的。切实的培训计划和它的严格实施将是成功培训的重要保障。

10.1.5 持续改进

CRM 项目的实施不可能一蹴而就、一劳永逸。作为一个管理项目，它的效果是通过不断地改进而体现出来的，即需要开展“持续改进”工作。而持续改进要坚持开展下去，必须要有机制来保证。

（1）持续改进委员：是机制的核心，非专门常设机构，由持续改进相关主要部门直接领导组成，采取定期办公会议制度。对持续改进的制度、重大方案具有决策权。

（2）委员会主席：作为持续改进委员会的召集者，可以由企业的副总以上领导担任，也可以由持续改进委员会各成员来轮值。

（3）委员会秘书组：专门常设机构，可以由 2～3 名基层管理人员或者文秘人员组成。负责持续改进意见的采集、持续改进委员会相关文件的起草和准备、持续改进执行情况的反馈信息整理等。

（4）持续改进执行团队：非专门常设机构。可以由项目期间内的项目实施小组继承而来，应该随着企业的发展而不断更新，保证由各职能单元、各主要流程的业务骨干组成。负责持续改进意见的提出、持续改进方案的执行等。

（5）首席执行官（CEO）：要定期听取持续改进委员会的汇报，对持续改进工作进展提供支持。

从技术方面来讲，公司需要内部设置一个全日制的系统管理员，确保技术上的自给自足和便利。为了培养内部的专家，公司可以在项目的计划阶段就让他参与 CRM 项目。鉴于 CRM 系统的技术支持工作是很复杂的，因此要确保解决方案提供商将会向这位内部的专家提供技术上的帮助。

另外，很多CRM 系统提供了性能指标功能。系统应该能向相关人员提供合适的数据，并使得他们能方便地获得这些数据。为了确保系统能产生预期的好处，应该在系统向全部用户开放前就对其进行测试。如果不能满足需求的话，就要花时间对工具进行改进，直到它能满足需求。用户可为这种改进提供很好的反馈。

最后，CRM 系统也要向领导小组和项目组提供反馈，如哪些功能运行良好、哪些功能难以驾驭、可以采取哪些措施充分利用现有的技术投资等。

10.2 客户关系管理实施成功的关键因素

10.2.1 高层领导的支持

总的来讲，成功的 CRM 项目都有一个行政上的项目支持者，他们的职位一般是销售副总、总经理、营销副总、董事长或合伙人，他们的主要任务是确保本公司或本部门在日趋复杂的市场上能有效地参与竞争。在当今的环境中，产品或价格的优势总是很短暂的，产品质量是既定的，这时高层领导若接受了这个挑战，可以通过对企业营销、销售和服务的方式方法的改造来获取竞争优势。

高层领导要从总体上把握这个项目，扫除通往前进道路上的障碍，保证这个项目的顺利开展。他应该有足够的权威来改变企业并清楚地知道，如果继续按照 20 世纪 70 年代、80 年代或 90 年代初的方式方法来进行销售和服务的话，企业将难以为继。

高层领导的主要作用体现在三个方面。首先，他是一个梦想家，为改造计划设定明确的目标，如提高销售收入 20%、提高利润 1%、减少销售周期 1/3、加快产品的升级换代速度一倍等。其次，他是一个推动者，意识到目标的设定是从上到下的，然而达到这个目标则要从底层做起。他向改造团队提供为达到设定目标提供解决方案所必需的时间、财力和其他资源，接着努力为实施这种改造策略争取资金、人力等。最后，他要确保企业上下认识到上马这样一个工程对企业生存的重要性，并在项目出现问题时，激励员工解决这个问题而不是犹豫不决。

这样的一个高层领导对上马改造项目意味着什么呢？如果缺少了这样的支持者，前期的研究、规划也许会完成，会完成一些小流程的重新设计，可能会购买技术和设备，但企业出现有意义的改进的可能性很小。CRM 更多的是关于营销、销售和服务的优化，而不仅仅是关于营销、销售和服务的自动化。当 CRM 涉及跨业务部门业务时，为了保证公司范围的改进，这样的一个行政领导的支持是必须的。

10.2.2 要专注于流程

有一些项目小组一开始就把注意力放在技术上，这是一个错误。实际上，好的项目小组应该专注于流程，应当认识到技术只是促进因素，它本身不是解决方案。因此，好的项目小组开展工作后的第一件事就是花时间去研究现有的营销、销售和服务策略，并找出改进方法。

为了发现现有流程的问题，项目小组应该事先分析公司是怎样营销、销售和服务的，顾客在何种情况下、什么时候会购买产品。首先，要对营销、销售和服务部门的人员进行访谈，了解他们做些什么、为了做好工作需要哪些信息。接着，了解用户所认为的产品存在的问题，如难以获得产品专家的支持、难以获得最近或即时的信息、难以给出没有错误的产品配置。

项目小组应该对顾客购买产品的过程进行研究，如顾客如何对各种产品进行评估、选择厂商、评估产品价格，并对流程进行审视，找出是哪些环节阻碍了潜在的顾客购买产品，如对顾客的要求的回复速度过慢、给出的建议不完全、售后服务不良等。

找出了流程中的问题后，分析其原因，如为什么在发现潜在客户与向其提供服务之间要有很多时间，为什么企业内部终止一个自定义码要花一个星期的时间，为什么销售人员不能获得关键的客户支持数据。同时，还要分析这些问题继续存在所造成的损害。

通过这些工作，项目小组发现了要解决的问题，而且可以在项目实施后，把那时的状况与这时的状况相比较，看是否有所改观。

10.2.3　技术的灵活运用

在那些成功的 CRM 项目中，技术的选择总是与要改善的特定问题紧密相关。如果在一个企业中，它的销售员或服务工程师在现场工作时很难与总部建立联系，这个企业很可能选择机会管理功能；如果企业处理订单时的出错率很高，它很可能会选择配置器功能；如果销售管理部门想减少新销售员熟悉业务所需的时间，这个企业应该选择营销百科全书功能。选择的标准应该是，根据业务流程中存在的问题来选择合适的技术，而不是调整流程来适应技术要求。

虽然很多企业的 CRM 的实施是从单个部门（如营销、现场销售或客户服务）开始的，但在选择技术时要重视其灵活性和可扩展性，以满足未来的扩展需要。因为企业要把企业内的所有用户集中到一个系统中，使得每个员工都能得到完成工作所需的客户信息，所以项目初期选择的技术要比初期所需要的技术复杂，这样才能满足未来成长的需要。

对 CRM 工具进行评估时，不仅要明白该产品能完成什么工作，而且要重视该产品的工作机理。应该弄清软件商所编写的程序的系统框架，并根据自己的信息系统规划来选择合适的解决方案。

10.2.4　组织良好的团队

CRM 的实施队伍应该在四个方面有较强的能力。首先是企业业务流程的重组，因为 CRM 并不能使得企业在每个业务环节上都提高 5%，而是使得在某几个环节上获得巨大的提高。这需要企业对其流程的关键部分自愿进行改造，这需要小组中有对企业现状不满意的人，他们会研究企业的流程为什么是这样的，并在合适的时间和合适的地方对流程进行改变。

其次是系统的客户化，不论企业选择了哪种解决方案，一定程度的客户化工作经常是需要的。作为一个新兴的市场，大部分 CRM 产品都应用了最新的技术。应该根据企业的工作流程对 CRM 工具进行修改，这对获得最终用户的接受是很关键的，并且需要对系统的设计环境很熟悉的人加入CRM的实施团队。系统的集成化因素也很重要，特别对那些打算支持移动用户的企业更是如此。

再次是对IT部门的要求，如网络大小的合理设计、对用户桌面工具的提供和支持、数据同步化策略等。

最后是实施CRM系统需要用户改变工作的方式，这需要实施小组具有改变管理方式的技能，向企业提供桌面帮助。这两点对于帮助用户适应和接受新的业务流程是很重要的。

对那些最成功的项目的调查显示，它们对上述四个方面都非常重视。对这四个方面进行评估后，如果发现某一个环节比较薄弱，就应该从别的部门、咨询公司等寻找新的人员加入小组，充实这一方面的力量，从而保证小组能实施复杂的CRM项目。

10.2.5 极大地重视人的因素

在项目规划时，业务流程重组的人的因素经常被忽视，并不是因为没有认识到人的重要性，而是因为对如何解决这个问题不甚明了。在调查中，我们搜集到了解决一些关于人的因素的方法。

向内部用户推销CRM系统。为了寻求用户对CRM项目的支持，一个造纸企业请来了自己的供应商（这个供应商于去年顺利完成了项目的实施）向本公司的销售人员演示其销售过程。在造纸企业的年度销售会议上，当供应商的销售人员做系统演示时，全场热烈欢呼，这使得项目在实施的初期就获得了销售人员的支持。

这些成功的CRM项目经常提到的策略是用户参与。一个半导体制造商在项目的早期就选定了项目首先实施的部门，并且所有的关键实施过程都邀请该部门的销售人员参加。这些现场销售员初步给出了他们所发现的当前销售和服务方式的问题，参加了与四个CRM软件商进行的半天会议，评价和通过了项目的ROI计划，参与了与信息系统部门所进行的关于应用程序设计的联席会议，对系统的屏幕布局和流程图设计提出了自己的建议。这样，项目从始至终都有用户的参与，实际上成了用户负责的项目，他们对项目的成功承担着自己的责任。

一个知名的咨询公司提供了另一种方法。不同于咨询公司的培训小组对系统用户进行系统使用方面的培训，该咨询公司把培训的职责交给了销售经理。他们对销售经理进行培训，然后再由销售经理对销售员进行培训。这样的好处在于，销售经理以外的销售人员发现销售经理熟练应用这种新的销售工具时，他们比较容易地认识到该系统的重要性。

有一个制造企业对销售员进行了调查，发现只有23%的销售员能够用PC，因此他们决定，在项目开始后，利用一段时间对销售员进行计算机应用培训。结果，一些销售员努力学习怎么使用电脑，根本没有时间和精力学习怎么使用相对复杂的销售工具。后来他们换了一种做法，让销售员直接使用系统，在使用系统的过程中向他们提供培训。这样的结果是，两个月后，所有的销售员都能熟练地使用该系统。

从上面的例子中可以看出，重视业务流程重组中人的因素对项目的成功是很重要的，如果系统的最终用户对系统不持积极态度的话，那些有最新、最有力的技术支持的最合理的业务流程也可能会产生不理想的结果。

10.2.6 分步实施

如上所述，在项目规划时，具有3～5年的远景设想很重要，但那些成功的CRM项目通常把这个远景划分成几个可操作的阶段。毕其功于一役，给企业带来的冲击太大，往往欲速则不达。通过流程分析，可以识别业务流程重组的一些可以着手的领域，但要确定实施优先级，每次只解决几个领域。

例如，一个计算机公司当前的订单生成流程的流程表用小号字体打印后，其长度有 8 英尺长。经过对流程的评估，CRM 识别了 42 个可以进行流线化的流程步骤。但该公司并没有把这 42 个地方一次改变，而是挑选了 3 个潜在回报最大的步骤，对这些流程首先进行重组。

这样只需几个月就能教会用户使用一个 CRM 的工具。通过使用新系统和改造后的流程，销售人员能在系统投入使用后的 4 个月内降低销售循环周期长度 25%，仅仅这部分的回报就已经超过了软硬件和客户化所花的费用。

10.2.7　系统的整合

系统各个部分的集成对 CRM 的成功也很重要。CRM 的效率和有效性的获得有一个过程，它们依次是：终端用户效率的提高、终端用户有效性的提高、团队有效性的提高、企业有效性的提高、企业间有效性的提高。

实践证明，为了获得用户对项目的支持，CRM 小组首先要解决终端用户问题，初始重点是营销、销售和服务流程所存在的问题。如果用户对计算机不熟悉，那么 CRM 项目小组首先要提高用户个人的效率，使用户对计算机和网络熟悉起来。

例如，作为 CRM 实施第一步的一部分，一个运动品生产企业给销售员提供了手提电脑、联系人管理软件和其他一些软件，帮助销售员提高对内、对外联系任务的自动化程度，因为他们一直抱怨这种联系所花费的时间太长。当销售员把客户资料输入系统后，他们又惊又喜：系统代替他们生成诸多的制造、销售管理、营销、客户等方面的备忘录。这样，项目小组很快赢得了销售人员的信任，不仅因为他们熟悉了系统，而且因为他们相信系统减轻了他们的工作量。

如果用户已经接受了系统的一部分，那么可让用户接受更复杂一些的工具，如建议产生营销百科全书和配置器等。这些工具有助于提高用户的有效性。当用户知道这些工具是怎么帮助他们更有力地从事工作时，会更加自愿地向系统内输入准确的数据。这时，可向用户提供其他的工具，如机会管理工具可帮助销售和服务人员更好地相互沟通。

下一步是提高企业的有效性，把前台和后台的系统联系在一起，这样企业内的每个人都可以得到与客户相关的信息，还可以把这些信息送到数据仓库中，进行销售和营销趋势分析。

最后，当所有内部用户都集成在一起时，企业可以跨出围墙，与供应商、合作伙伴甚至顾客集成在一起。例如，某通信公司的客户可以利用基于互联网的配置器，自己进行需求分析，然后给出订单，企业利用这种方式获得的销售额为每天 300 万美元。

上面讲述了企业的 CRM 项目整合提高的过程，其关键在于准确地评估企业当前状况、所处位置，然后以此为出发点，一步一步地开始建设。

本章小结

成功的实施是成功的一半，而在 CRM 的实施过程中这个比例可能还要大，因为 60%

以上的不成功的企业是因为实施过程中出现了差错，有的是因为业务流程重组做得不彻底，有的是因为没有切实掌握好一把手原则。本章学习可能花费的时间不是很多，但是，在实际过程中，这一环节却是耗时最长、最为困难并且最为关键的。因此应当掌握好实施的流程、业务流程重组、供应商选择、软件选择等步骤，牢牢掌握一把手原则。

案例

Dow 公司的 CRM 的实施

具有 106 年悠久历史的化工公司 Dow 对 CRM 笃信不移——“CRM 会打造一个更强大、更健康的 Dow”，当时的公司全球营运总监 Mack Murrell 如是说。不过这种信任绝不是盲目的，相反他有自己的度量标准，用调研和客户反馈来证明自己的 CRM，Murrell 这样告诉 CRMGuru CustomerThink 执行官峰会（于 2003 年 11 月 10～12 日在加利福尼亚 Monterey 召开）的与会者们。

CRM 的成功需要什么?

与其他企业不同，Dow 认为其 CRM 项目的成功以及今后企业的成功都要有赖于围绕着客户需求组织人、流程和技术——这些领域的改革缺一不可。“说到 CRM 实施，你应该已经听得够多的了。说它必须得到领导的倾力支持，这是你实施 CRM 所必需的。有时你也会听到有人说它和技术有关，你必须寻求一流的技术。也有许多人说如果离开了工作流程你将无法进行任何变革。好吧，在这儿我想告诉大家，我认为 CRM 实施的成功需要以上这些因素的综合作用，你在哪部分做得不够理想，那么它就会成为实施道路上的障碍。”

Dow 是一家成熟的企业，具有丰富的业务实践，当许多其他企业认为处理实施 CRM 带来的变革有很多难对付的事情时，Murrell 却指出 Dow 有着光荣而辉煌的革新历史，是一个非常一体化的企业。他说：“我们不仅拥有高度集成化的制造体系和供应链，还拥有一个非常完整的组织构架。在 Dow，整个企业体系分为六级共 50 000 名员工。处在第一级的只有一个人，我们的 CEO。在第二级，我们有 10 个人。在第三级，我们大约有 200 个人，我也身处其中，然后是第四、第五和第六级，共计 49 700 余人。在第一、第二、第三和第四级中，90%的职位其职责是全球性的，因此我为之工作的那些人都负责着公司全球的事务。”

Murrell 说，公司所未能做到的，“是没有强调以客户为中心”——没有倾听直接来自客户的反馈。这家企业很早就已经意识到 CRM “不是你隐匿在角落里做的事情”，支持者们开始为 CRM 打造自己的案例。“CRM 不是在底层宣传实施一下就可以完事的，而且你也知道几乎所有的人都和它有关。它是一个真真正正自顶向下的变革过程，在你的意识里你必须知道它是直接针对人的。基本上可以说，明天我们将大不相同，我们正准备着一次乘车旅行”，Murrell 说，“孩子们，我们要去奶奶家了，你们或者上车一路玩 Game Boy 到奶奶家，或者先被打一顿屁股然后去奶奶家，总之，我们要去奶奶家。”

以客户为中心事关企业业务的成败

为了表明自己CRM的观念，公司决定从客户开始。“我们花了很多时间与客户进行交谈，他们都在告诉我们，Dow，你没有以客户为中心。”Murrell说。

“我们的内部调查也同样显示了这一点。我们开始审视Dow内部的业务，对其进行了大量的运算，我们问客户，成功的关键是什么？你们希望在Dow身上看到哪些特质？然后我们把客户所说的与我们的实际结果相比较，你瞧，与这些特质吻合的最好的业务几乎也就是我们所进行的最好的业务。”Murrell说。

他认为此次调查帮助企业专注于其流程。Murrell说：“我们是一家化工企业，出于天性我们做每件事都有一个流程，每一步都进行测量，而且很快。对于一个大工程来说，如果你还希望把它进行到第二、第三、第四阶段的话，那么最好先制定度量标准，确定衡量成功的主要指标。”

管理层希望任何项目都有一个案例为证。Murrell说：“如果你去向他们要钱做某些新的事情，那么最好准备好充分的理由让他们给你资金，2000年我们所做的承诺（即我们的客户界面系统）便是一个明证，我们即将在流程上有一个重大突破。”

承诺之二是使公司获得更好的客户忠诚度，“这个承诺的难点在于客户忠诚度、客户满意度是后续指标”，Murrell说，“对缺陷、过失以及做错事情的成本的度量是主要指标，客户忠诚是后续指标，因此我们说最终你将看到客户忠诚度的改善，不过我们可以立刻让你看到缺陷的消除和成本的削减。”

项目经费总计5 000万美元，该项目最终将采纳Siebel的技术。支持者们“共同达成了一个远景”，他们告诉经理们“我们很希望在任何地方都成为最易于进行业务合作的企业，要达到这一点我们还有很长的路要走”。Dow有一个极具典型的特征，就是会在项目启动时就让IT人员参与进来，正如公司在1993年的SAP实施中所做的那样。“我们是一家非常标准化的企业，因此我们与IT的合作总是在游戏刚刚开始时就进行了。”Murrell说。

经验和教训

Murrell认为企业向以客户为中心的成功转型是许多因素共同作用的结果。首先是变革管理。“只这么说当然是不够的。”Murrell说，“有人曾说，如果你用一个像一角硬币大小的东西靠近眼睛然后长时间地盯着它看，你就会把整个宇宙的美丽封闭在外，正所谓‘一叶障目，不见泰山’。而且在今后的路途上你还会遇到很多很多这样的硬币，所以你要做的非常重要的一点就是尽快把这个硬币从眼前拿开并知道自己为什么要这么做，知道为什么值得去经历这种奋斗，因此说远景是极其重要的。”

不过，他承认对销售力量实施变革管理是件充满挑战性的事情。“可能我们的销售人员中有30%对这些工具的使用充满热情，如果让他们停止使用，他们会大嚷大叫极不情愿。但是，还有其他40%到50%的人虽然正在使用它们，也认为这些工具有帮助，可他们始终都显得很冷淡。”Murrell说，“而那剩下的10%到15%的销售人员则对此避之唯恐不及。”

同样，大局观也很重要。“六西格玛的观念强调了一种纪律，使我们切实地将注意力集中于次品率和工作流程的改善，集中于价值创造，集中于严格的度量标准，这些事情对一个 CRM 项目的实施来说至关重要，至少我们是这么认为的。” Murrell 说，“最后，再重申一遍我们是一家非常具有革新精神的企业，我们相信信息技术以及信息技术的集成是极为重要的。”

思考题

1. 为什么 CRM 不同于一般软件要进行软件实施?
2. CRM 实施的主要过程有哪些? 你认为哪几步最重要?
3. CRM 实施的主要成功因素是什么?
4. 联系实际谈谈我国企业实施 CRM 的必要性。
5. 假设公司委任你负责选择 CRM，你怎样做?

教学方法建议

这章内容对于非计算机类学生来说比较枯燥，并且较难讲解。建议采用博物馆看画展教学法，具体步骤如下：

1. 向学生布置一个任务，具体为：某公司已经购买一套 CRM 软件，现准备面向全公司使用这套系统管理公司业务，特别强调全部业务都要通过这个系统完成。如何逐步让所有员工学会正确使用? 这些员工平时工作很忙，而且对这套管理系统不是很了解。

2. 各小组将自己认为最好的办法和步骤用一张 0 号图纸画出来，根据学生情况规定完成时间。

3. 上课时将各组画的图挂在教室中，每个小组派一名讲解员进行讲解，每个组选出一名学生组成打分组，对学生作品和讲解进行打分，要求全体同学都要听讲解。

4. 如果时间允许，可以选择两个有代表性的图进行讨论。

5. 老师对各组内容进行仔细的点评，并对重点内容进行讲解。

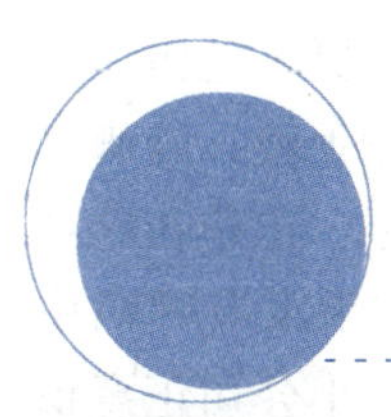

项目十一 客户服务中心

引例

泰康人寿的客户服务中心建设

泰康人寿保险股份有限公司成立于1996年，由中旅总社、中外运等16家大型企业组建，注册资金6亿元人民币。2000年全面完成外资募股后，公司净资产达20亿元。

为应对激烈的竞争，泰康人寿决定建立一个面向全国的客户服务中心，以提高公司的服务水平和服务质量。为此，泰康人寿与北京浩丰时代公司合作，建设特服号码为95522的客户服务中心，一期系统已于2002年3月在全国23个点开通，其规模为单点30路中继、30路IVR、8路人工座席。客服中心接入部分采用浩丰时代自主研发的全世界交互通信平台——xContact，前台业务应用部分采用浩丰呼叫中心平台产品——iAgent，采用三层C/S结构，提供了开放的底层应用和二次开发平台。使用泰康人寿95522系统，客户可以听取公司简介、险种介绍及投保、理赔、续期等业务的业务须知和有关手续，利用数据库相关操作进行身份验证后，可查询保单的投保状态、交费记录、给付记录及变动等情况。

通过一期建设，泰康客服中心顺利达到了保监会规定的投保人回访率100%的要求，在全国范围内实现了客户管理的数字化。2003年年初，泰康人寿客户服务中心二期工程在北京正式投入运营，新开了银行保险和团体保险业务，为客户提供更优质的服务。

学习重点

通过本章学习，掌握客户服务中心的发展历程和基本构成模式，了解当今流行的客户服务中心的产品情况。

11.1 客户服务中心概述

客户服务中心，也可简称呼叫中心。我们已知道，目前的市场竞争已经更多地集中在争取客户或客户群上，这意味着企业已经更多地考虑如何使用更丰富的服务手段，以满足客户随时随地请求服务的需要，同时也允许客户按照自己的方式来享受服务。正是在这种背景下，呼叫中心已经成为现代商战中得以生存的关键因素。在今天，如果没有呼叫中心，任何商业服务机构不可能有竞争力——尤其是在客户服务方面。各种大小公司正意识到投资高级的呼叫中心可能是他们唯一可在竞争中取胜的利器。一个好的呼叫中心，使企业能够增进对用户的洞察力、提升竞争力、拓宽销售机会、提高雇员生产力。

呼叫中心是商业领域意识到多媒体的好处后，利用集中服务而产生的最初应用之一。其通过集成的媒体手段（电话、传真、电子邮件、互联网、语音等），利用集成的语音和数据，使信息能以各种用户选择的方式进行传送，这些方法鼓励用户自我服务并提高用户经验。

呼叫中心的核心技术源自计算机电话集成（Computer Telephony Integration，简称CTI），是电脑与通信相结合的产物，是一种增值服务。随着 IT 产业新技术的不断发展，呼叫中心的内涵也不断地延伸和发展。给呼叫中心一个准确的定义似乎很困难，因为每个 CTI 应用系统都可以简称为呼叫中心。我们可以从两个角度给出其定义：

从管理的角度上看，呼叫中心是一个促进企业营销、市场开拓并为客户提供友好的交互式服务的管理与服务系统。它作为企业面向客户的前台，面对的是客户，强调的是服务，注重的是管理，是企业理顺与客户之间的关系并加强客户资源管理和企业经营管理的渠道。它可以提高客户满意度、完善客户服务，为企业创造更多的利润。

从技术的角度上看，呼叫中心是围绕客户采用 CTI 技术建立起来的客户关照中心，对外提供语音、数据、传真、视频、互联网、移动等多种接入手段，对内通过计算机和电话网络联系客户数据库和各部门的资源。

随着 CRM 应用范围的不断扩展，呼叫中心已经成为一个巨大的成熟产业。不仅有各种呼叫中心硬件设备提供商、软件开发商、系统集成商，还有众多的外包服务商、信息咨询服务商、专门的呼叫中心管理培训学院，每年举办有大量的呼叫中心展会，以及数不清的呼叫中心杂志、期刊、网站等，从而形成一个庞大的、在整个社会服务体系中占有相当大比例的产业。社会公众对呼叫中心的依赖程度也很高，全社会广泛从中受益。据有关调查显示，美国和加拿大呼叫中心的数量就达 14 万个左右，如果再加上那些小型的具备一般处理呼叫能力的系统，这个数量还要大得多。美国目前有 69 500 个呼叫中心，劳动力人口的 3%在呼叫中心工作，大约有 700 万人。英国目前有 2 000 个呼叫中心，就业人员中有 1.5%在呼叫中心工作，并且正以 40%的速度增长。澳大利亚有 10 万人在呼叫中心工作。有关资料统计，全球每年由呼叫中心促成的销售额已高达 6 500 亿美元。

我国的呼叫中心服务市场起步比较晚，落后国外的平均水平大约 10 年，目前还没有形成一定规模的产业化。中国电信引领了我国呼叫中心的发展潮流，它利用其自身行业的优势，建立了多个呼叫中心，透过其方便快捷的服务，使呼叫中心的概念深入民心，实现了呼叫中心功能的平民化和实用化，从而使我国呼叫中心服务市场在理论、概念及大规模实际应用上都得到了质的飞跃。

随着中国经济的发展，外资企业大量进入，商业电话的利用率继续提高，采用呼叫中心建立的企业通信网络正逐渐普及，呼叫中心的应用将涉及各行各业。

11.2　呼叫中心的发展历程

11.2.1　呼叫中心的起源

最初，民航业为了能更方便地向乘客提供咨询服务和有效地处理乘客投诉，应用了相当于今天热线电话的呼叫中心，其在提高工作效率的同时，也大大提高了服务质量。因此，那些需要更多人性化服务的行业，如旅馆和饭店业的房间预订中心、商品目录销售商等，纷纷仿效。美国银行业在 20 世纪 70 年代初开始建设自己的呼叫中心。不过那时的呼叫中心还远远没有形成产业，企业都是各自为战，采用的技术、设备和服务标准都依据自身的情况而定。一直到 20 世纪 90 年代初，都只有很少的企业能够有财力在技术、设备上大规模投资，建设可以处理大话务量的呼叫中心。

从 20 世纪 90 年代初期开始，随着 CTI 技术的引入，呼叫中心的服务质量和工作效率有了很大的提高，反过来也使客户服务中心系统获得了更广泛的应用，而与此同时，客户关系管理也越来越受到企业的关注，从而促进呼叫中心真正进入了规模性发展时期，尤其是“800”号码被广泛认同和采用，更加速了这一产业的繁荣。

11.2.2　呼叫中心的发展历程

1. 传统呼叫中心

第一代呼叫中心是人工热线电话系统，以简单的电话查询为代表，如 114 电话查询。其特点是硬件设备为普通电话机或小交换机（排队机），结构简单，造价低，功能简单，自动化程度低，一般仅用于受理用户投诉、咨询，同时也适合小企业或业务量小、用户要求不高的企业使用。第一代呼叫中心的缺点是：由于基本靠人工操作，对话务员的要求相当高，而且劳动强度大、功能也较差。目前，没有正式设立呼叫中心的企业一般采用这种方式。

第二代呼叫中心是交互式自动语音应答系统，通过打电话可以查询，也可以交易，“800”是这一时期的代表。第二代呼叫中心的特点包括：广泛采用计算机技术，如通过局域网技术实现数据库数据共享；利用语音自动应答技术减轻话务员的劳动强度、减少出错率；采用自动呼叫分配器均衡座席话务量、降低呼损、提高客户的满意度等。但第二代呼叫中心也存在一定的缺点：它需要采用专用的硬件平台与应用软件，还需要投入大量资金用于集成和支持客户个性化需求，灵活性差，升级不方便，风险较大，造价也较高。

2. 现代呼叫中心

第三代呼叫中心是兼有自动语音和人工服务功能的客户服务系统。第三代开始采用 CTI 技术，从而实现了语音和数据同步。其经营理念通过技术得以转变，成为一个主动的客户关照中心。现代客户服务除了具备传统“800”电话的咨询投诉处理功能外，更需要对客户进行跟踪，准确把握客户消费心理，提供个性化服务。现代客户服务还需要与后台数据库结合，通过每一次的客户服务积累信息，一方面为公司决策服务，通过对这些数据的分析，得出市场消费需求的变化，使企业能够对市场的变化迅速作出反应，使决策更为科学合理；另一方面可以进行数据库直销，利用企业客户数据，通过邮寄促销信息、产品目录等方式实现数据库直销，直接获得营业额增长。伴随着计算机技术与现代通信技术的发展，它已成为计算机通信集成技术的典型应用。现代呼叫中心既是计算机通信技术发展的产物，也是客户服务发展的产物，是目前实现现代客户关系管理、提供客户服务的主要工具。企业可以利用呼叫中心主动呼叫用户、主动关心用户，把产品和服务送上门。

第四代呼叫中心是客户互动中心，是和互联网相融合的呼叫中心，它把 IP 电话、CRM 无缝结合起来，把语音、传真、电子邮件完美结合起来，具备数据挖掘、实时监控等功能。第四代呼叫中心的特点包括：

（1）接入和呼出方式多样化。支持电话、VIP 电话、计算机、传真机、手机短信息、无线应用协议（Wireless Application Protocol，简称 WAP）、寻呼机、电子邮件等通信方式。

（2）可多种沟通方式格式互换。可实现文本到语音、语音到文本、电子邮件到语音、电子邮件到短消息、电子邮件到传真、传真到电子邮件、语音到电子邮件等的自由转换。

（3）语音自动识别技术。可自动识别语音，并能实现文本与语音自动双向转换，从而最终实现人与系统的自动交流。

（4）基于 Web 的呼叫中心。可支持 Web Call、独立电话、文本交谈、非实时任务请求等功能。

可见，第四代呼叫中心的技术可以实现对客户数据的跟踪管理，通过这些数据掌握客户的消费习惯、消费心理，提供个性化服务，让客户更满意。通过客户来电辨认客户身份，调用后台数据库，迅速反应客户有关信息，使服务更为高效；同时也可以及时录入客户信息，保持客户服务的延续性，为以后的服务提供参考，并且可以为公司的决策提供数据分析的基础。通过电话、Web、IP 电话等的客户接入方式，既促进了客户的主动访问，又可以减少企业的通信支出、节省客户维护成本。因此，现代客户服务中心已经不再是成本中心，而更趋于利润中心，它尤其引起从事网上销售的企业的关注。目前在网上购物热潮中，真正获利的还是有呼叫中心在背后支持的企业。

11.2.3 呼叫中心未来的发展方向

如今的科技成果日新月异，各种新技术如 IP、WAP、自动语言识别（Automatic Speech Recognition，简称 ASR）、数据仓库（Data Warehouse，简称 DW）与传统呼叫中心相融合，将使呼叫中心具备更多的功能。

第五代呼叫中心将是无线因特网呼叫中心（Wireless Internet Call Center，简称 WICC）。在呼叫中心加入无线应用协议（Wireless Application Protocol，简称 WAP），使移动着的人也能访问呼叫中心，实现无线办公、无线商务的最高境界。

第六代呼叫中心将是多媒体呼叫中心，在业务代表与客户的交互过程中能够呈现视图，相当于有关的业务代表与客户面对面进行交流。如此，目前的许多商业模式及生活方式将会极大地改变，我们可以在家进行办公、购物等活动。

第七代呼叫中心将是智能化的现代呼叫中心，融合了自动语音识别（ASR）、文本转语音（TTS）、数据仓库（DW）等新技术，创造出新概念、新功能。语音技术与交互语音应答技术（Interactive Voice Response，简称 IVR）的结合能够将数据变为语音，将会极大地拓宽呼叫中心的应用领域。

在网络聚合的时代，语音已经数字化，终端逐渐智能化，多媒体信息统一化，各个系统之间的界限逐渐模糊。呼叫中心将在光缆和无线电中传送的是综合的数据流——流媒体，在业务系统或应用系统完成对数据流的处理。技术的融合成为潮流，呼叫中心也将顺应这一潮流，最终实现“统一网络、统一服务、统一平台”的目标，最后形成一个多功能的电子商务平台。

11.3 呼叫中心的运用

11.3.1 呼叫中心在企业客户关系管理中的运用

客户关系管理已经成为注目的焦点，企业逐渐认识到良好的客户关系已成为电子商务时代的制胜关键，而呼叫中心的设置，发挥着与客户互动的功能，扮演着强化 CRM 的火车头的作用。简而言之，呼叫中心是企业对客户的统一接触点，能让客户感受到企业的价值。它有助于企业搜集市场情报、积累客户资料，可以维护客户忠诚度，扩大销售，还有助于企业实施 CRM 过程中的流程再造。

1. 呼叫中心是企业对客户的统一的联系窗口

呼叫中心是企业面向客户的前台，能向客户提供一个明确而且统一的对话窗口，解决客户不知何处寻求帮助的困扰。这样既有效地避免了干扰内部作业，又提高了员工的工作效率。

2. 呼叫中心是让客户感受价值的中心

在竞争激烈的电子商务时代，企业应更专注于创造客户的附加价值。通过呼叫中心企业能在产品之外向客户提供更多的附加价值，如个性化咨询服务、24 小时不间断电话服务，这些附加价值有助于协助客户在最需要的时候解决问题，提升客户满意程度。

3. 呼叫中心是企业搜集市场情报和客户资料的情报中心

有了呼叫中心，企业与市场更接近，企业可以及时地感受市场的变化：

(1) 呼叫中心搜集客户的抱怨与建议，并定期地整理，集中后提供给后台的单位，作为改善产品及服务品质的重要依据。

(2) 呼叫中心可以用来搜集客户的基本资料、偏好与关心的议题，建立客户资料数据库，作为分析市场消费倾向的依据。

(3) 企业的营销活动可以先借助于呼叫中心、网站的参观人潮、客户来信渠道来获取市场动向，以便调整后台活动单位的活动规模。

4. 呼叫中心使“成本中心”转变为“利润中心”

客户的忠诚度往往和售后服务关系极大，而呼叫中心能快速处理客户的抱怨、解决困扰客户的问题，并让客户感受贴心服务。另外，呼叫中心还可以通过向特定的客户推荐特定的产品，满足客户的特定需要，从而增加销售额。忠诚的客户一般会更多地购买，或愿意购买价格高昂的产品，而相对的交易成本会较低。再者，忠诚的客户在无形中充当了企业的宣传大使，会向其亲朋好友推荐企业的产品或服务，所有这些，都将有助于把呼叫中心由“成本中心”转变成“利润中心”。

总之，如今的呼叫中心已成为企业 CRM 系统的重要组成部分和关键环节，不仅可以为企业创造良好的社会效益，而且还可以为企业带来巨大的经济效益。呼叫中心与 CRM 的结合，对企业来说，提高了服务人员的生产效率，降低了服务成本，实现了客户资源的有效管理，并且提高了已有客户的满意度和忠诚度，可以使企业快速地适应竞争时代。利用呼叫中心服务于客户，具有操作简单、方便快捷的优点，并保持了现有市场渠道，增强了市场数据分析，挖掘了新的市场资源，使呼叫中心成功变为利润中心。

11.3.2 现代智能化呼叫中心所具备的功能

呼叫中心可以扩大客户的选择范围，并且能按照客户的喜好，提供相应的技术选择方案。客户可以通过电话、传真、电子邮件或互联网以及视频手段与呼叫中心联系。呼叫处理软件可保证在恰当的时间将呼叫转至合适的地点或人员。例如，呼叫中心可以使用几种语言和方言来提供服务。现有技术能使呼叫中心确定业务代表在应答主叫电话之前主叫将要等待的时间，同时还能帮助中心在呼叫高峰到来之前预测所需的人力，并将呼叫路由送至具有专业技能（如语言、技术专长等）的业务代表，由他们特别关照某位具体的客户。当客户请求呼叫中心服务时，CTI 软件会立即将主叫姓名、访问呼叫中心的历史记录以及主叫信息显示出来，从而使业务代表能更迅速地为客户提供服务，因此呼叫中心不仅可以提高参与企业的形象，帮助企业提高产品的质量和服务，避免了在产品客户服务方面的大量投入；同时，也为广大用户提供了方便。现代智能化呼叫中心应具备的功能如下：

(1) 能提供每周 7 天、每天 24 小时的不间断服务，提供多媒体联络方式。

(2) 能根据顾客的各种信息，安排最适合的业务代表。

(3) 呼叫中心具有良好的社会效益和经济效益，不是“支出中心”而是“收入中心”。

(4) 呼叫中心是客户关系管理的基础，是企业接触客户的主要渠道。

(5) 呼叫中心对外面向用户，对内与整个企业相联系，可以把从用户那里所获得的各种信息、数据全部储存在庞大的数据仓库中，供企业领导者作分析和决策之用。

(6) 呼叫中心采用最现代化的技术、优质的管理系统，随时可以观察到呼叫中心运行情况和业务代表工作情况，为用户提供最优服务。

11.3.3 呼叫中心的运用领域

由于呼叫中心的巨大功能，它将信息通信技术与数据库技术完美地结合在一起，使商业运作达到快捷、高效和经济的效果，呼叫中心可以广泛用于电信、银行、保险、证券、旅游、交通等许多行业。

在银行业，它可以为银行提供多种与客户保持联系的便捷渠道，实现了网上银行、电话银行、移动银行等多种银行业务在统一平台上的完全融合；除了提供像电话银行机器语音应答的服务方式以外，还具备随时转到人工座席的功能，而且能够根据客户级别的高低，进行分级处理；可以提供每周 7 天、每天 24 小时的不间断服务，提高服务质量和客户满意度；可以帮助银行了解客户的需求，进行市场调查，推销新的业务和服务；可以对呼叫中心产生的客户信息进行分析，对不同的类别的客户区别对待，为市场策略提供决策支持；可以进一步降低运营成本，树立银行品牌形象。这充分说明了呼叫中心能极大地提高银行的竞争能力。

在证券行业，利用呼叫中心可以进行电话委托交易，并根据客户特征做出相应推荐；可以为客户提供多样化、人性化的服务；也能从客户那里得到反馈来的信息，以便调整服务内容和策略。

此外，呼叫中心用于航空和铁路运输公司，可用来进行电话订票，也可应用于商业机构、跨国公司以及邮政业等。

11.4　呼叫中心的设计与实现

11.4.1　呼叫中心的构成

一个完整的呼叫中心通常由以下几部分组成：智能网（IN）、自动呼叫分配（ACD）、交互式语音应答（IVR）、计算机电话集成（CTI）、呼叫管理系统（CMS）、来话呼叫管理（ICM）、去话呼叫管理（OCM）等。其中，智能网（IN）、自动呼叫分配（ACD）、交互式语音应答（IVR）、计算机电话集成（CTI）这几个部分是呼叫中心的核心，如图 11－1 所示。呼叫中心的业务功能软件与电话交换系统相分离，使之具备很高的灵活性，享用更多的信息资源。

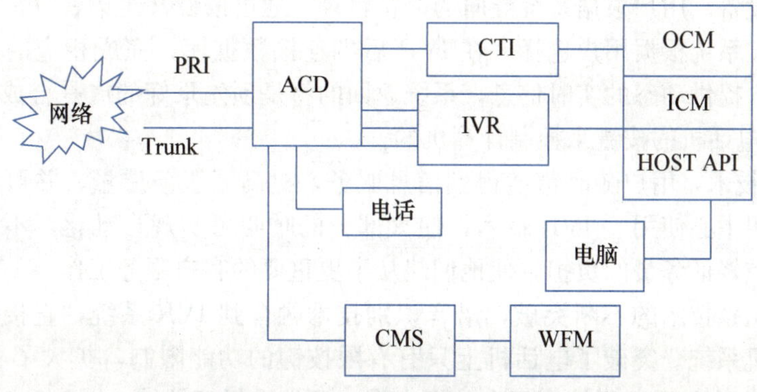

图 11－1　呼叫中心的基本结构

1. 智能网（Intelligent Network，简称 IN）

智能网是呼叫中心依托的通信基础设施，它可以根据企业的需要制定不同的路由策略、提供 800 免费呼叫服务、支持虚拟专用网等。其网络功能包括自动号码识别（ANI）、被叫号码识别服务（DNIS）、主叫方号码（CPN）。ANI 允许呼叫中心的业务代表在收到语音呼叫的同时，在屏幕上看到有关呼叫者的信息，加快呼叫的处理过程；DNIS 则允许企业通过一组共用线路处理不同的免费呼叫号码；利用 CPN 主机可以在座席终端上提供主叫用户的相关信息。

2. 自动呼叫分配（Automatic Call Distribution，简称 ACD）

自动呼叫分配是呼叫进入呼叫中心的门户。对外作为与市话局中继线的接口，对内则作为与座席代表话机和自动应答设备（VRU）的接口。

ACD 用于把大量的呼叫进行排队，并将这些来话按规定路由传送给具有恰当技能和知识的座席。座席将按相似的技能被分成若干组，如处理投诉的组、处理短信的组等，ACD 的工作就是将呼叫排队并路由到合适的组。排队的依据多种多样，如拨入的时间段、主叫号码、DNIS、主叫可以接受的等待时间等一系列参数。用户等待时可以听到音乐或延迟声明。

可以在 ACD 设置上考虑如何提高客户满意度：将呼叫路由给最闲的话务员以减少主叫的排队时间；将呼叫路由给最有经验的话务员将解决客户的专业问题和特殊需要；呼叫提示令客户可以对呼叫有更多的控制权，如预计等待时间太长，可以选择留言挂机等。

3. 计算机电话集成（Computer Telephony Integration，简称 CTI）

CTI 服务器是连接 PBX/ACD 与计算机/计算机网络系统的最重要的设备。其主要作用是使交换机和计算机系统实现信息共享，传送、转发、管理各类与呼叫相关的数据。根据呼叫者、呼叫原因、呼叫所处的时间段和呼叫中心的通话状况等来选择呼叫路由和更新数据库，从而形成一系列的增值应用和服务。

在呼叫中心中应用 CTI 技术可以实现屏幕弹出功能、协调的语音和数据传送功能、预览功能、预拨功能。

4. 交互式语音应答（Interactive Voice Response，简称 IVR）

IVR 扮演一个自动话务员的角色，又称自动应答设备（VRU），是企业为客户提供自助服务的主要设备。用户根据系统导向的语音目录，通过按键甚至语音（需要语音识别功能）输入信息，系统根据用户选择，在 IVR 后端连接数据库，完成相应的信息查询和命令执行，为客户提供动态的实时信息，系统返回的将是预先录好的或是合成的语音。所以说 IVR 是通过电话机的按键来控制计算机的。

使用 IVR 技术，用户随时都能得到信息服务，提高了服务质量，并可以协调用户的操作过程。呼叫中心使用了 IVR 技术，使大部分的呼叫可实现自动化，不仅能节省大量的费用，还能减轻话务员的负担，使他们能从事更重要的客户服务工作。

随着语音识别技术的不断突破，语音识别技术融合到 IVR 系统，直接的语言输入就可以操作计算机系统。突破了电话机上只有有限按键的功能限制，扩大了 IVR 应用的范围，比如语音识别的 IVR 系统应用在外汇查询、证券委托等领域。

5. 呼叫管理系统（Call Management System，简称 CMS）

CMS 对有关线路、座席、队列、路由导引和应用程序利用率的信息起维护的作用，有助于有效地利用资源。利用 CMS 的信息可以监控各个组件的性能，检查相关费用并预测当前运作改变后潜在的效果。

ACD 在处理过程中向 CMS 发送各种状态信息，如按组划分的呼叫、分机、呼叫路由、排队的呼叫和座席行为等，而 CMS 则提供有关管理人员、流量负荷、设备等的信息。

6. 人工座席/业务代表（Agent）

人工座席代表是呼叫中心中的唯一非设备成分，能灵活进行呼叫处理。人工座席代表的工作设备包括话机、耳机及运行 CTI 应用程序的 PC 机或计算机终端。耳机可以提供方便和保密，电话上可以实时显示服务中心的统计数据，使话务员了解自己的表现并跟上呼叫量。电话按键和电脑程序的设计可以简化话务员的工作，它们与 ACD 的紧密配合能高效处理来话并综合利用话务员技能。

呼叫中心的某些服务，如业务咨询、电话号码查询、故障报告和服务投诉等，必须由座席代表完成。另外一些可以由自动语音应答设备完成的服务，如账单明细查询、营业网点查询等，通过座席代表来完成将会达到更好的服务效果，可增加客户的满意度。

座席代表只需通过鼠标和键盘就可轻松地完成诸如电话接听、挂断、转移和外拨等工作。

7. 主机应用（Host Application）

主机是系统内部的数据服务器，用来存放话务员人事信息、计费信息、客户信息和业务受理信息、业务咨询信息。座席终端可以通过局域网借助 CTI 有限地访问这些数据，为客户提供更为迅速、更为个性化的服务。

8. 来话呼叫管理（Incoming Call Management，简称 ICM）

ICM 是为来话提供工作流管理的应用程序。屏幕弹出就是一种典型的来话管理功能，另一类 ICM 应用是根据实时的系统参数和客户当前状态将来话路由接到最合适的座席。ICM 可以节省时间并为客户增加一定的个性化服务，从而可以提高客户满意度和企业资源的使用效率。

ICM 是通过数据库软件实现的，使用 CTI 接口访问 ACD 时。CPN 和 DNIS 对于来话处理的自动化极为关键。

9. 去话呼叫管理（Outgoing Call Management，简称 OCM）

当对客户主动发起呼叫时使用 OCM。呼出类型有预览型和预测型两种。在预览拨号情况下，系统首先接通座席的电话，然后再拨客户号码，其结果或者是话务员和客户通话，或者因为客户号码占线、无人应答、空号、线路故障等原因而放弃。预测拨号则是将整个过程自动化，计算机选择要拨的客户并开始拨号，如果客户应答，呼叫将迅速转给一个话务员。所有无效的呼叫（如忙音、无应答）都将被跳过，不接通话务员，并将号码放入一个新的联系名单中，等待合适的时间再拨。预测拨号发出的呼叫往往比话务员处理得要多，它为话务员节省了大量时间（查号、拨号、等待振铃），从而大大提高效率。

OCM 可以用于市场分析，例如，可以通过它按照名单自动拨通大量用户，进行业务需求或服务满意度的调查，或者催缴欠费等。

10. 工作流管理（Working Flow Management，简称 WFM）

WFM 一般称为调度系统，为了确定高峰和季节性的系统资源需求，它会先跟踪一段时间（一般不超过 15 个月）的线路和座席的利用率。WFM 是专为座席调度和未来线路需求分析而设计的，目的是提高服务中心的客户响应能力。系统管理员可以利用 WFM 信息和企业策略很好地调节服务中心的运行。

所以，从构成上下定义，呼叫中心是一个由一些 IVR、ACD、普通人工座席、相关协议或标准及相关网络设备构建成的网络系统。

11.4.2 呼叫中心的实现

1. 呼叫中心的逻辑架构

整个呼叫中心分为三个逻辑层次（平台）：通信平台、业务平台和数据信息平台。这基本是按照呼叫中心各个部分的功能类型以及它们在一个交易进行的标准流程中所处的顺序来划分的。

(1) 通信平台。通信平台是用户接口部分，它担负着客户与系统间的对话功能。它用于检查用户输入的数据，显示应用输出的数据。

通信平台根据功能划分为通信接入层和媒体服务层两个层次:

1) 通信接入层。通信接入层负责用户的接入，包括电话、WAP、短消息、互联网等各种渠道的接入。可以说，通信接入层是系统和客户的接口，包括客户的呼入和主动的呼出两个部分。通信接入层具体负责与电信 PSTN 的接口、话务的分配和排队功能，具有 ACD 的能力，提供各种路由排队策略。

2) 媒体服务层。媒体服务层提供包括 IVR、人工座席服务、传真、电子邮件、Web 等灵活的服务方式，完成客户与系统间的对话和交互功能。

(2) 业务平台。业务处理平台实现系统提供的各种具体应用，处理具体的业务处理逻辑，可以看作是实现一系列功能服务簇。其在系统业务功能设计中采用 RTU (Rights to Use) 用户使用权限的方式，以此管理方式控制具体业务的开通和关闭。

(3) 数据信息平台。数据信息平台是与各业务系统的接口，可能的组成部分包括交易系统、调度系统、MIS 系统等。

2. 呼叫中心的接入平台

接入平台是通信平台的一部分，也是呼叫中心分类的一个常见依据。不同的接入平台适用的情况不同，建设成本不同，实现功能的质量也不同。下面介绍目前流行的两种类型。

(1) ACD/ PBX 方案。系统由 PBX、ACD、IVR、人工座席、数据库、业务处理系统等组成。该方案的核心思想是，在专用 PBX+ACD 的基础上扩展路由和统计的功能，开放 CTI-Link 接口，用 CTI 技术实现通信和计算机的功能结合，再配以必要的语音和数据库系统，从而以强大的通信和计算机功能满足呼叫中心的要求。呼叫处理由 PBX 完成，客户的自动语音服务由自动语音应答系统完成。

ACD/PBX 方案可以在结构上清晰地区分开计算机系统和通信系统，CTI 服务器是协调控制两者的连接设备，保证座席和自动语音应答系统可以充分利用数据资源和呼叫处理资源。

由于 ACD/PBX 方案处理能力较大、性能稳定，因此国际上大型呼叫中心一般采用该方案实现，我国采用这种方案的较多。

ACD/PBX 方案的优点:

1) 既保留了通信系统和计算机系统的独立性，又综合了两者的功能。

2) 各子系统的功能明确。

3) 由于有明确的技术分工，有利于各子系统的生产厂商形成规模产业，从而降低系统的综合成本。

4) 各子系统的生产厂商一般都有较长的技术积累期，因而系统的技术指标具有较高的可靠性。

该方案的缺点:

1) 系统可能牵扯的厂家较多，接口多而复杂，这需要集成商具有丰富的经验和组织协调能力。

2）由于有众多著名厂商参与，提供的方案和产品的功能都很强，同时造价也较贵。如果不能加以妥善选取，系统的总造价将较贵。

（2）微机方案。系统由工控机（插有语音处理卡、座席卡和传真卡等）、人工座席、IVR、数据库、业务处理系统等构成。这种基于计算机语音板卡方式的基本思想是，在微机平台上集成各种专用的计算机语音板卡（如呼叫处理卡、语音资源卡、服务座席卡），完成通信接口、语音处理、传真处理、座席转接等功能，再结合外部的计算机网络来实现应用系统的需求。

该方案的自动呼叫分配功能由软件 ACD 实现。这种呼叫处理系统本身就是一个计算机网络，所以很容易将其接入数据库系统，用户可以很方便地同时得到电话和计算机数据两种资源。微机方案的实施带有明显的软件研发特点，灵活性较强，但由于复杂的电话交换是在微机平台上由呼叫处理卡完成的，所以系统呼叫处理能力相对较弱。该方案适宜建设规模相对较小、业务灵活的呼叫中心。

以板卡平台为基础的呼叫处理系统的主要技术组成如下：

1）Client/Server 结构的微机网络技术。系统的呼叫处理和语音处理的功能集中在语音工作站中，系统的资源控制、数据库系统在服务器中实现，业务生成、改动则由专门的应用处理工作站完成。

2）语音板卡技术。语音板卡的种类包括通信线路接口卡、信令处理卡、语音资源卡、传真资源卡、座席卡以及通用语音处理平台。

3）语音总线技术。语音总线使各种功能专一的语音板卡连接成一个功能复杂的系统，同时也是微机语音平台实现交换的基础。

4）机间扩展总线技术。由于一个语音工作站只能处理一部分呼叫或实现某一项功能。要将独立的语音工作站互联成一个大系统，就需要机间总线技术。这种系统的硬件系统在板卡级集成，由于是总线结构，硬件系统的可靠性指标由系统中的最差部件决定。

微机方案的优点：

1）对于规模不大的系统，在系统建设初期投资较小。

2）由于系统的大部分功能是由软件控制实现的，系统开发新功能较为容易。

微机方案的缺点：

1）硬件指标低，硬件系统的可靠性指标与通信系统的要求相差甚远。

2）没有适合于呼叫处理的操作系统。呼叫处理要求有高性能实时操作系统，而微机平台的操作系统，如 Windows NT、Windows 95、Windows 98、SCO UNIX 等，都是分时系统而非实时系统，不能保证呼叫处理的稳定性和安全性，更不用说在呼叫处理的基础上完成智能路由。

3）对于软件开发的要求太高。

4）微机方案仅能实现呼叫与自动语音距离最近，这对于声读服务或简单的座席服务是适宜的，但对于复杂的呼叫中心应用，微机方案的最终性能是不能与 ACD/PBX 方案相比的。

3. 呼叫中心的业务处理

典型处理流程如下：

(1) 呼叫进入中心交换局（Center Office）。

(2) PBX 应答呼叫，捕获自动号码识别（ANI）或被叫号码识别（DNIS）信息。

(3) PBX 寻找空闲的 VRU 路由，并把该呼叫转至该线路。

(4) PBX 通过 RS232 串行口发送初始呼叫信息给自动语音应答 VRU，包括呼叫转至的端口号及 ANI 和 DNIS 信息。

(5) VRU 播放提示菜单信息给呼叫者，以确定哪类接线员受理比较合适。

(6) VRU 检查接线员队列，若无空闲接线员，则播放消息给呼叫者，告诉其在等待队列中的位置，询问是否愿意等待等。

(7) 接线员空闲时，VRU 把呼叫转至该接线员，等待 PBX 发来的拨号音，拨新的分机号。接线员拿起电话后，VRU 自动挂机，处理另一个呼叫。

(8) 利用数据库的共享或局域网通信工程，VRU 向接线员的 PC 发送 ANI 信息，呼叫到达时，客户信息会自动显示出来。

(9) 呼叫用户或接线员一方挂机时，PBX 检测到断线信号，通过 RS232 串行口发送呼叫记录信息给 VRU。此时 VRU 根据此信息确定刚处理完呼叫的接线员已恢复空闲，可进行下一次呼叫处理。

本章小结

呼叫中心是企业为客户服务，与客户沟通的重要桥梁，同时也是企业搜集客户信息的重要手段，呼叫中心可以根据企业的不同情况以不同的模式构成，也可以独立于 CRM 软件之外运行，但是其信息一定是企业对客户了解最为直接、迅速、全面的，也一定是企业最为关注的。呼叫中心不仅仅只花钱，而且随着不断改进，正在成为企业的利润中心，这是企业所追求的理想的呼叫中心。

案例 1

听国外呼叫中心讲故事
——各国呼叫中心产业的经验和教训

呼叫中心的发展，其意义不只在于产业本身的发展，而在于它可能推动一个地区经济的发展，在于可能带动整个社会就业率的提高以及相关行业的联合发展。利用廉价劳动力、提供优惠政策，吸引外来呼叫中心落户，进而带动了一个城市的发展。这样的例子在国外比比皆是。当然，在运营的过程中，也碰到了一些尴尬的问题。这对于我们来说，应该是一个值得好好研究的案例。

由世界一些发达国家占主导地位的呼叫中心产业，在经历了十几年的快速发展后，其传统呼叫中心的增长率已放慢到32%。无疑，美洲大陆既是呼叫中心的发源地，也是呼叫中心最为繁荣的地区。

美国启示：以优惠政策吸引呼叫中心企业

问题：如何减少人才流失？

美国是世界上呼叫中心产业发展最为成熟的国家，对全球的呼叫中心起着引领和示范作用。不但有一大批赫赫有名的呼叫中心设备制造和软件开发商，也拥有众多的呼叫中心运营管理机构和人才。

与其他地区相比，美国在呼叫中心服务领域占据明显的主导地位。1998年，总营业额为122亿美元，占全球市场的53%。美国市场的发展也是全球市场的一种反映。

呼叫中心产业是美国整个服务业的一个重要组成部分。美国50%以上的大公司全部采用800被叫付费号码为客户提供服务，使用呼叫中心的企业占整个企业数量的比例大致为：1993年为41%，1995年为81%。

艾奥瓦州（Iowa）、内布拉斯加州（Nebraska）、南达科他州（South Dakota）和堪萨斯州（Kansas）的中西部地区是呼叫中心较为集中的区域。这主要得益于当地的州政府长期以来在税收等方面制定优惠政策、努力吸引呼叫中心企业的做法。

从业人口众多的同时也带来了很高的人才流动率。根据相关统计，仅在呼入型（Inbound）呼叫中心中，全职业务代表的平均年流失率为26%，兼职人员流失率则高达33%。比例过高的流动率意味着培训成本的上升。所以美国的呼叫中心运营和管理者们有时遇到的最大问题就是如何减少人才流失，尤其是一些优秀的话务或业务代表人才的流失。

加拿大经验：建设自己呼叫中心的同时，以低税收吸引外国呼叫中心落户

加拿大的呼叫中心产业并不是美国的一个分支，而是沿着自己的轨迹高速发展。除了服务于本国市场外，甚至将业务扩大到了北美。

加拿大与其他美洲国家一样，就本国呼叫中心产业政策的战略而言，一项重要战略是自己建设呼叫中心，另一项重要战略就是以比美国低得多的税收和效益成本，吸引美国的呼叫中心在本国安家，尤其是在IP网络高度发达的今天更是如此。

安大略（Ontario），作为加拿大最大的一个省份，容纳了大部分的呼叫中心，其全省的所得税和效益成本要比美国低37%，这是他们常常引以为荣的。这种地区性差异很吸引那些想要减少成本开销的美国公司，或开辟新的呼叫中心，或调整已运行中的呼叫中心。

马尼托帕（Manitoba）是一个更偏西部的城市，它从1993年起就采取行动吸引新建立的呼叫中心。马尼托帕的地理位置恰好位于美国中西部地区的北部，为两国沿海地区的电信发展带来了机遇，也促进了美国中西部地区的繁荣。加拿大航空公司已在中南部的温尼伯湖城建了一个拥有500个座席的呼叫中心。

美国以外的其他国家常常会遇到呼叫中心产业发展道路上的十字路口：是重点发展本国的呼叫中心产业，还是成为那些如美国的大型呼叫中心的外包代理，或者两者兼而有之？

比如，萨尔瓦多国内有一些中等规模的呼叫中心，主要为银行和航空公司的预订系统服务，因为居住在美国的、成百上千的萨尔瓦多人会经常用到航空预订机票。但是该国的重点还是努力去吸引国外的呼叫中心到本国落户，并将其作为提升整个国民经济发展的重要措施。

欧洲特点：做好培训等相关服务，吸引境外的呼叫中心

欧洲是在美洲以外呼叫中心的又一个重要地区。1999 年欧洲呼叫中心的数量为 12.75 万个，2006 年增长到近 30 万个。

一段时期以来，欧洲国家的呼叫中心市场分为两大阵营：一些国家积极努力地去吸引呼叫中心；而另一些国家则看不到呼叫中心所能带来的利润，没有采取任何行动。爱尔兰、荷兰、英国组成了前一个阵营的核心，而法国、德国则属于后者。但是现在，法、德两国已经在觉醒，正在开始努力吸引呼叫中心，尤其是着重吸引那些有利于服务整个泛欧市场的呼叫中心。

英国的呼叫中心产业年增长率为 50%，单是花费在呼叫中心计算机设备上的投资在 1994 年就有 3 亿英镑，1997 年为 18 亿英镑。但是，英国的呼叫中心产业面临的尴尬是：长期缺乏具有一定技能的人员，因此多于 1/10 的呼叫让客户感到恼怒、厌烦。

法国的呼叫中心在 1998 年到 1999 年显示出 26%的增长率。在 1998 年，法国有 7.5 万个呼叫中心座席，增长的银行和金融业的需求使这一数字逐年增加，金融业的呼叫中心在 1997 年占整个法国呼叫中心市场的 20%。

几年前，比利时就已经颇有心机地着手建立一些为呼叫中心提供服务的专用建筑设施，称为 Brucall，或者“呼叫中心饭店”。它设计成一种半正式的、出租性的样式，以便那些尚未有归宿的呼叫中心做暂时停留之用。

其他国家在吸引境外的呼叫中心方面做得更为出色，如爱尔兰和荷兰。在爱尔兰，当地政府建立起了可靠的教育体系，那里的人们都会讲英语。由于存在较高的失业率，所以爱尔兰努力想成为许多美国高利润公司进入欧洲市场的门户，不单是呼叫中心企业，对其他具有相同背景的产业也是如此。荷兰则开办了许多为欧洲和美国呼叫中心企业提供服务的公司，目的是为整个欧洲大陆市场服务，对象包括单一的呼叫中心、具备多语种能力的话务中心等。

大洋洲规范：呼叫中心管理协会指导和引领产业发展

在 1996 年以前，澳大利亚的呼叫中心产业规模很小，只在电信、信用卡、航空公司、汽车租赁或出租公司等行业有所应用。之后，澳大利亚的贸易逐渐走向自由和开放，随着当时的霍华德政府实行了取消对进口电信设备限制的政策，包括 Lucent、Genesys、Aspect、IBM 和 HP 等在内的世界大牌公司进军澳大利亚市场，开始将澳大利亚的呼叫中心产业推向前进。1997 年中期，美国呼叫中心外包商也开始在澳大利亚建立用于电话营销和客户服务的呼叫中心。

从 1996 年以来，澳大利亚的呼叫中心得以快速发展，呼叫中心的数量从 800 个急速上升到 5 000 多个，就业人数也从 1 万人增加到 10 万人。政府部门在认识到呼叫中心对本国经济所起的推动作用后，特别资助成立了专门的呼叫中心发展部（Call Center

Development Offices)，用以吸引更多的国内外呼叫中心。1997年还成立了呼叫中心管理协会（Call Center Managers Association)，对产业的发展起到了指导和引领作用。

现在有这样一种说法，认为呼叫中心也许是国内引入的、最后一个国外成熟产业。相信随着对呼叫中心认识的不断深入和IP电话网络的进一步普及和应用，在不远的将来，许多的省份、地区将会以优惠的政策和相对低廉的劳动力成本吸引大中型呼叫中心进驻，这样既可以增加当地的税收收入，又能在一定程度上解决就业人口问题。而对于呼叫中心运营者来讲，最重要的当然是要减少运营成本。

案例2

国泰君安证券客户服务中心简介

国泰君安证券公司秉承“创建世界一流投资银行，促进中国资本市场发展”的经营宗旨，多年来，致力于以先进运营理念与高端信息技术为投资者提供完美服务体验。公司推出的全国客户服务中心融合传统服务与电子商务，以电话呼叫中心形式，通过多种通信手段为投资者推送7×24小时专业化证券信息服务。

国泰君安证券客户服务中心集先进的CTI技术与网络通信技术为一体，国内首创集中—分布式服务体系，拥有咨询、交易、定制与投诉建议等多项功能，让投资者尽情分享科技进步全新成果，真实体验专业化、人性化的电子商务空间。

客户服务中心采用全国统一客户服务电话95521，服务支持全年无休。当您拨通客服电话，亲切的智能语音助手将向您提供向导式操作指引，帮助您快速、准确地获取服务内容。您既可选择在线自助服务，也可按电话“*”键转入人工座席，由专业、亲和的客户服务代表为您释疑解难。

国泰君安证券客户服务中心首期开通三大主题服务：信息、咨询、交易，其服务内容包括：

(1) 信息：通过TTS技术，投资者能够获取有声资讯服务，在专业信息采编团队支持下，自动语音播放系统为投资者实时提供行情报价、要闻参考、个股简评、国泰君安财经快讯、咨询机构观点等投资资讯，投资者还可使用服务定制预定信息项目，定制信息将在第一时间送达。

(2) 咨询：分为普通咨询和投资咨询，普通咨询为投资者解答信息公告、交易常识、业务流程等方面的疑问，同时，基于总部级别专人受理投资者投诉与建议，切实维护投资者合法权益；投资咨询由专业认证的国泰君安分析师、研究员在线服务，向投资者提供严谨客观的市场分析建议，帮助投资者拓宽投资决策思路。

(3) 交易：借助独有的证券电子宽带网络和安全迅捷的证券交易平台，国泰君安客户拨打95521即可自助办理委托、查询、转账、银证通业务。95521一号通电话委托具备全国漫游功能，服务覆盖范围位居国内券商榜首，并且，国泰君安遍布全国的营业网点还将提供本地服务同步支持。

在客户服务中心服务项目中，有三项服务是国泰君安为投资者精心锻造的精品，在此向投资者重点推荐：

(1) 个股咨询：投资者只需输入证券代码，语音系统将播放该证券最新市场分析简评，评论内容每日两次更新，分别为午评和日评。如遇证券停牌，语音系统将播报停牌原因或公告信息。

(2) 服务定制：投资者可通过电子邮件、电话、手机短信息三种方式获取预定信息服务，目前已开通的预定项目包括：行情报警、个股信息发布、新股发行上市、重大事件、操盘必读。

(3) 协同服务：全国独有集中分布式服务体系，让国泰君安客服中心、总部部门、研究所、营业部可同时与投资者进行多方通话，为投资者提供业务咨询、市场研析、交流探讨的协同式服务。

新佣金制度实施后，非现场交易佣金标准对投资者更具有吸引力，但投资者因客观条件限制，使用非现场交易会产生不太方便的感觉。国泰君安证券客户服务中心的建立，将进一步完善非现场服务细节，给予公司客户更多的选择，为客户提供更为体贴周到的服务关怀。使用电话委托的客户，将拥有丰富的有声资讯，不再为信息贫乏烦恼，电话也不仅是交易的工具，而是集成多项证券服务的移动理财顾问；使用网上交易的客户，只需一次简单的点击，即可通过耳麦享受语音交互服务，相对于网上文字互动，效率更高，实时性更强。

自客户服务中心筹建之日起，国泰君安证券就将客户需求视为客服中心运营的首要原则。在系统开发中，每一项功能设计，都由程序员和客服人员共同完成，模拟客户思维反复修正设计方案，一步步将客户需求转化为计算机语言，待程序开发完成后，每项功能还需要经历三次以上的真实环境测试，才允许进入试运行。对客户服务代表的选择，公司更是精益求精、反复比较、层层淘汰，并聘请国际知名机构为受聘员工进行服务技能培训，力求为客户打造一支高品质服务团队，让客户享受快捷、准确、专业的咨询精品服务。

国泰君安证券客户服务中心将信守“诚信、亲和、专业、创新”的品牌风范，不断深化服务内涵，为投资者提供高含金量的增值服务，让投资者省时、省心、省力地投资，使投资者遨游股海的过程成为一个“快乐投资”的旅程。

思考题

1. 什么是呼叫中心？如何理解它在 CRM 中的地位的？
2. 呼叫中心与 CRM 的关系如何？你是如何理解的？
3. 简述呼叫中心的发展历程及各代产品的特点。
4. 呼叫中心基本结构的核心部分是什么？常用哪些关键技术？
5. 呼叫中心的逻辑构成分几部分？

6. 选择一个行业，试述实施呼叫中心后会带来的优势。

教学方法建议

前面各章的教学方法，在本章节中可以依据教学内容和学生对方法的接受程度，重复选择使用前面的方法。

项目十二 客户关系管理与其他管理系统的关系

引例

“数据挖掘”让美国汇丰银行赢利更多

金融信息化的过程中，购买设备、使用设备、开发业务流程等一系列的工作仍然只是一小部分，还有更多更加深度和细节的问题需要解决。本文介绍美国汇丰银行一个关于“数据挖掘”的应用带来的意想不到的收获，可谓是银行信息化的“他山之石”。

美国汇丰银行是HSBC集团成员之一，其资产为350亿美元。通过位于纽约的380个分支机构为140多万银行客户提供核算、投资、借贷和其他金融服务。

美国汇丰银行面临的问题是，同一地区可能有多家银行设有分支机构，从而引起持续的竞争来吸引和保持附近的潜在客户。为保持高水平的客户获取和保持率，并维持可营利性，银行经常要实现以下目标：扩展和现有客户的关系；控制营销费用以维持利润；用新的智能快速转移市场。

美国汇丰银行使用了某统计分析与数据挖掘解决方案商（以下简称A公司）的方案，对不断增长的客户数据进行挖掘，就是建立预测模型来发现交叉销售和“翻滚”销售机会。定位于每一产品最有价值的客户可以使销售最大化、营销费用最小化。

小额银行是一个高竞争性的业务。除了周边其他银行在核算、投资和借贷方面持续不断的竞争，一些反常情况显示出各种金融服务公司、股票经纪人和抵押公司也加入了这一激烈的竞争之中。

由于有这么多的机构盯着同一个用户群体，客户保持力的价值大大超过以前。现在许多银行的销售策略都集中在吸引现有客户，来“翻滚”成熟的产品，或交叉销售新的产品。过去，美国汇丰银行经常使用从市场研究公司购买的生命周期细分信息，如根据领域或细分的收入和购买行为预测研究，来向新旧客户推广产品。

“那种外部的细分方案有它自己的市场，在发展新客户时可能是有价值的。但是，我们认为已经拥有相当多的关于我们现有140万用户的购买习惯和需求的详细、有潜在价值的信息。”美国汇丰银行客户获取和研究部经理 Joe Somma 说，“我们只需对这些模式进行挖掘和分析，来了解什么人在什么时候需要什么。这种预测分析帮助我们在合适的时间、用合适的产品和服务接触合适的人。而 A 公司为我们提供了进行这些分析的有力武器。”

该项计划帮助银行揭示特定客户的需求，从而使销售额增加了 50%，营销费用减少了 30%，并提高了建立和开展适时营销战略的能力。

销售增加 50%

根据 Somma 的说法，关键在于利用 A 公司来发现与过去表现出特定购买习惯的客户类似的人，如购买投资类产品。

“经常账户的存款中哪种个性特征和模型预示着客户可能会对高获利的投资感兴趣呢？这种购买行为过去曾发生过很多次，可以帮助我们预测未来的购买行为，如果知道从哪里去找的话。”Somma 说，“用 A 公司对销售数据进行挖掘帮助我们揭开了统计关系，更重要的是，为我们说明了这些关系的力度，这样我们马上就能看到哪些是有意义的。这帮助我们在建立有效的营销策略时对我们的资源进行优化。”

事实是，传统的 OLAP（线上分析处理）工具在解开最后至关重要的谜团方面不能很好地满足 Somma 的要求。

“OLAP 对了解数据特征来说是一个不错的工具，但我无法从中发现联系的力度，也不能做出预测模型，而那正是我最需要的。”Somma 说，“OLAP 是好的报告工具，但没有统计引擎，它只能告诉过去我在哪里，而不能说出我需要去哪里。”

A 公司帮助 Somma 指明了道路，Somma 和银行各个产品部门的同事在用 A 公司建立的预测模型的基础上建立了成功的营销策略。根据报告，短短三年时间，银行的数个产品线销售提高了 50%。

营销费用减少 30%

通过更精确地定位目标客户，美国汇丰银行不仅发现了对特定产品最有前景的客户，同时也节约了费用，因为免去了对不符合预测模型特征的客户的联系。

“比如，如果要进行一次直接邮递推广活动，我们可以更加有针对性，只寄出少量的信件，而得到更高的回应率。由于避免了传统的‘鸟枪’式促销，在最近一次活动中，直接邮递的数量减少了三分之一，但销售收入仍相当于前次的 95%。这样就极大地增加了投资回收率。”

“没人希望淹没在不想要的产品信息中。通过用 A 公司进行数据挖掘，我们减少了对那些不符合特征的客户的打扰。”

适时营销战略

根据 Somma 的讲述，A 公司不仅帮助他们发现新的商业机会，而且比许多竞争者做得更快。“准备买 CD（Certificate of Deposit，存款证）的客户可以买我们的，也可以买附近另一家银行的。所以在这些情况下速度绝对是非常重要的，越快进行新的营销活动，效果就越好。A 公司可以使效果和速度同时得到提高。”

“A 公司同时提供了易用性和强大的统计分析功能，使我们可以快速地建立模型。A

公司具备我们所需的分析深度和广度，而且，一旦模型建立好了，向产品线决策者发布也非常容易。你可以把逻辑展示给他们，而他们无须了解任何关于统计分析的知识就可以快速看到过去购买某一产品的客户和与他们类似的客户之间的关系。A公司模型帮助决策者清楚地看到机会，使他们可以快速、自信、果断地采取行动。”

“A公司是一个战略伙伴，它给了我们竞争优势，所以我们要和它一起工作。”

学习重点

通过本章学习，了解BPR的原理以及与CRM的关系，了解ERP的基本构成，了解客户关系管理在理念和技术上与电子商务、商业智能的联系与区别。

人们也许会认为CRM系统是为企业销售和客户服务部门所用的独立的系统，然而，在现代企业整体信息化设计中，这种“孤岛”式的观念已越来越不符合潮流。而提高企业核心竞争力的CRM应用，将逐渐发展成双“e”主导下的新型管理系统，即其最显著的特点将是“电子化”（Electronic CRM）和“扩展化”（Extensive CRM）。先进的CRM应用系统须借助互联网工具和平台实现与各种客户关系、渠道关系的同步化、精确化，符合并支持电子商务的发展战略。CRM只有与供应链管理、企业资源计划相结合，才能满足需求和实现企业内、外部供应链上资源的最优化配置，实现企业前台统一的客户联系功能和后台的业务活动的同步运作，真正使企业实现实时响应客户需求。在知识和信息日益成为企业重要资源的今天，在CRM中融入知识管理的思想和技术工具将有助于实现企业内部信息资源的整合和综合利用，提高CRM的实施效果，使企业从客户关系中获取更大的收益。

12.1 BPR与CRM

BPR是“Business Process Reengineering”（业务流程重组）的简写。它的着眼点是流程，关注企业的业务和支持这些业务的流程。BPR并不仅仅关注那些为客户创造价值的流程，它的思路是重新设计流程来支持和贯彻企业的商业战略。经过多年的实践，BPR的从业者认识到把重点放在与客户相关的流程上会有更多的投资收益。总体来讲，BPR的主要关注点是流程，其次是成本和客户。

BPR的作用在于，帮助企业识别那些可以改善客户互动质量的业务领域，创造一个变革的框架，对流程进行改造，使得日常的手工工作自动化，使员工能把精力放在为公司创造更多价值的工作上，从而也就为客户创造了价值。

作为一项技术，BPR能在改善与客户互动相关的业务流程方面发挥作用，使得这些流程更加有效。它帮助企业更好地理解客户，因为技术允许企业跟踪每一个客户互动，从而使企业对客户及其喜好了解得更多。这可以帮助企业向客户提供定制的、个性化的服务。

CRM的首要关注点是客户和客户的期望。通过更好地获得、管理、维护有利可图的客户，企业可实现流程和成本的优化。总体来讲，CRM 主要的关注点是客户，其次是成本和流程。

通过这两个工具提出的方法会有交叉，但关注点有很大的不同。如果仅关注业务，可能会因为对前台的客户期望关注不够而使得竞争力下降；如果仅关注客户，可能产生后台运作效率低和后台过于臃肿的问题。

在 CRM 和 BPR 这两个领域中，信息技术扮演重要的角色。在 BPR 的发展中，开始时，把信息技术看作 BPR 的使能器之一。过了几年，ERP 软件商和系统集成商将 ERP 软件包作为 BPR 的解决方案，向客户兜售。在 CRM 的发展历程中，从一开始，软件商就把软件技术作为 CRM 的解决方案，而 CRM 战略研究人员则极力把软件作为实现 CRM 战略的使能器之一。

作为一种思维方式，BPR 力求打破组织边界将多层次的纵向传递模式转化成一种少层次的扁平组织结构。现代信息技术则促进了 BPR 平面流程式模式的形成，BPR 的实践发展到今天，信息技术已经是 BPR 不可分割的组成部分。合理运用信息技术成为 BPR 的难点和要点所在。

另一方面，人们也越来越认识到信息技术和互联网已经或必将带来企业组织架构、工作流程的重组以及整个社会管理思想的变革。信息系统及其包含的管理理念的实施和应用不可避免地要改变企业原来的管理方式。

经过实践和时间的检验，在大型的信息系统的建设或实施过程中，BPR 或与之类似的过程成为不可缺少的项目阶段，为企业业务流程和管理制度的变革提供了具体的思路和方法。

作为一个管理信息系统和人机系统，CRM 系统的实施符合信息系统建设的一般规律。也就是说，在实施 CRM 系统过程中，一方面进行 CRM 软件系统的建设，建立一个信息技术的系统，另一方面进行管理的改善，建立与 CRM 系统相符合的人的系统。

在 CRM 的实施过程，BPR 的价值在于，通过 BPR 工作建立一套在网络环境下、信息充分共享环境下的营销管理体系和制度。我们在与一些企业接触的过程中发现，在 CRM 应用的“管理”本质上，一些企业的管理者经常下不了决心，或容易动摇，一会儿说 CRM 项目是个管理工程，一会儿又说是信息化项目，不涉及管理的调整照样能做。从这一点上来说，管理者的思路是不清晰的，是感觉在起作用，而不是“知识”在起作用。

很多企业在应用 CRM 过程中，要通过 BPR 工作对企业原有的营销体系进行重新设计，建立一套崭新的 B2B 扁平化营销体系，这将会涉及企业原有部门/分公司/办事处岗位、职能的重新定位，另外还可能涉及销售体系与物流体系的分离、第三方物流的引入与结算体系设计、供应链上分布库存控制策略调整以及企业营销组织架构的重新设计等。CRM 应用能否取得成效在很大程度取决于 BPR 阶段或与之类似的工作阶段，这是 CRM 成功应用的难点之所在。

就 CRM 的软件实施来讲，CRM 的实施路径（特别是中小软件）要比 ERP 简单些，而且 CRM 的实施需要大量的客户化工作。有鉴于此，有科学管理的支撑就更为重要，因为，只有在管理方法、业务流程、岗位设置等方面思路清楚后，才能进行客户化工作。在系统实施之前或实施之中进行的BPR工作的重要作用就在于管理方法、业务流程、岗位设置、管理制度等。对于运用CRM的企业或提供CRM方面的咨询服务的机构来说，BPR方面的经验、ERP方面的经验、BPR与ERP相结合方面的经验将为BPR与CRM的结合带来很多的帮助。

总之，在实施过程中，应正确认识CRM与BPR相互影响、相互制约的关系。一方面，以BPR作为流程改造的工具，设计并构造新营销模型。在进行BPR工作时，利用CRM系统来简化流程，设计的流程要考虑到软件系统实现的可能性。另一方面，在CRM系统实施时，要灵活选择各种路径或通过客户化的方法来满足BPR设计方案的要求。

12.2 CRM与ERP

大多数ERP软件（见图12-1）都是在20世纪80年代晚期作为大型机系统开发出的，它们很适合90年代中期的客户端/服务器模式，但现在面临着很大的挑战，因为其架构不适合在线的要求，所以传统的ERP厂商正在挣扎或曾经在挣扎，目前这种情况已经在改善。有些ERP不再是传统的ERP，更类似于后台处理系统（如订单管理和财务系统）。

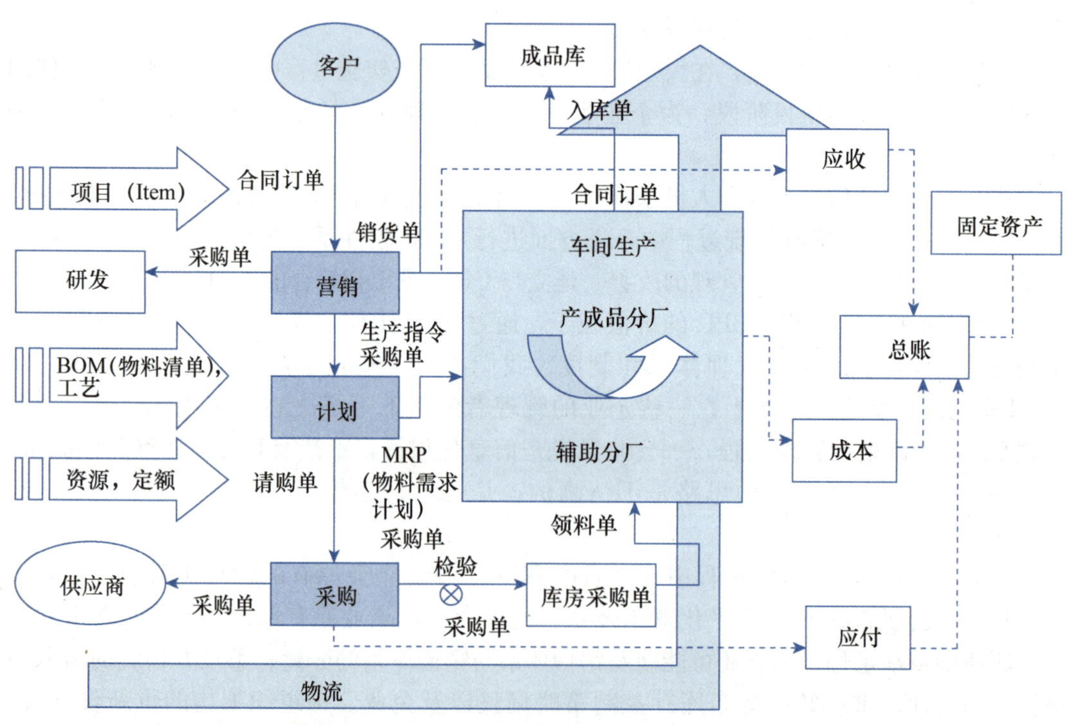

图12-1 ERP系统架构

通过ERP建设和管理改造，很多企业实现了制造、库存、财务、销售、采购等环节的流程优化和自动化。但有些方面的管理活动，是ERP所涉及但功能薄弱的地方，如销售队伍、销售机会的管理，如何组织和评价市场活动，如何处理客户服务请求，等等。

在以产品和质量为中心的时代，销售、营销和服务领域的流程优化和信息化没得到重视。在这些领域，应用了各种各样的部门级的系统，如联系人管理、销售自动化、数据挖掘工具、热线电话等。这种部门级的系统，使得企业很难对客户有全面的认识，也难以在统一信息的基础上面对客户。在当今的竞争态势下，客户的重要性日益凸显，企业越来越有必要对面向客户的各项信息和活动进行集成，组建以客户为中心的企业，实现对客户活动的全面管理。

如果做不到这样，就无法实现企业产品或服务交付的承诺，这在当今激烈竞争的环境中是非常危险的。如果企业向客户提供更灵活、复杂的价格政策，情况就更加复杂。这将给前后台的集成增加更多的工作。

就 ERP 本身的发展来讲，ERP 也将面临自身的变革。ERP 有一个前提，那就是我们可以用最佳企业实践来作为标杆，定义企业内上下的业务流程，然后把它应用到整个企业当中来，以期获得理想的准确性、速度和效率。在企业的流程是稳定的、客户和业务伙伴是可以预测的情况下，ERP 的思路是可行的。但是，在当今和未来的环境下，竞争的态势是不稳定和难以预测的，我们很难预测我们的业务伙伴明天会怎样，我们越来越不知道我们的客户从哪里来，他们是谁，他们需要什么，甚至对他们一无所知。ERP 的出路在于充分地利用人性化的新技术，突破对企业内部的管理，致力于提升企业同合作伙伴和客户进行灵活协作的能力。

CRM 系统经常被定位成统一的客户联系点。ERP 和 MRP 的理念建立在满足企业内部的客户上，对最终的产品交付和外部的客户满意度有重要影响。这样，CRM 要真正满足企业内外两种客户的要求。从一个商务解决方案设计者的观点来看，理想的 CRM 或 eCRM 需要 ERP/MRP 的功能。随着开发这样的模块的成本不断下降，CRM 将很快成为一个复杂的、混合的系统，提供更多的功能。

CRM 的理念认为，客户是基础。只有当客户与企业有交易时，它才为企业带来商业上的利益，而这个交易是需要由 ERP 系统来捕获和处理的。

例如，在货物发出一个月后，客户用支票付款了，ERP 系统提供原来的交易记录与该支票匹配。一年后，该客户打来电话，讲到一年前的交易。如果呼叫中心不能识别这个客户而且记不起去年的订单的话，呼叫中心的价值将大大降低。即使通过电话能识别该客户，如果没有 ERP 系统，基本的客户信息和业务历史还是产生不了多少价值。因为，呼叫中心系统有自己的数据库，能识别客户，但是它不能记住客户与企业在一年前有过交易这种事实。

随着网上电子商务的发展，企业内外部的客户能够查看与订单执行相关的预先指定的数据不仅成为可能，而且是提高客户满意度所必需的。如果我是一个客户，我将期望企业能从原来的购买历史中识别出我对产品的偏爱，并在此基础上给出新产品建议。如果我对产品配置已经心中有数，我期望在网上下订单的同时，能够看到期望的产品配置、物流情况和价格信息。只有拥有支撑网上销售的 ERP 系统，上面的期望才是可能的。

从以上的分析，我们可以看出，ERP 同 CRM 软件将必然地继续相互渗透。CRM 使 ERP 系统中的关键信息能发挥最大的作用，通过给客户更多的信息来做决策，企业也能从客户身上获得更多的利润，ERP 能使 CRM 变得更为有效。

12.3 CRM与电子商务

CRM的核心思想在于了解客户所想、满足客户所想，从而提高企业经营绩效。这种企业经营策略得到诸多经济组织的认可，有着深刻的历史背景。

这个背景就是，很多产业的生产和服务的方式正经历着从“大规模生产”到“大规模定制”的转变。也就是说，这些企业运作流程的每个环节都要设身处地地为客户着想，做一个“1 to 1”的企业。为了适应这样的转变，企业要做许多工作，其中进行企业范围的电子商务建设是不可缺少的工作之一。

企业范围的电子商务平台，应该是跨越企业产品线、业务块（如生产、销售和服务）、管理层次（总部和各分支机构、业务运作和商业智能）、各种媒介（如专用网、互联网、电话、传真、电子邮件、直接接触）的立体化的管理系统，是企业的数字神经系统，应该职责明确、流程清晰、高效运作、反应灵敏、控制得力。

对于很多的企业来讲，这样的电子商务平台包括产品设计和生产系统、分销系统、呼叫中心、服务自动化系统、销售自动化系统、市场自动化系统、物流平台、网站。因此，CRM或与之名称不同但功能类似的系统是这样的电子商务平台的重要组成部分。也就是说，CRM系统是电子商务平台的子集。

作为软件商来讲，为了使最多的企业购买自己的CRM产品和服务，应该极大地重视企业网站（狭义的电子商务）这个工具。也就是说，CRM应该提供网上商店、网上服务、网上营销和网上支付等方面的功能。这主要是因为，国内大部分企业电子商务建设所处的阶段决定了CRM的应用与业务流程的处理密切相关。如果CRM应用与网站没有很好的集成、良好的互动，CRM的应用就没有最大限度地利用互联网这个有力的工具与客户进行交流、建立关系，应用CRM的效果会大打折扣。

总体来说，CRM与电子商务的关系在于，电子商务是充分地利用信息技术特别是互联网来提高企业所有业务运作和管理活动的效率和效益，而CRM则是专注于同客户密切相关的业务领域，主要是呼叫中心、服务自动化系统、销售自动化系统、市场自动化系统、企业网站等，通过在这些领域内提高内部运作效率和方便客户来提高企业竞争力。

12.4 CRM与ASP

12.4.1 什么是ASP

想吃鸡蛋，用不着买只母鸡回家，想喝牛奶，也不需要牵一头奶牛回家。同理，在互联网时代，通过互联网，企业日常的生产、经营、管理过程中使用的应用服务都可以让别人帮你打点，你可以节省时间和人力，他们向你收取租金，他们就是ASP。

有人形容ASP就像是自来水厂，通过互联网接通自来水管线。任何需要用水的个人和企业只要在家里拧开水龙头就可以了，然后按照水量的多少来交费，这样比在自己家里开一个自来水厂能省更多的钱，还可以享受相同的服务。

Sun Microsystems的前CEO斯科特·马可尼里曾经说过，不久以后，企业主将不再需要购买电脑，也不必购买软件，而是向服务供应商租用所需要的所有资源。

ASP 概念的起源非常简单，即把软件当作一种服务。对于按月交纳费用的服务如电话、水、电、有线电视等，我们都觉得习以为常了。而对于软件，我们一直将它作为一种产品，但是互联网出现后，软件作为一种服务也成为可能了。

12.4.2　定义与特征

ASP 是英文 Application Service Provider 的缩写，通常中文译为应用服务提供商，它是指配置、租赁和管理应用解决方案，为商业、个人提供服务的专业化服务公司。通俗地说，ASP 是一种业务租赁模式，企业用户可以直接租用 ASP 的计算机及软件系统进行自己的业务管理，任何用户只要有网络浏览器，就可以向 ASP 租用所需要的软件，而不必在本地的机器上安装该软件。从而节省一大笔用于 IT 产品技术购买和运行的资金。有人认为，ASP 可能是互联网第三个“杀手级应用”（第一个是电子邮件，第二个是 Web）。

一般来说，ASP 具有五个方面的特点：

(1) ASP 以应用为业务核心，即 ASP 为客户提供对应用的访问和管理。

(2) ASP 为客户提供租赁形式的应用服务，客户企业可以不必为他的应用需求而在设备、软件、人员等方面作大规模的投资，而只是外包给 ASP 企业。

(3) ASP 进行集中管理，即 ASP 服务一般在一个中心位置进行集中管理，客户通过互联网进行远程访问所需的应用。

(4) ASP 对多个客户服务，ASP 提供一套标准化应用包，为多个不同的客户提供专业化的应用服务，借此降低客户企业的应用成本。

(5) ASP 与客户根据合同提供相应服务，从客户的角度看，ASP 是一家根据客户协议内容提供相关服务，并确保应用系统服务可以运行的服务性机构。

12.4.3　ASP 发展现状

就国内来讲，早在 2000 年上半年，就有多家 IT 厂商进军 ASP：用友、深圳金蝶、长城、中软、世纪互联、润迅、瑞星等厂商纷纷或对原有业务部门进行重组，或成立新的业务部门，积极拓展这一新兴市场。

国内第一家大规模、高标准的 ASP 企业应该是世纪互联，它主要提供数据中心业务，在世纪互联的数据中心，共存放着 600 台左右的服务器，其中的 30%为世纪互联所有，以出租形式为网站服务，其余的 70%是网站自身拥有的，托管给世纪互联。数据中心提供的服务，除了应用系统托管、专线接入外，还包括网站规划、设计制作、应用开发集成和网站内容管理、改版维护等服务。

在美国市场，ASP 是近年来最热门的话题之一，几乎每天都有关于一些软件公司或系统集成商加入 ASP 领域的消息。大多数软件商是通过与纯 ASP 商组成策略联盟或设立专门提供 ASP 产品的部门的方式进入这一领域的。例如，Oracle 公司成立了 Oracle Business Online，SAP 公司成立了 mySAP. com 来直接操作 ASP 业务，另外还与五家纯 ASP 商（EDS，eOnline，HostLogic，Interpath，Qwest Cyber. Solutions）合作通过 ASP 的商业模式提供它的应用软件。与 SAP 公司一样，J. D. Edwards 也成立了 ASP 部门，也与一些 ASP 商合作提供软件。

微软也宣布了其 Office 2000 和 Windows 通过 ASP 商租用的价格计划。美国 CRN 杂志调查并公布了美国微软向 ASP 供应商提供的产品价格体系。Windows Advanced Server 按每个处理器月收费 569 美元，SQL Server 按每个处理器月收费 999 美元，Exchange 的 Knowledge Worker Pro 版按每个用户月收费 6 美元 99 美分等。据微软的内部资料显示，该公司计划至少对 10 种产品采用按用户数计量的许可合同制度。另外，微软还将在多种产品中采用基于微处理器数目的计量制许可合同。

12.4.4 ASP 的优缺点

(1) 实现规模效益。与传统的用户拥有硬件软件所有权和使用权以及传统的应用服务商提供一对一的服务模式不同，ASP 拥有应用系统所有权，用户拥有使用权，应用系统集中放在 ASP 的数据中心中，集中管理，分散使用，以一对多的租赁的形式为众多用户提供有品质保证的应用技术服务，实现规模效益。

(2) 对用户来说 ASP 可预见费用、节约费用，可以做到花小钱办大事。由于省去了购买软件和硬件等的前期费用，用户可以租用较高级的应用软件。ASP 的收费是根据软件的类型、客制化程度、用户数量、服务期限来定的，对客户来说这笔费用是可以预见的。

(3) 方便客户应用软件的升级。

(4) 减少客户内 IT 专业人才缺乏带来的影响。ASP 的客户员工利用浏览器进入相关的应用软件，简单易用，无须专业技术支持。

(5) 帮助用户快速实现各种应用服务。ASP 商有整合各方面资源的能力，可在短期内为用户提供所需的解决方案。例如，典型的 ERP 安装，如果要在客户端安装的话需要半年到两年的时间，但是美国的一些 ASP 商，如 USI 和 CORIO，能在 90～120 天内提供 ERP 应用方案。

(6) 专业性的服务。有的 ASP 商提供垂直型的应用服务，针对某一特定行业提供应用服务。

(7) 强大的可扩展性。ASP 具有强大的扩展性，可以实现与多种网络、硬件设备的连接：通过专用的通信线路远程接入企业；通过远程拨号服务器为远程拨号客户提供服务；通过 WAP 为移动电话互联网客户服务。

(8) ASP 最大的缺点在于网络的安全性和可靠性，企业将经营数据放在开放的平台上，最大的担忧就是如何保证这些数据不被其他人破坏。

(9) 由于 ASP 提供的是一对多的服务，所以用户的一些特殊需求很难得到满足。

(10) 在实现 ERP 等高端的 ASP 应用时，用户需要提供核心的经营资料，需要 ASP 商有很高的信用度。

(11) 缺乏可以共同遵循的行业标准，ASP 还处在发展初期，大家对它的理解不同，如产品和服务标准、收费标准等，不利于行业的健康发展。

12.4.5 ASP 在 CRM 中的应用

ASP 为企业提供的应用系统不仅包括功能型的分析应用软件、财务软件、人力资源管理软件，更主要的是为企业提供垂直应用的软件系统。许多 ASP 称可以向客户提供多种应用服务，从基本的信息服务到复杂的、全面的 ERP 系统和 CRM 系统的管理和咨询服务，与此同时，ASP 还能提供套装应用服务、高效高质的基础设施（主机、网络带宽、数据中心）、无安装过程的应用和不断提高和完善的应用支持服务及一定程度的客户化等。

根据美国《信息周刊》（*Information Week*）的调查，大多数 ASP 的企业客户都需要数据库和数据仓库、电子商务、CRM 和 ERP 等应用系统，每个企业平均将租用五个应用程序。ASP 的优势在于：由于规模效应，ASP 可以以较低的价格向企业提供优质服务。目前，大型企业级 ERP 或 CRM 软件的购买实施成本与从 ASP 租用的成本相比相差极大。实施一个 CRM 或 ERP 系统可能会耗资数百万、历时数年，而且还要大量培训 IT 员工，而通过 ASP 方式租赁使用只需半年时间，且不需额外人力资本的招聘与培训。这种良好的发展前景，为 CRM 在企业的实施增加了一种新的可能的途径。

如今，客户关系管理已经成为众多 ASP 手中的王牌之一，许多 ASP 提供商都称在方兴未艾的电子商务领域，CRM 的作用不可忽视，ASP 可为企业提供营销、电子化销售、电子化服务、电子化渠道和电子化培训系列解决方案，为企业在商机管理、服务支持和顾客群维系等应用领域发挥作用，从而改善企业和其最终客户之间的关系，为企业创造客观的市场价值和销售增长。ASP 还采用先进的数据仓库和数据挖掘技术，把从客户服务中心广泛搜集的大量动态市场信息进行整合和分析，为企业提供有针对性的市场信息等。

事实上在国外，一些企业很久以来一直进行着所谓的客户关系“外包”活动。企业外包其客户业务的主要原因，通常是企业自己的员工往往不能及时处理客户打来的电话，或难以在短时间内应付大量涌入企业的客户信息。外包关系有长期和短期之分，长期的外包关系指企业把自己的电话中心（Call Center）等业务长期交给一些外包商去处理，外包商长期“驻扎”在企业内部，形成稳定的合作关系；而短期的外包关系则指当企业在某一特定的时期，进行新产品的推广或促销时，把一些有针对性的客户业务，如电话客户调查或介绍商品等交由外包商去做，当项目完成之后，外包关系也就随之解除。ASP 的出现，使得企业实施 CRM 系统时进行长期客户关系“应用服务托管”的可能性大大增加，一种新的、一对一的 CRM 的“ASP 战略”正逐步取代企业客户业务的外包。

这种 CRM 的“ASP 战略”已成为许多 ASP 厂商和外包厂商的推广重点。例如，著名的外包企业 APAC 在 2000 年的第二个季度就已经获得了总额超过 1 亿美元的各种客户关系管理解决方案合同，其中多数都是长年服务合同。APAC 客户服务公司和其子公司主要涉足零售、保险、电信和金融服务市场。而总部位于美国坦帕的 Sykes 公司则与 Share 签署了一个金额达数百万美元的多年服务合同，提供客户支持和客户服务。Share 将其全球客户支持运营战略的一部分外包给 Sykes 公司。Sykes 的商业解决方案部门将提供以电子客户关系管理为中心的服务、运营和技术，并与 Share 共同合作开发和交付无缝集成的客户交互管理（CIM）策略。Sykes 公司约有 14 000 名员工，运营 39 个技术支持中心和 5 个电子商务服务中心。这些 ASP 和外包企业称自己可以为企业建立快速、可靠和便宜的 CRM 工具，称 CRM 与 ASP 模型结合时，可以进一步降低成本。

从总体上来讲，ASP 提供了一种基于分工细化的新商业模式。由于历史原因，它自出生起就与 CRM 结下不解之缘，CRM 目前已经成为 ASP 主要的拓展方向。与传统的企业内部运作的应用软件和服务相比较，ASP 确实更安全、更可靠，并有更大的伸缩性。ASP 作为一种集众多社会资源与知识为一体的为各类企业与机构服务的专业形式，在改变传统的服务模式方面将发挥积极的作用，应该说，不排除 CRM 可能通过 ASP 的方式为更多企业所运用的可能性。只是，其中涉及企业核心业务的优化、组织的再造、信息的共享、资源的规划和客户关系统一管理等难点，是目前尚不成熟的 ASP 模式还无法全面回答的问题。

本章小结

客户管理系统并不是独立的系统，它与其他管理系统的结合，有助于提高客户管理系统的使用效果。客户管理系统与业务流程重组存在相互影响和制约的关系；客户管理系统与企业资源计划相互渗透，企业资源计划能使客户管理系统更为有效；客户管理系统是电子商务平台的子集；应用服务提供商为客户关系管理在企业的实施增加了一种新的可能的途径。

案例

ERP 与 CRM，孰先孰后?

ERP 与 CRM，哪个更重要？到底先上哪个？企业一直试图寻找答案。其实，对这个问题的回答，不能一概而论，要具体问题具体分析。

在 21 世纪，新经济、网络经济、电子商务、ERP、CRM、SCM 等一大堆关于经济和企业管理的新名词、新概念充斥着国内各种媒体，让人们觉得眼花缭乱，对未来充满幻想。然而，2000 年过去了，美国纳斯达克以网络股为首的高科技股一路狂泻，无疑使许多投资者和企业管理人员的头脑重新回到了清醒的状态。人们开始认真地思考如何将信息技术与传统经济有机地结合，真正推动经济的发展。对于国内企业来说，ERP 较低的实施成功率使它们犹豫徘徊。这时 CRM 又来了。诚然，企业高层管理人员大多知道实施 ERP、CRM 是必然趋势，也清楚它们可能给企业带来的好处。可是，到底先上哪一个？哪一个更重要呢？企业又面临新的抉择。

如何看待 ERP 和 CRM

要解决先上 ERP 还是先上 CRM 的难题，企业首先要搞清楚 ERP 和 CRM 是干什么的，它们能给企业带来什么好处。也就是说，要理解 ERP 和 CRM 所体现的管理理念、核心功能、实现目标，以及它们之间的区别与联系。

ERP，是指建立在信息技术基础上，通过对企业销售、生产、采购、物流等各个环节，以及人力资源、生产设备、资金等企业内部资源的有效控制和管理，实现企业内部资源的优化配置，提高企业生产效率和市场响应能力的管理软件系统。其核心是实现企业内部供应链管理。ERP 的实施将有效地提高企业对客户的响应能力，降低企业管理费用，提高企业运作效率，优化企业资源配置。

CRM，是指通过采用信息技术，使企业市场营销、销售管理、客户关怀、服务和支持等经营环节的信息有序地、充分地、及时地在企业内部和客户之间流动，实现客户资源有效利用的管理软件系统。其核心思想是把客户群体看作企业宝贵的外部资源，并尽可能地纳入企业的控制范围内，以增加客户价值为中心，有效满足客户的个性化需求，改善客户关系和提高企业的市场竞争能力。CRM 的实施将提高企业销售管理效率，通过多种渠道挖掘和识别市场机会，提高客户满意度，保持与客户的良好关系，降低企业运作成本，为企业创造长期持续的利润来源。

目前，主流的 ERP 系统主要包含销售/分销管理、生产计划/质量管理、采购管理、成本管理、BOM 管理、库存管理、财务管理、人力资源管理和商业智能等功能模块。CRM 系统主要包括市场营销管理、销售/分销管理、客户关系管理、呼叫中心、知识管理、服务和支持管理、商业智能等核心模块。CRM 主要解决市场/销售和客户服务两部分核心业务的管理。由于部分信息共享和业务交叉的原因，ERP 和 CRM 系统在一些功能上，表现出一定的交叉。

从管理应用的侧重点来看，ERP 重点解决的是企业内部的资源整合和业务管理问题，而 CRM 则侧重于企业对客户资源的有效发掘和利用，主要解决客户个性化需求满足和市场营销方面的业务管理问题；ERP 可以提高企业整体的运行效率，是保障客户需求得到最大化满足的有力后勤保障系统，而 CRM 可以使企业更加贴近客户和市场，是企业参与激烈市场竞争的前沿阵地。

显然，ERP 和 CRM 两者是相辅相成、相得益彰的。从供应链管理理念的角度来看，二者对所有的企业而言都是非常重要、不可或缺的。

理性剖析自身需求

在对 ERP 和 CRM 有充分理解的基础上，企业还需仔细分析自身的行业特点、产品特性、企业规模、管理瓶颈和企业未来的发展战略等相关因素，从中提炼出企业对管理软件的明确需求，然后才能决定整个 IT 投资规划及 ERP 和 CRM 实施的孰先孰后。下面对这些相关因素做一简单的分析。

1. 行业特点

企业所处的行业不同，对 ERP 和 CRM 的需求程度是不一样的。比如，银行、证券、保险、运输、流通等服务性行业，它们一般需要直接面对客户，与客户接触频繁，客户服务业务处理相对复杂，而内部管理比制造业要简单得多，因而它们对 CRM 的需求更为紧迫；冶金、能源、机械设备、化工等工业消费品类制造企业，它们的销售环节层次相对简单，客户数量相对较少，企业更注重生产效率的提高和成本的降低，因此更注重企业内部的管理，首先要考虑上 ERP；日用消费品制造企业一方面要降低成本，提高生产效率，另一方面要及时获取用户信息、提高服务质量、管理复杂的销售网络，这些行业对 ERP 和 CRM 的需求同样迫切。

2. 产品特性

不同产品有不同的消费习惯，不同的消费习惯决定了企业市场、销售、客户服务管理的广度和深度。比如，汽车、家用电器等产品的销售范围广，客户需要快速的服务响应，这些要求企业能够有效地管理多层次分销体系和服务体系，CRM 是非常有用的；煤炭、化工等大宗原材料，具有同质化、低服务要求的特点，企业可能更注重内部运作效率的提高，努力降低成本，ERP对企业是第一选择；对于大多数日用消费品而言，销售体系的管理和内部管理同等重要，企业既要扩大市场份额，又要加快新产品开发，提高生产效率，降低成本，所以，ERP和CRM对于企业来说都很重要。

3. 企业规模

企业的经营规模不仅决定管理软件的大小，而且对实施ERP和CRM的先后顺序也有一定的影响。一方面，管理软件的大小要与企业规模相适应，以期获得满意的投资回报率；另一方面，企业业务流程和组织结构的复杂程度决定企业IT投资规划中的优先级。如果一个企业生产集中在一处，但需要管理遍布全国的多级营销网络，在IT投资规划中则可以先考虑实施CRM，后实施ERP。如果一个企业的生产部门分散在不同的地域，组织结构复杂，而营销网络相对集中，销售环节相对简单，企业在IT投资规划中就可以先考虑实施ERP，后实施CRM。

4. 管理瓶颈

在规划IT投资之前，企业必须从管理绩效评价入手，分析企业在产、供、销等各个环节的运作效率和存在的问题。借助约束理论等分析手段找出企业在哪个环节上存在问题？问题的根源是什么？其中哪些问题是首先需要解决的、哪些是其次需要解决的？也就是说，要明确企业的管理瓶颈，以解决瓶颈问题的优先级为依据，制定企业的IT投资规划，决定先上的是ERP，还是CRM。

5. 企业发展战略

企业未来中长期的发展战略与规划，将直接影响IT规划中的产品选型和实施步骤等环节。IT系统的实施是为企业经营管理服务的，在产品选型过程中必须考虑未来企业业务发展的战略部署，做到管理软件能够与企业发展趋势相适应，具备一定的可扩展性和灵活性；根据企业未来发展的方向和时间表，确定企业应先上ERP，还是CRM，以及与企业发展战略相一致的推进时间表。如果企业未来工作重点放在市场拓展和营销体系建设，可以考虑先上CRM；如果是以加强内部管理、提高企业运作效率、降低企业生产成本、组建网络化的供应链生产运作体系为未来的工作重点，可以考虑先上ERP。

企业在实际分析过程中，对各种影响因素要设定优先级或权重，综合考虑，合理确定企业当前和将来的主要管理需求。

做到有的放矢

企业在进行IT规划的过程中，要做到有的放矢，真正使IT投资转化为推动企业发展的有效手段和管理工具。如何做到有的放矢？以下总结了一些IT规划过程中需要遵循的一般原则：

首先，保持企业动态需求和IT实施计划相一致的原则。这里的动态需求是指不仅要考虑企业当前的管理需求，更重要的是考虑企业未来的管理需求。以此为前提制定的IT规划才能满足企业未来的发展战略，明确企业先上ERP，还是先上CRM，二者如何有效地集成在一起。其次，要把握“总体规划，分步实施，分步受益”的原则。就像好钢要用在刀刃上一样，每一个阶段的投入都要获得最大的收益，做到IT系统在它自身的生命周期内发挥最大的效益。最后，注重IT规划与企业总体战略规划协调一致。IT规划是企业总体战略规划中的一部分，它与市场战略、产品战略、组织战略、管理创新战略等其他部分息息相关，它们组成了一个有机的整体，牵一发而动全身，所以企业总体的IT规划要融入企业战略体系当中，达到相互配合、相互促进的目的。

另外，要想制订出切实可行的规划方案，企业可以借助第三方管理咨询公司的知识整合能力和全面的企业管理经验优势，请其协助企业做好规划方案。这也不失为一种上佳选择。

ERP与CRM完美结合

无论企业的IT战略如何规划，ERP与CRM实施孰先孰后，ERP与CRM两者的最终集成是必然的结果。如果把CRM看作企业管理的前端应用系统，ERP就是企业管理的后端系统。只有二者实现全面的集成，才能使市场与客户信息、订单信息、产品和服务的反馈信息通过系统的处理分析，及时地传递给ERP系统和企业设计部门，使ERP系统实现理想的订单生产模式，迅速满足客户个性化的需求。同时，ERP系统中产生的产品信息、生产进度、库存情况和财务结算信息可以及时地传递到CRM系统中，为客户提供整个交易过程中的全程跟踪服务，提高客户满意度。

因此，ERP与CRM的无缝集成，将带来1+1>2的理想效果，最大化地提高企业对市场的快速响应能力和满足客户个性化需求的能力，最终实现供应链管理目标，使企业在激烈的市场竞争中立于不败之地。

思考题

1. 结合自己的专业谈谈CRM对本专业的作用。
2. 简述CRM与电子商务的关系。
3. 商业智能如何与CRM相结合才能发挥更大的效益？
4. 如何使用ASP？何种公司应使用ASP？

项目十三
国内外客户关系管理解决方案简介

学习重点

通过本章学习，了解世界著名公司提供的客户关系管理解决方案，了解各自的主要特点和相互之间的差别。

在前面章节中，我们对 CRM 的基本概念、管理理论基础、系统和技术支持做了较详细的探讨，为了更好地将这些管理思想和信息技术融合起来，应用于具体的客户关系管理实践中，本章将从战略思想、应用框架的角度对目前主流的 CRM 产品解决方案做一个较为全面的介绍。

13.1 Oracle 公司的 CRM 产品解决方案

Oracle 公司是全球最大的信息管理软件及服务供应商，成立于 1977 年，1989 年正式进入中国市场，成为第一家进入中国的世界软件巨头。客户关系管理软件市场是 Oracle 公司较晚进入的市场，但是不可否认，客户关系的确是 Oracle 公司中成长最快的一个团队，CRM 产品成了带动 Oracle 应用软件销售的主要动力。

Oracle 公司属于“传统 ERP 型”的 CRM 厂商，即传统 ERP 厂商由于看好 CRM 的发展潜力以自行发展或并购等策略进入 CRM 市场。由于其 ERP 背景，Oracle CRM 提供了从 ERP 到 CRM 到电子商务的一体化的解决方案，每一部分的功能都很强。

Oracle CRM 的最大优势，在于能够与 Oracle 其他应用系统相集成，而且可以与第三方的全套 ERP 应用软件相集成，使企业在部署 CRM 时能够充分利用已有的投资，在一个系统中支持各种客户关系运作，能够把所有客户的互动过程紧密连接，允许企业用户跨越 Web、电子邮件、呼叫中心和现场销售等多种渠道把商业活动管理、销售部门自动化、服务应用与财务、人力资源、供应链管理、采购和制造等基本业务运作相连接，为企业提供全方位的客户视角。

Oracle CRM 是一套全功能的前端应用软件，包括 CRM 销售应用软件、CRM 市场营销应用软件、CRM 客户服务和支持应用软件、CRM 交互中心应用软件、CRM Oracle 电子商务应用软件等多个应用模块，这些应用模块能够帮助企业实现客户智能、与客户交流的统一渠道和基于互联网技术的应用体系结构战略这三大关键的客户关系管理战略。

13.1.1　Oracle CRM 的五个应用模块

1. 销售应用软件

这是一个全面的销售自动化解决方案，Oracle 销售套件可以提供销售流程中每个阶段的详细的客户信息，使得现场销售人员、分销商、转销商和销售 Oracle CRM 的主管及时获得这些信息，帮助公司实施灵活的、以客户为中心的销售过程，并产生统一的、全球性的实时销售和预测视图，从而可以提高销售活动的效率。

2. 市场营销应用软件

Oracle 市场营销套件利用最先进的技术，使市场营销专业人员能够直接对市场营销活动和战役的有效性加以计划、执行、监测和分析。Oracle 还在该组件中使用了其工作流技术，以便使一些共同的任务和商业流程自动化。此外，Oracle Marketing 还可以向市场营销专业人员提供分析其市场营销行动有效性的功能。

3. 客户服务和支持应用软件

Oracle 服务套件用于实现可盈利的端到端服务交付和客户管理，包括技术支持、现场服务、备件管理和库房维护等功能，能够协调互联网、交互中心以及客户现场等多个交互渠道的服务。这些应用软件通常通过电话中心或 Web 部署并且可实现自助服务。它们使企业能够以更快的速度和更高的效率来满足其客户的独特需求。

4. 交互中心应用软件

Oracle 交互中心组件指的是 Oracle Sales、Marketing 和 Service 应用软件的电话能力。该解决方案包括与呼入和呼出电话处理集成在一起的 CTI 服务器。交流中心软件用于处理所有的呼叫中心活动，包括入站/出站呼叫选路、电子邮件分配以及代理脚本。

5. 电子商务应用软件

作为 Oracle CRM 的一个关键组件，Oracle 的电子商务应用软件使企业能够将其业务扩展到 Web 上，因为 Web 作为新型商业渠道的重要性与日俱增。

13.1.2　Oracle CRM 所体现的三个关键战略

Oracle CRM 的五个应用模块能够帮助企业实现客户智能、与客户交流的统一渠道和基于互联网技术的应用体系结构战略这三大关键的客户关系管理战略。在 Oracle 的 CRM 产品中，深刻体现了这三大关键的客户关系管理战略，也就是说它具有这三方面的优势。下面我们详细介绍这三个战略。

1. 客户智能

客户智能（Customer Intelligence）指的是横跨多个 Oracle 应用软件模块，以及横跨各行的业务单位而进行的客户信息的分析。它是一种联结各种市场营销活动的能力。客户智能使得 Oracle 公司的 CRM 解决方案拥有强大的信息处理和商业分析能力，能够找出谁是最赚钱的客户，并对客户行为做出全面的分析，从而能使决策者做出更为明智和及时的商业决定。在 Oracle CRM 应用软件中，Oracle 提供了报告、分析和商业智能组件，使决策者们能够针对其所有的面向客户的活动和应用软件对信息进行访谈和分析，并能与 Oracle 在分析应用软件领域的产品——商业智能系统（BIS）集成。

2. 与客户交流的统一渠道

与客户交流的统一渠道是将 Oracle 公司的 CRM 解决方案中的多种客户交流渠道如 Web 或呼叫中心等集成起来，使各种渠道中的信息融会贯通，保证企业和客户都能得到完整、准确和一致的信息。它是在多种与客户进行交流的渠道中实现 Oracle CRM 应用同步化的能力，特别是 Oracle CRM 的功能应用模块可横跨多个渠道并和谐地工作。例如，一个 Web 上的客户需要通过 Oracle 的知识库访问技术支持信息，如果该客户在 Web 上的请示无法得到满足，那么他还可以通过电话与呼叫中心的服务代表进行联系，或者通过 Oracle 提供的计算机电话集成技术（CTI）解决问题。客户通过电话查询其订货状况、研究悬而未决的服务问题或请求额外的产品信息。客户通过电话请求得到的信息将与他通过 Web 查到的信息或从运行销售自动化（SFA）应用软件的销售代表处得来的信息完全相同。

3. 基于互联网技术的应用软件体系结构

Oracle 深刻地理解企业实施和维护一个客户/服务器环境的难处和所需付出的高昂费用。因此，Oracle 对其应用软件的体系结构进行了重新设计并使其符合互联网的计算模型。该模型是将应用都建立在一个集中管理的服务器上，因此应用系统的维护和升级也就变得更加容易，同时还能使用户通过标准的 Web 浏览器访问应用系统。

由于上述客户智能、与客户交流的统一渠道和基于互联网技术的应用软件体系结构等战略的推出，以及强大的后台 ERP 集成的支持，Oracle 公司给全球客户关系管理（CRM）解决方案市场带来了全新的视觉、革命性的思维和强大的技术。

13.2 IBM 公司的 CRM 解决方案

2005 年 IBM 公司推出 C2CRM 解决方案，这是一种客户化的 CRM 解决方案。这种基于 Web 的 CRM 解决方案，可以帮助企业完整地了解自己数据库中的每一名客户和潜在客户。C2CRM 以应用套件的形式实现，可以覆盖企业联系管理、销售人力自动化、客户支持、线索管理、市场宣传、客户自助服务门户和工作流的各方面需求。使用这些应用套件，C2CRM 能够提高客户交互活动所有方面的效率。C2CRM 是 IBM 2005 年的最新产品。此前，IBM 针对银行业、电信业、制造业和保险业等重点行业及中小企业提供了不少针对性的解决方案，这些解决方案帮助企业建立了有效的客户关系管理，提高了企业的竞争力，使企业在激烈的市场竞争中获得了很大的优势。

IBM 推出的符合国内客户需求的客户关系管理系列解决方案包括五个部分：客户响应中心、网上自助服务、客户关系管理咨询服务、客户分析和数据仓库。

13.2.1 客户响应中心

客户响应中心提供电话及互联网、Web 接入作为客户沟通渠道，配以先进的话务管理和信息控制系统，对多种业务的客户关系进行全面科学的管理。它将企业面向客户的界面大大扩充，使得服务提供的范畴不再受制于业务的地理分布与营业时间。这是客户响应中心的特点。实质上它本身是一项计算机与电话网络相结合的先进技术，也是一种现代化的业务管理手段。

IBM 推出的客户响应中心包括起步方案和智能客户响应中心解决方案。前者让客户可以通过电话等获得不分昼夜的全天候自助性增值服务；后者通过综合信息科技和电话系统，将网络数据库和客户响应中心整合起来，使大公司各部门能够实时地获取客户的信息，并能够实现与后台的连接，提供动态信息，如银行账务状况等。

13.2.2　网上自助服务

互联网的普及使得客户可以根据自己的意愿，随时随地查询、获取最新信息。在企业提供的网上自助平台上，客户能够通过标准的 Web 浏览器检索到所需要的信息，可以自己在桌面自助服务。客户通过企业的网页得到所需的信息，自行解决遇到的问题，不必等候就可以进行交易。需要注意的一点是，IBM 网上自助服务不但可以提供更高水平的客户服务，而且可以降低客户服务的成本，这对于企业是很重要的。

13.2.3　客户关系管理咨询服务

客户关系管理咨询服务是客户关系管理的整体设计和咨询。IBM 提供了包括整体设计和咨询服务、系统集成以及具有不同功能、符合行业特点的系列客户关系管理解决方案。此外，还可以为客户制订长期战略性的计划并进行专业的分析，以避免盲目的浪费，确保投资回报率。

13.2.4　客户分析

对客户的行为、需求、历史信息以及客户与企业的整体关系的真实了解就是客户分析。比如对客户的购买倾向、实际数量、所关心的产品与技术等进行的分析，它是利用数据挖掘和存储，以及复杂的分析和决策来完成的。它帮助企业随时了解所需信息，准确、快速地作出决定并有利于实现“一对一”的市场营销目标。

13.2.5　数据仓库

数据仓库保证了企业更便利、更快捷、更准确地管理、存储和应用重要数据。它是为企业存储公司内部和外部数据而设计并实施的。

13.3　Siebel 公司的 CRM 解决方案

作为 CRM 的先驱和开拓者，Siebel 在全球拥有超过 300 万的实际用户，这一数字比其他所有 CRM 供应商的用户总和还要多。齐全的产品线是 Siebel 的一大优势，其产品基本能满足各型企业的独特需求。此外，Siebel 公司的 CRM 产品功能也很全，几乎涵盖了 CRM 的所有领域。

Siebel 提供的 CRM 解决方案主要有：.COM 套件、呼叫中心套件、现场销售和服务套件、营销管理套件、渠道管理套件及行业 CRM 解决方案。

13.3.1　Siebel 的 .COM 套件

销售管理：客户和销售人员可通过多媒体目录查找产品、配置产品和服务方案、下订单、确认订单的有效性和可交付性、检查订单状态等。企业根据客户信息、特定环境、目前需求和购买模式向客户推荐合适的产品和服务。

营销管理：可用来计划、执行和评估基于网络的市场营销活动，如进行客户细分，发掘潜在的顾客，通过个性化的、动态生成的基于网络或电子邮件的方式进行联系或促销(其中包括发送电子信件和进行网上调查)，还可以浏览由在线数据分析产生的图表报告，评估每项活动的有效性及回报。

服务管理：该软件提供了一些问题的解决工具，如全文查找、在线指导、问题解决和呼叫中心代理的直接网络帮助等，客户可以通过这些工具来查询订单状况、解决服务问题。企业可通过电子邮件向客户通知重要事件，告诉客户已收到服务请求，并自动向客户提出解决方案。

eMail Response：可根据经验、专业知识、可用性等条件匹配最合适的邮件服务代理。并提供邮件模板管理。

电子简报和内容服务：企业可利用企业门户、网络、在线新闻等信息源，搜集并传递有关个人、客户、竞争者和公司情况的简报。

13.3.2 Siebel 的呼叫中心套件

呼叫中心套件包括呼叫中心、服务管理、电话销售三大块。客户服务代表可以使用 Siebel Service 来跟踪客户服务请求、平衡优先解决方案，快速准确地解决问题，或将客户的请求发送到合适的代理处。另外，Siebel Service 确保每一项服务请求都在规定的时间内完成，使用自动工作流和路由器、监控器来解决每个请求。它可以通过一些基本的机会和预测管理、客户管理、联系管理、活动管理、活动跟踪等销售功能帮助电话销售人员提高工作效率，实现销售目标。

13.3.3 Siebel 的现场销售和服务套件

这一部分包括销售管理、现场服务管理、专业化服务、产品配置器、价格配置器、佣金管理等功能模块。

13.3.4 Siebel 的营销管理套件

包括营销管理、商业分析和商业计划、评估和报告等功能模块。

13.3.5 Siebel 的渠道管理套件

企业可管理市场开发基金（MDF）、机会、客户和渠道伙伴的服务请求，并跟踪所有分配的项目的执行情况。渠道伙伴可浏览产品和定价信息，配置方案，生成报价和在线完成订单。

另外，Siebel 还针对不同行业提供了 CRM 的诸多行业解决方案，如汽车、公共服务、通信、日用消费品、服装、能源、金融、保险、制药、科技等。

13.4 CA 公司的 CRM 解决方案

目前市场上大多数的 CRM 产品关注的焦点是运营型的 CRM 产品，主要涉及自动化管理、销售、营销等与客户关系有关的业务流程处理，这种 CRM 只能解决企业的某些方面问题，而不是所有与客户相关的问题。在提供 CRM 解决方案的企业中，CA 公司能够提供端到端的全方位智能化 CRM 解决方案。

CA 公司所强调的智能化 CRM，不只是针对业务流程的一个简单系统，而是一个能够将前台的 CRM 和后台的 ERP 系统相结合的全面智能化解决方案。同时，为了适应当前互联网的发展以及企业成长带来的新需求，CA 的 CRM 解决方案还体现了以 Web 为中心、具备高度灵活性和扩展性，以及可伸缩和容错的设计思想。

CA 公司提供的 CRM 由客户智能化、市场营销自动化、客户服务以及 Human Touch 四个模块构成。

13.4.1　客户智能化

利用 CA 公司的 Neugents 专利技术，可对多个数据源进行分析，通过 Neugents 的学习和判断功能，可以察觉信息中的细微变化，并对后果进行预测。Neugents 是 CA 的集成化管理技术，是网络中的性能神经代理，Neugents 通过对问题的检测和解决提供真正的预测功能。Neugents 首先检测数据中的模式和关系，然后了解它们的因果关系，来实现“自造就模式识别”。它在 CA 公司的 CRM 系统的“客户智能化模块”中，是一个关键的技术组成。

13.4.2　市场营销自动化

为企业提供 Web 和 WAP 环境下的全面的销售和市场营销自动化。它可以通过查找，排列出最有潜力的销售线索，帮助销售人员管理销售机会，并按照每个客户的不同需求，生成最具竞争力的报价单、建议书、演示内容以及销售订单。

13.4.3　客户服务

帮助客户和客户支持人员主动预测和防范客户问题。基于 Web 的客户服务模块允许客户通过个人门户直接访问技术支持台报告其所出现的问题，并可以以自助的方式访问知识工具并获取全面的帮助和指导，实现全天候响应的客户支持，从而自动实现用户问题的识别及跟踪，并使问题的解决更加便捷。

13.4.4　Human Touch

通过企业 Web 站点上的多种实时的个性化交互手段，方便客户与企业的沟通交流，从而极大程度地改善企业售前、售后的服务质量。

CA 公司在注重提供端到端的全方位智能化 CRM 解决方案的同时，又将其重点放在分析型 CRM 和协作型 CRM 上。CA 认为随着企业的不断发展，作为企业重要资产的客户信息日趋复杂，对于一个企业的长远发展来说，最重要的是如何使 CRM 解决方案具备强大的业务智能和分析能力，利用好这些客户信息。CRM 应用系统中包括大量有关企业客户和潜在客户的广泛信息，对这些信息的管理和分析可以帮助企业去识别客户，发掘竞争对手的资料，甚至做一些未来策略的决断。只有这样，决策者们才能做出更为明智和及时的商业决策。

13.5　SAP 公司的 CRM 解决方案

SAP 公司成立于 1972 年，总部位于德国沃尔多夫市，是全球最大的企业管理软件及协同商务解决方案供应商、全球第三大独立软件供应商。早在 2003 年，全球就有 120 多个国家的超过 19 300 家用户正在运行着 60 100 多套 SAP 软件。SAP 早在 20 世纪 80 年代就同我国的国有企业合作并取得了成功经验。

mySAP CRM 是 SAP 公司的 CRM 产品。以丰富的行业经验作坚实的支持后盾，mySAP CRM 可为企业提供一个与现有所有业务流程相集成的解决方案，其具备的强大功能可快速与企业的整个信息系统相链接，改善企业客户关系每个阶段的能力。从最初的市场营销到后续的销售服务和支持，mySAP CRM 提供开放式、个性化、对用户友好的界面，基于角色的企业门户，准确高效地帮助企业提高销售额、提高获利能力、树立市场领导地位，使客户、员工和股东各方均满意。

mySAP CRM 贯穿整个客户关系生命周期业务流程的管理。包含了企业市场营销、销售、服务、分析等功能性能，以及通过渠道伙伴、现场、交互中心、电子贸易等各种交互渠道性能形成完整的闭环式设计解决方案。

13.5.1 市场营销解决方案

市场营销专业人员处于企业内部和外部信息资源中心，可以控制成本、验证支出、监控市场和竞争对手、策划成功的行动、协调促销活动、管理客户生命周期、移动办公等，从始至终帮助您有效推销产品和服务，使市场营销方案的计划、执行和测评迈上科技的新台阶。

(1) 营销分析：使用各种先进的工具对客户、目标市场、竞争对手、市场渠道、销售走势、获利能力、第三方市场数据等进行综合分析；将市场方案的规划、组织、预算工作分解到最终每一个细节；利用 mySAP 商务智能的内置分析功能，快速掌握并分析客户、产品、销售、销售地区和竞争活动等方面的数据，监控计划付诸实施后的实际效果。

(2) 促销管理：在包括直接销售、呼叫中心、邮件、电邮和互联网在内的所有客户渠道范围内，展开有目标的个性化促销活动，建立电话和电邮的联系人名单，准备并分发互动电话营销脚本。监控促销活动在方案策划和客户响应两个方面的获利能力。通过各种渠道与客户展开互动，包括呼叫中心、互联网和移动设备。

(3) 电话营销：利用 mySAP 客户关系管理集成分析功能可细分客户群、优化线索、管理联系列表、监控促销活动的进展。

(4) 电子营销：策划并执行个性化、实时的互联网公众营销活动。首先识别、吸引、区分目标对象，然后提供个性化的内容和产品与他们展开互动。

(5) 线索管理：搜集、认证、分布线索并将销售机遇提供给机遇管理。然后，通过系统闭环监控功能跟踪每一线索的发展。

13.5.2 销售解决方案

mySAP CRM 为销售过程的每一环节提供有力支持，包括：

(1) 销售分析：通过先进的销售分析工具测评并管理销售工作，包括每一个客户的获利能力。

(2) 项目与联系管理：按天组织日程，跟踪所有客户联系，通过 mySAP 企业门户网站，建立业务伙伴信息枢纽。

(3) 机遇管理：从始至终跟踪每个销售项目的进程。管理销售战略，识别关键决策人及他们的要求，预测销售量和结束日期。

(4) 电话销售：在呼入和呼出两方面，加大有效电话销售方式的力度。集成后台系统信息，使电话销售人员可以为每个客户提供准确的个性化信息。

(5) 现场销售：随时随地为现场销售人员提供关键客户和前景信息。现场销售队伍可以通过移动或无线设备管理日程、生成活动报告、创建报价、输入订单。

(6) 电子销售：为在线销售周期的每一阶段实施综合解决方案，包括一对一营销、目录浏览、搜索、订单部署、付款、合同履行和客户支持。

(7) 互联网报价和配置：客户和销售代表可以很方便地上网或脱机比较配置、价格和产品。

(8) 获得订单：管理所有销售文档，包括询价、报价、订单、合同。以流程驱动、需求优化的方式，与后台交易系统集成处理订单。控制产品和定价趋势，计算税费、监控获利空间。

13.5.3 服务解决方案

mySAP CRM 提供优质的个性化服务。从多渠道通信、已建基地管理，直至现场服务，解决方案可为每一领域提供最佳实践支持，具体包含以下几个方面：

(1) 服务分析：通过测评获利能力、响应能力、满意度、产品可靠性和成本，不断提高服务质量。现场及组织内部能极为精确地实时跟踪工时、开支和部件损耗。迅速确定哪些费用属于合同项下的，哪些是应计费的。

(2) 客户关怀和服务台：一线支持人员可以访问所需的大量一致性的信息，无论客户通过联系中心、互联网，还是面对面联系，都能快速有效地解决客户提出的问题。

(3) 合同与安装基地管理：处理客户安装和合同中的记录和细节问题，包括服务级别协议、质保程序和质量监控。

(4) 企业智能：利用集成解决方案数据库环境下运行的先进的搜索运算和智能代理，以指导和互动的方式解决服务中出现的问题。

(5) 现场服务与调度：最大限度地提高现场服务人员的工作效率，提高客户的满意度，减少服务呼叫次数；更有效地管理整个服务过程，包括预测和日程安排、库存量、返工、合同、资源分配、质量统计等方面的管理；用实时无缝的通信方式提供重点客户和诊断信息。

(6) 移动服务：支持使用通用移动设备的现场服务人员。

(7) 便携式服务：可使用高效率轻型无线手持设备。

(8) 电子服务：客户、潜在客户和业务伙伴可以通过互联网访问专用信息（如产品目录）和自助式服务功能（如订单录入、解决方案数据库、常见问题解答和请求跟踪等）。

13.5.4 分析解决方案

SAP 的 CRM 通过全方位、协同的分析功能完美地解决各种业务挑战，提供全面针对客户、产品、营销、销售、服务、交互渠道的分析应用，以协助评估、预测、计划和优化客户关系，从而清楚地了解正在进行的业务、实行的哪些策略、为何这样做。

(1) 客户分析：包括客户满意和忠诚度分析、客户细分、客户转移分析、流失管理、客户利润分析、客户生命周期价值分析、客户信用实时预测等。

(2) 产品分析：包括最佳销售产品、产品利润分析、交叉销售分析、产品投诉情况等。

(3) 营销分析：包括市场拓展分析、外部列表分析、营销预算计划、促销计划、营销优化和提炼、线索分析、促销监控和成功性分析等。

(4) 销售分析：包括销售计划、销售管道分析、销售漏斗分析、机会计划和分析、事务分析、合同分析、销售报价和订单分析、按地区销售计划和分析、销售绩效分析、账务分析等。

(5) 服务分析：包括战略服务计划、服务质量分析、服务合同分析、服务订单分析、服务担保分析、服务利润分析、服务绩效分析等。

(6) 交互渠道分析：包括网站监控、网页分析、交互中心分析、渠道和合作伙伴分析、现场（离线报告）分析等。

此外，mySAP CRM 还提供了诸如渠道管理、交互中心、电子贸易、现场等各个与客户的交互渠道功能，从而用协同、多层次的蓝图来展示企业的营销、销售、服务、分析等 CRM 解决方案。本书不作具体介绍。

13.6 金蝶公司的 CRM 解决方案

金蝶（KINGDEE）国际软件集团有限公司是亚太地区领先的企业管理软件及电子商务应用解决方案供应商，是全球软件市场中成长最快的独立软件厂商之一，也是中国软件产业的领导厂商。

金蝶 CRM 整体定位于为成长型企业提供完整的客户关系管理解决方案。金蝶 CRM 的产品市场定位于优先满足中小企业 CRM 复杂应用和大中型企业 CRM 的中端应用，逐步向部分行业的高端应用渗透。金蝶 CRM 产品应用主要适合项目进程型、客户管理型的各类企业。金蝶 CRM 侧重于运营型、分析型 CRM，并可以和协作型 CRM 良好地集成运作。

13.6.1 系统架构

金蝶 CRM 可通过数据仓库将 CRM 数据进行深度分析，并可与其他业务模块的信息进行集成，支持战略制定及建模预测，金蝶 CRM 系统架构如图 13－1 所示。

战略企业管理（SEM）					
战略目标管理 • 平衡计分卡 • 战略地图 • 关键绩效指标	业务规划 • 运营预测 • 业务建模	预算管理 • 全面预算 • 预算监控	管理驾驶舱 • 绩效衡量与预警 • 标竿对比	业务合并 • 报表合并 • 管理合并	投资者关系管理 • 投资者管理 • 投资者报告 • 投资者自助
商业智能（BI）					
客户分析：客户价值分析 客户行为分析 客户满意度分析	销售分析：销售状况分析 销售能力分析 销售预测分析	市场分析：市场活动分析 市场费用分析 竞争对手分析	服务分析：服务收入分析 服务质量分析 服务能力分析	产品分析：产品销售分析 产品质量比较 产品生命周期分析	
数据仓库（DW）					
业务运营管理（ERPⅡ）					

业务系统	客户管理	销售管理	服务管理	市场管理	基础管理	业务系统
	客户接触管理	线索管理	服务请求管理	市场活动管理	产品管理	
	客户价值管理	商机管理	产品维护管理	竞争对手管理	日程管理	

图 13－1 金蝶 CRM 系统架构

13.6.2　金蝶 CRM 整体解决方案

金蝶 CRM 全面覆盖市场、销售、服务的完整业务过程，如图 13－2 所示。市场营销模块涵盖市场活动的制定、目标客户群的确立、市场活动的执行、市场费用的监控、市场活动的评估、销售线索的产生。随后，销售线索进入销售模块，包括商业机会的确认、客户决策关系的分析等，伴随着商机阶段的有效推进，从产品报价、商务洽谈到合同签署，完成了售前阶段；从订单执行、发货、安装调试到以收款形成交付客户商品，完成了售中阶段；售后服务阶段，针对销售出去的商品进行售后服务，从客户服务请求、产品维修到客户满意度调查，金蝶 CRM 覆盖企业全部服务过程。

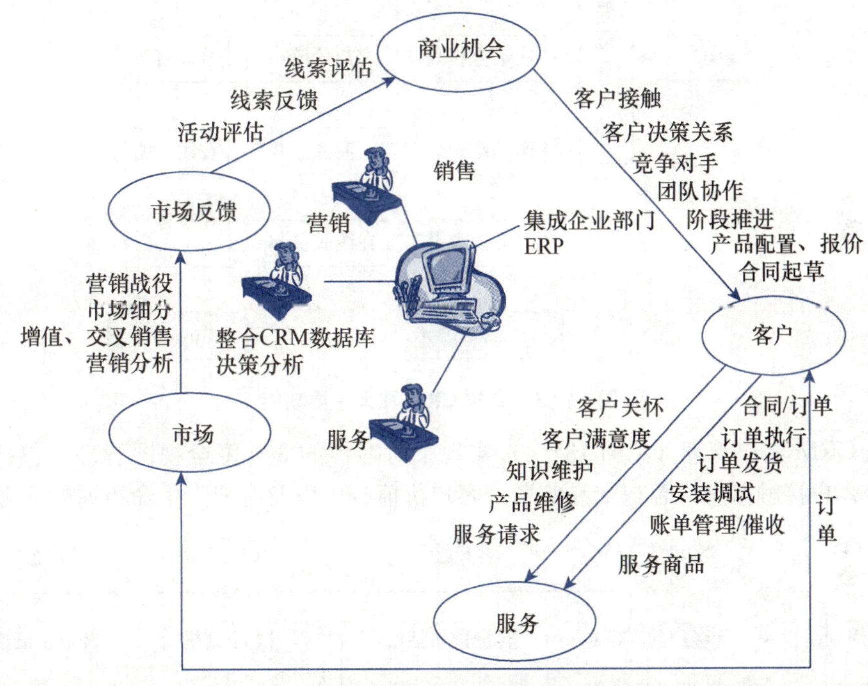

图 13－2　金蝶 CRM 的整体解决方案

13.6.3　应用流程

CRM 系统主要业务功能由客户管理、销售管理、服务管理、市场管理、商业智能分析、客户在线、离线应用等业务模块实现。下面主要以图示方式对金蝶 CRM 的几大主要功能进行介绍，见图 13－3。

1. *客户管理*

在 CRM 系统中客户是一个广泛的概念，凡是接受产品或服务对象的就是客户。客户按类型可以大致分为以下几种：

（1）消费客户：企业产品或者服务的直接消费者，又称“终端客户”。

（2）中间客户：购买企业的产品或者服务，但是他们并不是直接的消费者，中间客户典型的例子是销售商。

（3）公利客户：代表公众利益，向企业提供资源，然后直接或者间接地从企业获利中收取一定比例费用的客户。典型的例子是政府、行业协会、媒体。

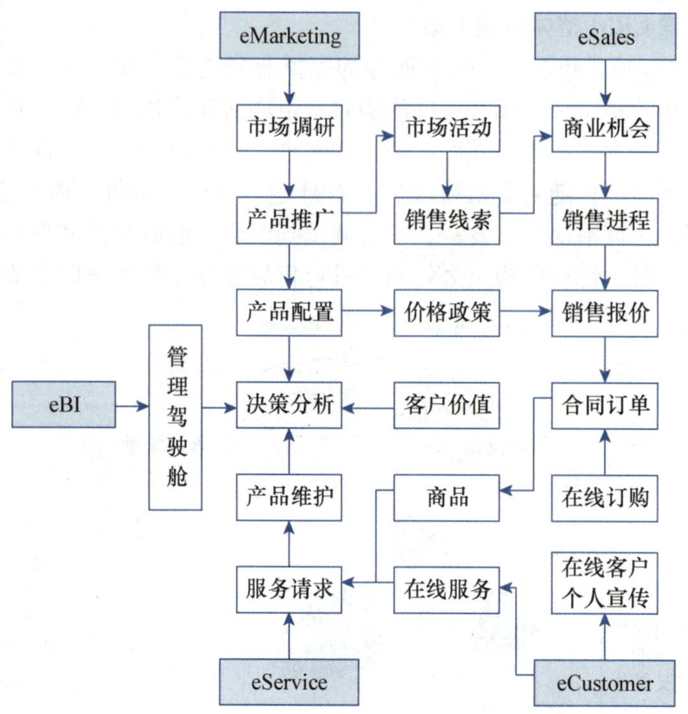

图 13-3　金蝶 CRM 几大主要功能

金蝶 CRM 客户管理（见图 13-4）实现了对客户的 360 度全视图管理，包括客户基本信息、客户接触信息、客户交易信息、客户价值分析以及客户全生命周期的管理。

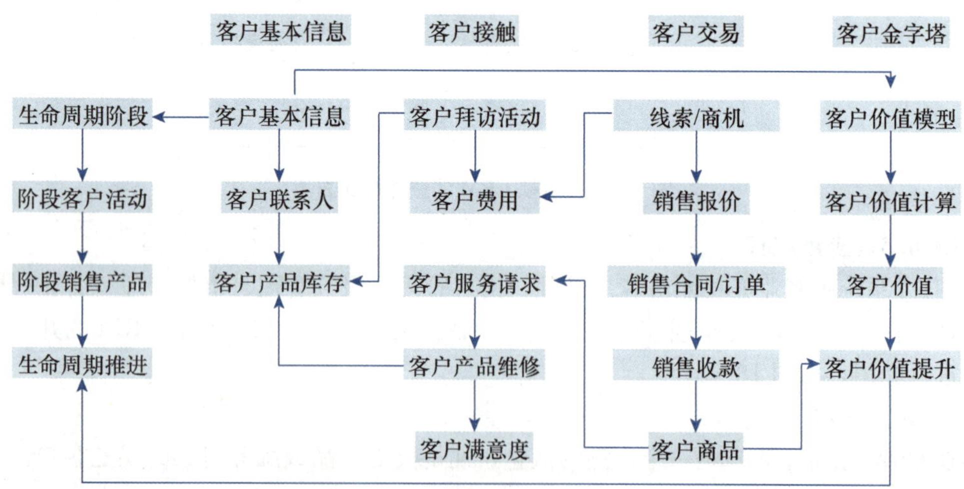

图 13-4　金蝶 CRM 的客户管理

（1）客户。管理客户包括管理潜在客户的信息档案，客户包括中间客户（代理商、经销商）和终端客户。细分客户是指具有相似的购买需求、态度和行为的客户群体，通过客户细分、客户属性的定义，可以对客户进行精细化管理。

（2）客户产品库存。对于经销商渠道管理，需要销售人员定期拜访客户，了解经销商销售产品的购销存信息，这样可以及时了解到整个市场分销链上的产品销售情况。

(3) 客户接触管理。管理客户的接触活动，包括客户拜访活动、客户费用、客户投诉/服务请求、客户产品维修、客户满意度等。

(4) 客户交易管理。管理客户交易信息，包括客户的线索、商机、报价单、合同/订单、购买商品等。

(5) 客户价值管理。根据细分客户的特点，建立针对细分客户的价值模型，设定价值模型中的评选项（评选项可以根据客户的需要增加）的权值，然后根据客户价值模型计算客户价值，形成客户价值金字塔。

(6) 客户生命周期管理。根据细分客户的特点，建立针对细分客户的客户生命周期的模型，每一种生命周期模型可以划分为多个阶段，可以定义每个阶段的供客户关注的产品和服务活动。

(7) 客户关系的维系和拓展。通过客户价值计算找出潜在的价值客户，然后制订客户接触活动计划，销售或服务人员可以按照活动计划，进行客户拜访，持续推进客户生命周期阶段，从而提升客户价值。

2. 销售管理

销售管理在对客户信息全面管理的基础上，实现了从线索—商业机会—销售阶段—产品—合同—订单—合同订单执行—收款等销售业务全过程的管理（见图 13-5）。

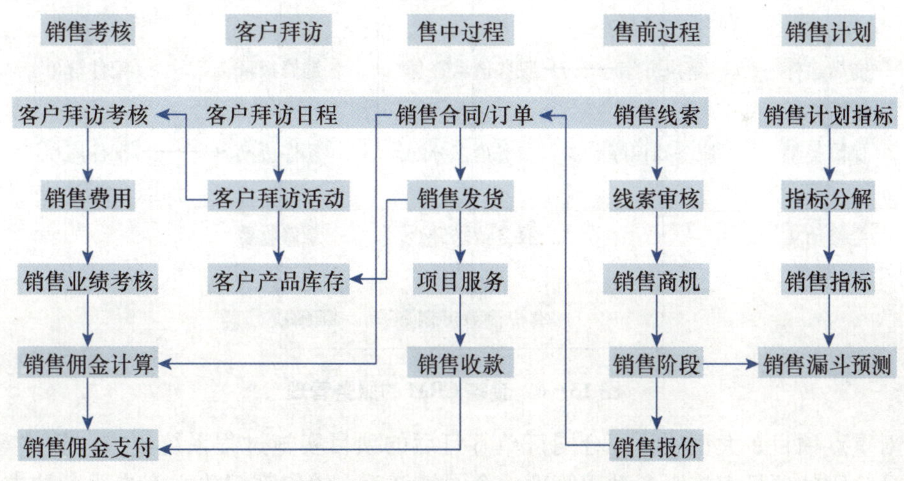

图 13-5　金蝶 CRM 的销售管理

(1) 强大的销售计划。制订集团的年度销售计划，可按月、周分解到部门、业务员以及产品的分销商等。进行集团、分公司、部门等多层次的销售预测分析，了解销售计划执行情况。

(2) 销售漏斗预测。使用销售漏斗可以有效地监控销售过程，保持销售漏斗里不同阶段潜在客户的数量，可以有效消除在销售过程中的大起大落现象，即所谓的销售过山车现象。通过销售漏斗预计未来销售额，根据销售过程的转化率，可及时提醒补充足够的线索和商机。

(3) 完整的售前过程管理。销售线索可实现和市场模块的无缝连接，传递销售线索。

销售过程可实现从线索—商机—商机阶段推进—报价—合同/订单—收款的整个过程。线索转化为商机的过程中，可任意设置条件进行审核，在商机的跟踪过程中，可全面了解相关客户、联系人、竞争对手、知识库等方面的信息。订单完成后可实现和服务模块无缝连接，实现市场—销售—服务过程完整的工作流程。

(4) 完整的订单的执行过程，实现与 ERP 的无缝连接。订单中包括交货、收款计划，及相应实际交货和收款记录，全面反映了订单执行过程。针对直接建立的订单有完整的订单审批过程。订单执行完成后，合同订单信息将提交给服务模块进行日常服务管理。

(5) 全面的销售考核。销售考核包括日常拜访客户的考核和销售业绩的考核，系统提供销售佣金的计算功能。

3. 服务管理

金蝶服务自动化可以共享销售自动化的客户/联系人、商品、合同/订单等信息。其主要具有客户关怀、客户满意度、项目服务、服务请求、客户投诉、产品维修、产品缺陷等服务管理功能（见图 13－6）。通过服务自动化可实现“一对一”的客户服务，为特定的客户进行个性化服务。

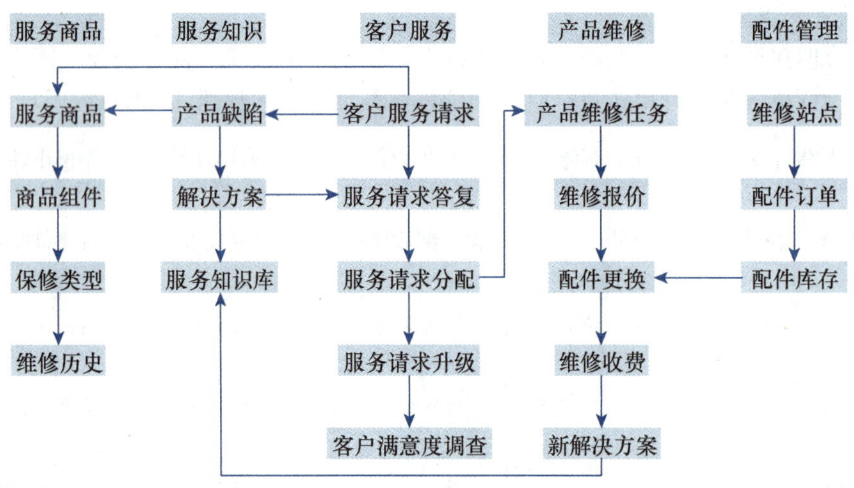

图 13－6　金蝶 CRM 的服务管理

针对重点项目、大型项目、合同订单签订后的项目实施过程系统集成、软件等行业，提供了分阶段的项目实施服务过程管理，合同签订后，销售部门建立客户服务请求，通知服务部门进行项目服务，在每一个项目服务实施阶段设置了目标、活动和要求的结果，并把实施阶段与合同的收款有机结合起来，有效实现销售与服务紧密集成和任务协作服务模块。

(1) 商品管理。对已销售的产品，系统自动生成商品信息，记录该商品的客户服务对象以及商品的保修类型和保修期，可以对商品进行系列号（单品）跟踪，以备服务人员对售后商品进行跟踪服务；可以对商品的维修历史记录进行跟踪。

(2) 客户服务请求/投诉管理。记录客户的服务请求或投诉，并对服务请求的分配、处理、升级、挂起和关闭等环节进行跟踪，每个环节处理会留下历史记录，方便追溯。在服务过程中，系统根据产品缺陷，自动检索产品缺陷知识库，找出解决方案。服务请求完成后，可进行客户满意度调查。

(3) 产品维修管理。在处理服务请求过程中，需要进行产品维修的，可根据服务请求和产品缺陷生成产品维修单，下达维修任务。产品维修单实现工作流自动化，从维修诊断、维修派工、维修检查、维修结算等阶段进行管理和跟踪，打印服务派工单，分配服务人员进行服务，最后根据商品是否在保修期内，执行不同的维修收费。

(4) 配件管理。维修站作为企业维修合作伙伴，有些维修站就是经销商，在CRM系统中，维修站是作为客户来管理的，备品、备件库存在客户产品库存中管理，在产品维修过程中可以从配件库中领取配件，进行产品维修。

(5) 知识管理。知识库用来记录销售、服务、市场方面相关的知识信息，可以对知识库进行多级分类管理。产品缺陷库记录产品的缺陷及其解决方案，对各类服务缺陷和产品缺陷制定详细的分类统计。可以有效地分析影响产品和服务质量的原因，制定相应的质量改进措施进行改进。通过搜索引擎，可以查询到系统中各种需要的知识信息。

4. 市场管理

市场管理功能包括：营销战役的策划、执行和分析，客户需求反馈的搜集和管理，市场活动的预算和预测，产品市场定价、竞争对手信息、市场情报、媒体宣传的汇总，对线索客户的搜寻。市场自动化的着眼目标是通过提供设计、执行和评估市场营销行动和其他与营销有关活动的全面框架，赋予营销专业人员以更强大的能力。

本章小结

各公司的客户关系管理解决方案都有各自的特色，可以说各有所长。国外的软件比较成熟、全面，国内的软件不需要经过本地化过程，更加适合中国企业使用。另外，国内各个提供客户关系管理解决方案的企业都在不断提高服务，所以企业选择国内的软件供应商相对来说更容易一些。

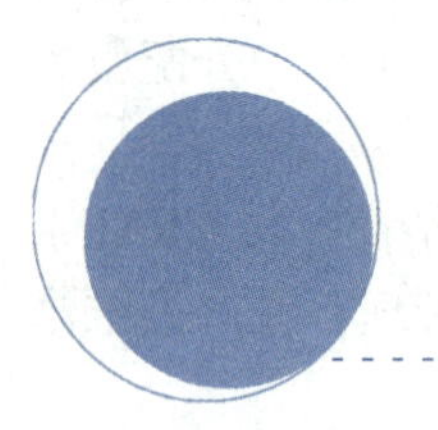

参考文献

[1] Anton Hirschowitz. Closing the CRM Loop: The 21st Century Marketer's Challenge: Transforming Customer Insight into Customer Value. Journal of Targeting, Measurement and Analysis for Marketing, 2001, 10 (2): 168-178.

[2] Brown, Stanley A. Customer Relationship Management: A Strategic Imperative in the World of An E-business. Ontario: John Wiley & Sons Canada Ltd, 2000.

[3] Debbie Cannon. Meeting Your Customers' Needs: How to Build Profitable Relationships via CRM. Document Processing Technology, DecMadison, 2001.

[4] J. Craig, D. Julta. E-Business Readyiness: A Customer Focused Framework. Boston: Addison Wesley, 2001.

[5] Kathleen Cholewka. CRM: The Failures are Your Fault. Sales and Marketing Management, 2002.

[6] Paul Greenberg. CRM: Capturing and Keeping Customers in Internet Real Time. McGraw-Hill professional Book Group, 2001.

[7] Raymond Ling, David C. Yen. Customer Relationship Management: An Analysis Framework and Implementation Strategies. Journal of Computer Information System, Spring, 2001, 27 (2): 595-612.

[8] 宝利嘉. 客户关系管理解决方案. 北京：中国经济出版社，2001.

[9] 程芳. 谁是你的客户？客户关系管理（CRM）与现代市场营销. 信息与电脑，2000 (12).

[10] 丁秋林，力士奇. 客户关系管理. 北京：清华大学出版社，2002.

[11] 攀治平，王建宇，陈媛. 客户关系管理（CRM）的评述和展望. 系统工程，2002 (6).

[12] [美] 弗雷德里克·纽厄尔. 网络时代的顾客关系管理. 李安方，等，译. 北京：华夏出版社，2002.

[13] 何荣勤. CRM 原理·设计·实践. 北京：电子工业出版社，2003.

[14] 尹雯，梅中义，等. 基于数据仓库的企业客户关系管理系统（CRM）. 航空工程与维修，2002 (6).

[15] 李宝东，宋瀚涛. 数据挖掘在客户关系管理（CRM）中的应用. 计算机应用研

究，2002（10）.

[16] 李斌，等. SQL Server 2000 数据仓库设计和应用. 北京：清华大学出版社，2001.

[17] [英] 罗杰·卡特怀特. 掌握顾客关系. 涂颀，等，译. 桂林：广西师范大学出版社，2001.

[18] [美] 罗纳德·S. 史威福特. 客户关系管理——加速利润和优势提升. 杨东龙，译. 北京：中国经济出版社，2001.

[19] 孟凡强，王玉荣. CRM 行动手册. 北京：机械工业出版社，2002.

[20] [美] 派翠西亚·席柏. E 网打尽. 谢伟勋，译. 北京：中国对外翻译出版公司，2001.

[21] 徐章一. 顾客服务——供应链一体化的营销管理. 北京：中国物资出版社，2002.

[22] 董金祥，陈刚，等. 客户关系管理. 杭州：浙江大学出版社，2002.

[23] 田同生. 客户关系管理的中国之路. 北京：机械工业出版社，2001.

[24] [美] 威廉·J. 史蒂文森. 生产与运作管理. 张群，译. 北京：机械工业出版社，2000.

[25] 王广宇. 客户关系管理：网络经济中的管理理论和应用解决方案. 北京：经济管理出版社，2001.

[26] 费名瑜. 电子商务概论. 北京：高等教育出版社，2002.

[27] 汤兵勇，王素芬. 客户关系管理. 北京：高等教育出版社，2003.

[28] 孟凡强，王玉荣. CRM 行动手册. 北京：机械工业出版社，2002.

[29] 林杰斌，刘德明，陈湘. 数据挖掘与 OLAP 理论与实务. 北京：清华大学出版社，2003.

[30] 范玉顺，等. 工作流管理技术基础. 北京：清华大学出版社，2003.

[31] 秋燕，刘友德. 管理信息系统. 大连：大连理工大学出版社，2001.

[32] [英] 迈克尔·D. 约翰逊，安德斯·古斯塔夫森. 忠诚效应——如何建立客户综合衡量与管理体系. 施重凌，译. 上海：上海交通大学出版社，2002.

[33] 刘宇. 顾客关系管理与主题分析. 北京：社会科学文献出版社，2002.

[34] 吕廷杰，等. 客户关系管理与主题分析. 北京：人民邮电出版社，2002.

[35] ARC 远擎管理顾问公司. 客户关系管理深度解析. 北京：清华大学出版社，2003.

[36] 杨德宏，李玲. 客户关系管理成功案例. 北京：机械工业出版社，2002.

[37] 巫宁，杨路明. 旅游电子商务理论与实务. 北京：机械工业出版社，2003.

[38] 陆军，周安柱，梅清豪. 市场调研. 北京：电子工业出版社，2003.

[39] 王栓军. 客户关系管理. 成都：西南财经大学出版社，2015.

[40] 菲利普·科特勒，凯文·莱恩·凯勒. 营销管理（第 15 版）. 何佳讯，于洪彦，牛永革，等，译. 上海：格致出版社，2016 .

[41] 姚飞. 客户关系管理. 北京：机械工业出版社，2014.

［42］周洁如．客户关系管理经典案例及精解．上海：上海交通大学出版社，2011．
［43］方玲玉，李琳娜．客户服务与管理．北京：电子工业出版社，2011．
［44］左春雨．消费心理与行为分析．北京：北京交通大学出版社，2014．
［45］张晓青，周淑敏．市场营销实务．北京：中国财政经济出版社，2014．